skulpturen-parks in europa
ein kunst- und landschaftsführer

valeria varas und raul rispa (hg.)

einführung jimena blázquez abascal

Birkhäuser
Basel

skulpturen-parks in europa. ein kunst- und landschaftsführer

erstellt von   valeria varas und raul rispa, herausgeber
nach einer Idee von   jimena blázquez abascal und documenta artes

konzept, projekt, gestaltung   die herausgeber, documenta artes y ciencias visuales
gekennzeichnete texte   die autoren
nicht gekennzeichnete texte   paul harsh, raul rispa, jimena blázquez, ana morales, redaktionsteam
abbildungen und angaben   parks, museen und die verantwortlichen (siehe s. 254–255)
assistenz der herausgeber   alba castillón, manuel garcía, elisabetta domènech, irene molina
satz / layout   eva r. jular, paco márquez, alessia guerzoni
dokumentation   maya velkova, fundación nmac, paula llull, ana morales, laura lópez
und das redaktionsteam
karten   arancha otero, manuel garcía
umschlaggestaltung   muriel comby

internationale ausgaben   paul harsh, paco márquez, teresa santiago,
übersetzung   heinz rudolph, annikki einsele, claudia beier / target transl., selma kugel

bibliografische Information der deutschen nationalbibliothek
die deutsche nationalbibliothek verzeichnet diese publikation in der
deutschen nationalbibliografie; detaillierte bibliografische daten sind
im Internet über http://dnb.dnb.de abrufbar.

dieses buch ist auch in englischer sprache erschienen:
isbn 978-3-0356-1116-8

©   2017, 2006 für die deutschsprachige ausgabe
Birkhäuser Verlag GmbH, basel, schweiz
postfach 44, 4009 basel, schweiz
ein unternehmen der walter de gruyter gmbh, berlin / boston

©   **documenta artsDiffusion, s.l.,** madrid 2016
editorial@documenta-arts-diff.com

©   **documenta artes y ciencias visuales**, s.l., madrid 2006
fundación nmac, vejer de la frontera, 2006

©   der kunstwerke: ihre **eigentümer**

druck und bindung   gráficas irudi, s.l, vitoria-gasteiz
gedruckt auf säurefreiem papier, hergestellt aus chlorfrei gebleichtem
zellstoff. TCF ∞
d.l.   m-29926-2016   printed in spain
ISBN   978-3-0356-1115-1

9 8 7 6 5 4 3 2 1   www.birkhauser.com

Dieses Buch dient einerseits zum Lesen und Nachlesen, um mehr zu erfahren, kennenzulernen und herauszufinden, andererseits als Kulturreiseführer, um Reiseziele auszuwählen und sich über die Parks und Kunstwerke zu informieren. Somit sind zwei Lesarten denkbar: eine umfassende, Seite um Seite, von Anfang bis Ende; und eine andere, punktuelle – weshalb sich manche Begriffe unvermeidlich wiederholen. In diesem Sinn ist das Buch in drei Teile strukturiert: eine Einleitung, einen Hauptteil und einen Anhang mit ausführlichem Register und detaillierter Bibliographie.

Das Vorwort der Herausgeber im ersten Teil ist aufschlussreich für den anspruchsvollen oder professionellen Leser. In ihm werden die Auswahlkriterien der Parks erläutert. Die 171 Parks, Gärten und Zentren werden unterschiedlich ausführlich dargestellt: von der reinen Erwähnung im Text bis zum sechs Seiten langen Eintrag. Die Einführung von Jimena Blázquez vermittelt dem Leser einige grundlegende Kenntnisse zu den ausgewählten „Kunst- und Natur"-Projekten.

Der Hauptteil ist alphabetisch nach Ländern und innerhalb der Länder nach den Orten der Parks geordnet – wenngleich er mit einem Pfad durch zwei Länder, Deutschland und Holland, beginnt. Die Namen der Länder erscheinen in der jeweiligen Landessprache. Jedes Länderkapitel wird mit einer kurzen, sehr kompakten Einleitung eröffnet, die sich mit Blick auf das Thema des Buches auf die Aspekte Landesnatur, Geschichte und wichtigste Referenzen der Kunst konzentriert. Danach werden in kurzen Abschnitten oder Fotos mit der entsprechenden Bildunterschrift weitere Zentren oder Events, die mit dem Thema des Führers in Zusammenhang stehen, vorgestellt. Ihnen folgen die Parks mit eigenen Einträgen. Die Randspalte enthält praktische Daten und Fakten, die von den Herausgebern nach den Angaben der Parks zusammengestellt wurden. Abhängig von der Einschätzung der Bedeutung der Anlage wird diese auf einer bis sechs Seiten dargestellt, und zwar in Bild und Text. Das Bildmaterial besteht aus Fotografien der Skulpturen und Kunstwerke; in den Haupteinträgen sind auch Karten der Umgebung oder Pläne des Parks enthalten.

Die Abbildungen wurden aus dem von den Museen oder Parks zur Verfügung gestellten Material ausgewählt. Ebenso stammen die Angaben zu Autoren, Titeln und Jahresdaten der Werke von den Einrichtungen. Die zur Verfügung gestellten Pläne wurden vom Documenta-Team bearbeitet. Die Herausgeberin Valeria Varas koordinierte die Materialen und stellte sie in eine visuelle Abfolge. Die Textbeiträge wurden, unter der Leitung der Herausgeber, vom Redaktionsteam verfasst, mit Ausnahme speziell gekennzeichneter Texte und Zitate. Sie basieren auf den Angaben der Museen und der Stiftung NMAC, eigenen Recherchen und der Fülle des Dokumentationsmaterials, das vom Redaktionsteam gesichtet, ausgewählt und bearbeitet wurde.

Im Anhang findet der Leser ausführliche Register als Hilfe zum Nachschlagen und Lesen des Buches nach besonderen Aspekten, ausgewählte Literaturhinweise zum Vertiefen des Wissens über bestimmte Künstler, Themen, Strömungen oder Kunstzentren sowie den Dank an die lange Reihe von Mitarbeitern, die zu diesem Werk beigetragen haben.

Die Herausgeber freuen sich über Korrekturhinweise und Aktualisierungen.

Wir sind aus Sternenstaub gemacht. Wir sind Natur und doch verletzen wir Mutter Erde. Offensichtliche Wahrheiten, die manche leugnen und andere vergessen. Am Anfang des 21. Jh. sind Klimawandel und abnehmende Artenvielfalt das Ergebnis einer Konsumgesellschaft unter dem Medieneinfluss des Banalen, des Showbusiness und der flüchtigen Ereignisse. Im Februar 2004 setzten sich Jimena Blázquez und Paula Llull von der Stiftung Fundación NMAC mit den Herausgebern Valeria Varas und Raul Rispa zusammen, um über die Verbindung von Kunst und Natur zu sprechen.

Erstere hatten die Idee eines Verzeichnisses europäischer Skulpturen-Parks, wir hatten Pläne, mit dem Stoff etwas zu machen. Wir verschmolzen ihre Gedanken mit unserem Programm zu einem Konzept und entwickelten daraus ein Modell für das Buch. Die nachfolgenden Anmerkungen sollen zusammen mit den Hinweisen auf Seite 5 den Gebrauch dieses Buches erläutern und die Freude am Lesen erhöhen.

Am Anfang war alles Eins. So sagen es die moderne Wissenschaft und die Schöpfungsmythen der Ägypter, Sumerer, Hindus, Hebräer, Griechen, Chinesen, Amerikaner. Der Big Bang wird vor 15 Milliarden Jahren angesetzt. Platon stellte den Dualismus der Gegensätze auf, der Dank Descartes in der westlichen Welt bis heute Bestand hat: Gut und Böse, Geist und Materie, Körper und Seele, Kunst und Natur. Dagegen findet sich eine nicht dualistische Weltsicht im Hinduismus – *Veda* (1500 v. Chr.), *Advaita Vedanta* (9. Jh.) –, im Taoismus – mit seinen Vorstellungen von, Natur, Yin und Yang –, im Buddhismus, bei Spinoza, im Hegelschen System, in der Ästhetik von Lukács. Die Nichttrennung von Subjekt und Objekt findet sich aber auch in der Heisenbergschen Unschärferelation und in dem „Alles hat Einfluss auf Alles" der radikalen Ökologie, wie es in den nichtlinearen Gleichungen komplexer dynamischer Systeme formuliert ist, beispielsweise der Welt mit ihren (historischen) lebenden Spezies, von denen eine wir sind... Das Ende des *Tractatus* von Wittgenstein stimmt demnach überein mit dem Beginn des *Dao De King* (5. Jh. v. Chr.) von Lao Zi. Die Kunst hat ihre Wurzeln in Fruchtbarkeitsriten.

In den Einleitungen zu den Ländern verweisen wir auf prähistorische Kunstwerke – von kleinen Göttinnen-Figuren bis hin zu Megalithen –, die eine untrennbare Einheit von Kunst und Natur verkörpern; einige abstrakte Figuren ähneln zeitgenössischen Werken. Die Skulptur war später jahrtausendelang der Architektur zugeordnet und hatte keine Beziehung mehr zur Natur. Noch vor 90 Jahren galt sie als ein rein dekoratives und figuratives Element. Heidegger sieht den Ursprung des Kunstwerks im Roden, durch das der Mensch die Erde bewohnbar macht. Bereits vor tausend Jahren entstand die höchste chinesische Kunstform, der Garten, durch das Umgraben von Gelände. In Europa gibt es keine unberührte Natur mehr.[1] Theoretisch wie praktisch ist die Umwelt ein Produkt menschlicher Technik, der *technê*, der Kunstfertigkeit, dem gemeinsamen Ursprung aller Kunst.

Die Ägypter kultivierten schon vor 4600 Jahren Gärten; die Legende erzählt von den hängenden Gärten in Babylon, die Bibel von der Zeit, als Gott den Garten Eden schuf und Adam und Eva dort hineinsetzte. Die persischen Parks und „Paradiese" faszinierten die antiken Griechen so sehr, dass ihre Weisen im Garten philosophierten und lehrten: der Garten als Hort des Wissens – die Akademie Platons, das Lyzeum von Aristoteles, der Garten von Epikur. Von Lukullus nach Rom gebracht, wurden die Gärten Orte der Macht – etwa die Domus Aurea des Nero oder die Hadriansvilla –, intellektuelle Zufluchtsstätten – so die Landgüter von Varro, Cicero, Plinius dem Jüngeren, Horaz – und zur technischen Spielerei wie das Automatentheater von Alexandria. Sie sind alle Nachahmungen der Natur, architektonische Räume mit Skulpturen und Kunstwerken, die auch in der Neuzeit im Wesentlichen noch gültig sind: italienische Renaissance-Gärten, französische Geometrie, englische Landschaftsparks und für die Öffentlichkeit bestimmte Parks in Deutschland. Der Grundgedanke des Gartens modifiziert sich zudem durch die raffinierten Spielarten der Luft- und Wassergärten des maurischen Spaniens, die Teiche und ungewöhnlich geformten Steine des chinesischen Gartens und die abstrakte Nacktheit des japanischen Zen-Gartens.

Es sind alles Kunstwerke, die mit Kunstfertigkeit erstellt worden sind, seien es Parks oder

Skulpturen. Im 20. Jh. fungiert der Garten als schöner Hintergrund, vor den Skulpturen harmonisch angeordnet werden, der *Locus amoenus*; die ersten sind die BrookGreen Gardens (1930) und De Cordova (1950) in den USA bzw. Kröller-Müller (1961) in Europa. In der Folge entstehen ganze Panoramen: ortsgebundene Skulpturenprojekte; Zentren für Kunst in der Natur als Ergebnis genauer Planung und Gestaltung; der Garten als Kunstwerk an sich – wie bei Isamu Noguchi oder Derek Jarman. Seit Mitte des 20. Jh. ist jedoch die Skulptur auf dem Vormarsch,[2] und die Grenzen zwischen den Disziplinen verwischen sich. Das *Objet trouvé* Duchamps hinter sich lassend, bewegen sich *Assemblage*, Installation und Prozesskunst von der Skulptur hin zu dem, was sie umgibt. Gleichzeitig kehren Architektur, Landschaftskunst und die Gestaltung städtischer Räume nicht nur zu den prähistorischen *Cromlechs* zurück – einem para-architektonischen Komplex, wie Morris mit Bezug auf sein Observatory sagt –, sondern machen industrielles Brachland wieder zu Habitats.

Im Sinne dieser Vielfalt bilden zwar Skulpturen-Parks und Zentren für Kunst in der Natur den Kern dieses Bands, aber es werden auch Beispiele der oben genannten Kunstrichtungen gezeigt. Darunter die extremen und radikalsten Richtungen von Kunst in der Natur: Land-Art, Umweltkunst und Earthworks, die in den USA in den 1960er Jahren durch Robert Morris, Nancy Holt und Dennis Oppenheim eingeführt wurden; sie folgen den ersten beiden Gesetzen der Thermodynamik, besonders der Entropie, wie sie von Robert Smithson[3] theoretisch erörtert und von ihm selbst, Michael Heizer und Walter De María in die Praxis umgesetzt wurde: die künstlerische Gestaltung der nicht dualistischen Weltsicht.

Dieser Führer ist kritisch in zweierlei Hinsicht – einerseits durch seine Auswahl, andererseits durch seine Wertungen – und bildet somit nicht nur eine explizite, sondern auch eine implizite Orientierungshilfe für den Leser. Daneben ist er ein praktisches Handbuch: ein Werkzeug, mit dem sich ein wichtiges Feld der zeitgenössischen Kunst kartographieren lässt. Es entstand als ein Gemeinschaftswerk, das weit vom subjektiven Geschmack eines einzigen Autors entfernt ist.

Alberto, *El pueblo español tiene un camino que conduce a una estrella*, 1937, Paris, demoliert, später reproduziert vor dem Museo Nacional Centro de Arte Reina Sofía, Madrid, 2002

Es handelt sich vielmehr um ein Palimpsest von heute: viele Hände, aber nur eine gemeinsame Stimme. Die Struktur des Buches und jeder Seite ist komplex: Es gibt unterschiedliche Textsorten, Daten, Karten und Abbildungen. Die Haupttexte – 90% sind Fakten und Beschreibungen, 10% subjektive Meinungen – vermeiden einen Jargon. Die Informationen werden durch ein Layout vermittelt, das nicht nur schön anzusehen, sondern auch aussagekräftig ist, zu Entdeckungen einlädt und den Dialog mit dem Leser sucht.

Der Führer, der eine Antwort des Lesers provozieren will und erwartet, ist wichtiger wegen der Bedeutungen, die sich der Leser aus seiner zugrunde liegenden Struktur ableiten kann, als um seiner selbst willen. Das Ganze ist anders und mehr als die Summe seiner Teile, es ist Inhalt und Diskurs an sich. Daher scheut dieser Führer sich nicht davor, anspruchsvoll zu sein und vorauszusetzen, dass der Leser schon bestimmte Kenntnisse mitbringt, wissensdurstig ist oder einfach Freude an der Ästhetik hat.

1 Maderuelo 1995
2 Krauss 1979
3 Smithson 1967 und 1968

norge

ireland
nederland

united kingdom

belgique/
belgië

luxembourg

france

españa

portugal

sverige

finland/
suomi

latvija

danmark

lietuva

deutschland

polska

slovakia

svizzera/
suisse/schweiz

austria/
österreich

hungary

românia

italia

croatia

bulgaria

albania

für eine neue vision   Valeria Varas / Raul Rispa

In der zweiten Hälfte des zweiten Jahrzehnts des
21. Jh. hat sich gegenüber dem Anfang des
Jahrhunderts in der Kunst und auch in Europa viel
verändert. Als dieses Buch 2006 in den fünf
Sprachen Englisch, Spanisch, Deutsch, Italienisch
und Niederländisch herauskam, war es nicht nur das
erste seiner Art. Es behandelte ganz Europa vom
hohen Norden bis zu den subtropischen Kanarischen Inseln. Alle fünf Ausgaben waren binnen
Kurzem ausverkauft. Zehn Jahre war die Frist, die
wir uns für die aktualisierte und erweiterte Auflage
selbst gesetzt hatten. Für viele eine lange Zeit, doch
aus unserer Sicht war es die richtige Zeitspanne,
sowohl im Hinblick auf die historische und kunstkri-
tische Strenge als auch auf die seriöse (aber attrak-
tive) Ausgabe in Buchform. In einer Zeit der
Kurzlebigkeit wollten wir nicht wie ein Jahrbuch
oder Gastroführer auftreten, dessen Bewertungen
sich von Jahr zu Jahr ändern. Denn wir leben im
Zeitalter der Geschichte und Kritik als wissenschaftli-
chen Disziplinen.

Wo es in der ersten Auflage noch nötig schien,
„für das Offensichtliche zu kämpfen" (Dürrenmatt),
können die Skulpturen-Parks bei den Besucherzahlen
heute stärkere Zuwachsraten verzeichnen als
konventionelle Museen in Gebäuden. Sie sind
zumindest in manchen Ländern keine Museen zweiter Klasse mehr. 2015 ging der britische Art Fund
Prize for Museum of the Year 2014 an den YSP
Yorkshire Sculpture Park (S. 236). Und 2016 fand
sich unter den fünf Finalisten eine neue, nicht insti-
tutionelle Privatinitiative, das Jupiter Artland bei
Edinburgh (S. 218). Wo der Markt gewöhnlich nach
Verdienstmöglichkeiten Ausschau gehalten hatte,
setzte die Frieze Kunstmesse schon 2005 auf einen
Skulpturen-Park, der für die Öffentlichkeit gratis
zugänglich ist.

Alles hat Geschichte. Wir wissen von der langen
Beziehung zwischen Natur, Kunst, Skulptur und
Garten (siehe S. 6–7). Denken wir nur an die ländli-
chen Heiligtümer im antiken Griechenland, wo
Statuen intuitiv zwischen den Bäumen aufgestellt
waren (Ridgway 1981). Oder an Cicero, der seinen
Verleger, den großen Atticus, um die Übersendung
griechischer Skulpturen bat, die er gleichberechtigt
zwischen Bäume und Pflanzen in die Gärten seiner
Villen integrieren wollte. Oder an den legendären
Skulpturengarten von Lorenzo de' Medici im Florenz
der Renaissance. Diese Geschichte hat ihr zeitgenössisches Kapitel in den 1960er Jahren, als die
Bildhauer ihre Ateliers verließen, um ihre Werke all'

aperto aufzustellen. 1968 zeigte Robert Smithson
seine *Earthworks* in der Dwan Gallery New York.
Fünf Jahre später proklamierte Lucy R. Lippard die
„dematerialisation of the art object" (1973). Und
die theoretische Untermauerung dieses Phänomens
lieferte sechs Jahre darauf der vielzitierte Artikel von
Rosalind Krauss, „Sculpture in the Expanded Field"
(1979). Skulpturen-Parks waren in den Vereinigten
Staaten (1930er Jahre) und in Europa – Middelheim
1950 und Kröller-Müller 1961 – jedoch schon vorher
entstanden, was zeigt, dass die Künstler und andere
Akteure des Kunstbetriebs der Theorie einen Schritt
voraus waren.

Die meisten der ausgewählten Parks der ersten
Ausgabe dieses Führers entsprachen dem klassisch-
römischen *Hortus conclusus*, dem eingefriedeten
Villengarten mit Eingangstür. In den vergangenen
10 Jahren wurde dieses Konzept um offenere
Strukturen erweitert. Auch die Skulptur selbst
expandierte, doch zur Vereinfachung verwenden wir
weiter den Begriff „Skulpturen-Parks" im Titel des
Buches. Unter diesem Oberbegriff sind Skulpturen-
gärten, Sculpture Trails – Pfade mit Skulpturen oder
Kunstinstallationen –, Earthworks, Site-specific Art
(Robert Irwin um 1968), Land-Art, Arte Povera,
Environmental Art – Umweltkunst mit Bezügen zu
Umweltfragen und Naturmaterialien –, Ecological
Art, EcoArt, Environmental Sculpture, Sustainable
Art, Landscape Art, Landschaftsarchitektur und vie-
les mehr zusammengefasst. Das hat seinen Grund in
den unscharfen, wenn nicht bereits aufgehobenen
Grenzen zwischen den traditionellen Bereichen der
Kunst. Die Schriften von Robert Smithson sind grun-
dlegend und heute noch aktuell. Doch anders als
vor einem halben Jahrhundert finden die historische
Analyse, die theoretische Reflexion und die Kritik in
verschiedenen Bereichen nicht nur zeitgleich mit
den neuen künstlerischen Praktiken statt, sondern
induzieren diese sogar.

Nach dem Zusammenbruch der UdSSR und im Zuge
des gesellschaftlichen Aufbruchs in Russland und
den ehemals sowjetischen Satellitenstaaten in
Osteuropa fand im Westen eine Neubewertung der
Kunst der kommunistischen Ära statt. Beim ersten
Kongress der Sowjetkünstler wurde anerkannt, dass
der „von der Ausbeutung emanzipierte sowjetische
Mensch [...] noch nicht von der Kunst dargestellt
wurde". Selbstkritik von 1957 mitten in der
Tauwetter-Periode unter Chruschtschow, entstanden
aus der falschen starren Homogenität der institutio-
nellen Praxis im Stalinismus. 24 Jahre zuvor war als

Ästhetik der Partei und der UdSSR der von Gorki 1932 nach seinem meisterhaften revolutionären Roman *Die Mutter* (1906) sogenannte Sozialistische Realismus eingeführt worden. Dieser gründete auf dem russischen Realismus des 19. Jahrhunderts und auf dem von Lunatscharski vor Stalin befürworteten Protagonismus des Körpers, und wurde noch gesteigert durch die kulturelle Lehre von Schdanow, dem Sekretär des Zentralkomitees der kommunistischen Partei seit 1946.

Deshalb enthält die Neuauflage nun einen ganz neuen thematischen und länderübergreifenden Abschnitt. Er präsentiert einen Streifzug durch die ehemaligen Ostblockländer von Litauen über Albanien bis Bulgarien. Im Jahr 2012 untersuchte eine internationale Konferenz im Moderna Museet in Stockholm den Sozialistischen Realismus, seine Produktion und seinen Konsum als Ästhetik der Machthaber mit so gewichtigen Diskussionsteilnehmern wie Daniel Birnbaum, Boris Groys, Evgeny Dobrenko und Jerome Bazin. Die Antwort auf die von Mirela Tanta gestellte Frage: „Staatspropaganda oder Orte des Widerstands?" scheint heute klar zu sein. Im selben Jahr betonte Andrea Fraser in dem zur Whitney Biennial 2012 beigesteuerten Text, dass „die [westliche] Kunstwelt direkt von den Ungleichheiten und der Konzentration von Reichtum des verschärften Kapitalismus profitiert": eine einprozentige Erhöhung des Reichtums der Superreichen (0,1 % der Bevölkerung) führt zu einem mehr als 14-prozentigen Anstieg der Kunstpreise. Galerien, Messen, Biennalen und Museen zeigen Werke der politischen Kunst. Und es ändert sich nichts.
Ganz abgesehen von den jeweiligen ideologischen Vorgaben, hat sowohl der Sozialistische Realismus (im Kommunismus) als auch der soziale Realismus (im Kapitalismus) zweifellos bedeutende Werke hervorgebracht.

Auf den vom Menschen herbeigeführten rasanten Klimawandel, der das Leben auf der Erde bedroht, haben viele Künstler und Kunsttheoretiker reagiert. Es entwickelten sich eine ökologische Naturästhetik (Böhme 1989), eine ökologische Ästhetik (Strelow / David 2004) und eine Ecology of Sculpture, in denen die unvollendete Praxis und Theorie von Prigann (S. 49, 58) und Llull (2012) zum Tragen kommt. Sie treten für eine soziale, umweltgerechte Umnutzung von alten Industrieanlagen und für die Schaffung ortsspezifischer Werke ein, die nicht auf Dauer bestehen, sondern wieder von der Erde aufgenommen werden. In diesem Buch werden einige Künstler vorgestellt, die dies bereits begonnen haben. Der erste Kongress der IAA International Aesthetics Association fand 1913 in Berlin statt. Der 19. ICA

International Congress of Aesthetics (2013, Krakau, Polen) zum hundertjährigen Bestehen mit dem bemerkenswerten Titel *Naturalising Aesthetics* widmete drei seiner zehn Themen dem Gebiet Kunst und Natur. Und beim 20. ICA in Seoul (Juli 2016) standen erneut Themen wie *Aesthetics of the Environment and Ecology* und neue Raumkonzepte im Vordergrund. Noch radikaler, weil es den Klimawandel thematisiert und sich fragt, welchen Beitrag die Kunst hier leisten könnte, ist das Konzept der *Eco-Aesthetics* von Malcolm Miles (2014) in der Nachfolge des Manifests von Rasheed Araeen (2009) oder der Nachhaltigkeitspolitik von T. J. Demos (2009). Die Landschaftsästhetik weckt immer mehr Interesse, und so zeichnete die britische Landscape Research Group 2016 die interdisziplinäre Arbeit *A New Geophilosophy* von Laura Menatti als beste internationale Doktorarbeit des Jahres aus.

Wir versuchen, den Dualismus zugunsten einer „Culture of Complexity" zu überwinden (Kagan 2011), ohne dem „Anoixism" zu verfallen, der sich durch Weilin Fang und andere von Asien aus ausbreitet. Akzeptabel daran ist zwar die Offenheit gegenüber der Natur, doch seine Lehre von der Vereinbarkeit aller Thesen kann leicht als eine Art Neo-Neoliberalismus gedeutet werden oder als reaktionäre chinesische Spielart des Postmodernismus. In einer Epoche der beispiellosen technischen Expansion des menschlichen Lebens bemüht sich die Unterhaltungsindustrie, die virtuelle Realität als Zugang zu Erfahrungen anzupreisen, die „wirklicher als das wirkliche Leben" seien. Wir glauben jedoch nicht, dass dies der Gang der natürlichen Evolution der Menschheit sein kann, die selbstverständlich weiter fortschreitet. Sei es, weil wir eine „artful species" (Davies 2013) sind, sei es aufgrund eines eingeborenen „art instinct" (Dutton 2010), nur die Kunst und die Natur können uns noch eine Zukunft sichern, an die wir glauben können.

Deshalb und aufgrund der Nachforschungen vor Ort sowie der Prüfung der Dokumente wurden in dieser quantitativ und qualitativ überarbeiteten Auflage 16 Parks und Anlagen nicht mehr berücksichtigt, einige weil sie nicht mehr bestehen, andere weil sie neu bewertet wurden. Nunmehr fanden 171 gegenüber 133 Parks in der ersten Auflage – von unterschiedlichster Typologie und aus sieben zusätzlichen Ländern – Aufnahme. Der Leser hat mit den Texten und Reproduktionen der Kunstwerke alles an der Hand, was Ciceros Weisheit empfiehlt: Skulpturen, Natur und Bücher.

Madrid, Herbst 2016

Im Laufe der Geschichte Europas hat die Beziehung zwischen Kunst und Natur komplexe Formen angenommen, die immer wieder von Philosophie, Kunstgeschichte, Ästhetik, Psychologie, Soziologie oder Kunstsemiotik untersucht wurden. Bei der traditionellen Philosophie ist das Künstlerische nicht das Natürliche, sondern das Gegenteil: Die Kunst definiert sich aus ihrer Opposition zur Natur heraus als Künstliches. Die Auffassung von „Kunst als Nachahmung der Natur" des alten Griechenlands bedeutet in erster Linie, dass das Kunstwerk die offensichtliche physische Welt, die sichtbare Wirklichkeit wiedergibt. Die Malerei zeigt dies beispielhaft und klar in der minutiösen Darstellung einer Landschaft oder eines Stilllebens, bei dem die Nachbildung und das detailgetreue Abbild des Betrachteten im Vordergrund stehen.

Menhir in Champ Dolent, Bretagne, Frankreich

Diese getreue Abbildung war nach griechischem Denken nicht nur mit der materiellen Welt, sondern auch mit den Prozessen, die in dieser ablaufen, verknüpft: „Wenn wir weben, imitieren wir die Spinne; wenn wir bauen, die Schwalbe; wenn wir singen, den Schwan und die Nachtigall".[1] Bereits Hesiod verstand die Kunst in seiner *Theogonie* (7. Jh. v. Chr.) als Nachahmung der Wahrheit, eine Theorie, die später von Sokrates weiterentwickelt und von Platon und Aristoteles ausgebaut wurde; diese verstanden die Kunst als reine Mimesis der Natur, als Wirklichkeit selbst, was letztlich zu der Idee führte, dass die Nachahmung des Universums eine angeborene Neigung des Menschen sei.

Seit unseren Ursprüngen hat uns die Erde im Laufe der Geschichte als Inspirationsquelle für den künstlerischen Ausdruck gedient. Über die Mimesis der Natur haben wir unsere Ängste, unsere Überzeugungen, Wünsche und Gefühle

ebenso wie die ästhetischen Werte des jeweiligen Augenblicks zum Ausdruck gebracht. So hat das Verhältnis von Kunst und Natur Praxis und Theorie der Kunst aller Zeiten geprägt. In der Renaissance bekräftigten die Schriften von Leon Battista Alberti und die Malerei von Leonardo da Vinci noch einmal die Auffassung der Kunst als Nachahmung der Wirklichkeit. Mitte des 18. bis Anfang des 19. Jh. kam als Reaktion auf die akademische Unbeweglichkeit und den neoklassischen Rationalismus die Romantik auf, eine Gegenströmung zu der in Europa jahrhundertelang vorherrschenden Mentalität. In der Romantik werden das Malerische und die Natur verherrlicht, es herrscht das Gefühl, und man sucht das Sublime. Die wilde Welt wird zu einem Mythos, zu einer unbekannten Kraft und zu einem der großen künstlerischen Themen der Zeit: Sie steht bei den Landschaften von John Constable, Caspar David Friedrich oder William Turner im Vordergrund, bei denen die Künstler mit der Natur arbeiten und ihre unberechenbarsten Abgründe zeigen.

Wenig später tragen dieses romantische Erbe und die Erfindung der Fotografie gemeinsam zum Aufkommen der impressionistischen Malerei bei, die ein neues Herangehen an die Natur mit sich bringt, bei dem Farbe und Licht höchste Bedeutung gewinnen. „Aber die große Wende, die radikalste in Jahrtausenden, fand am Anfang des 20. Jh. statt: An mehreren Stellen Europas begannen einige wenige wirklich revolutionäre Künstler die bildende Kunst in Richtung Abstraktion zu führen und verließen den klassischen Kanon, der Schönheit mit der harmonischen Wiedergabe der Welt gleichsetzte, sei sie nun irdisch und biologisch oder imaginiert und ideal. Stattdessen schufen diese Künstler neue Formen, die eher abstrakt als realistisch waren und nichts und niemanden Bestimmtes darstellten." Sie stützten sich auf Paul Cézanne und teilweise auf die Künste der Naturvölker, während Pablo Picasso und George Braque mit dem Kubismus, die Futuristen sowie Malewitsch, Kandinsky und Mondrian – um nur einige Vorreiter der Avantgarde zu nennen – ein ganz neues Zeitalter einläuteten: jenes, welches zur Entwicklung der hier ausgewählten europäischen Skulpturen-Parks beitrug.

In der Skulptur ebneten Umberto Boccioni und seine „Seelenzustände", Pablo Gargallo und sein Wechselspiel zwischen konkaven und konvexen Flächen sowie Wladimir Tatlin und seine „Kontra-Reliefs" neue Wege; Hans Arp (eigene Experimente und Aktivitäten der Dada-Revolte), Naum Gabo (reine geometrische Konstruktionen), Constantin Brâncuși (Eiformen), El Lissitzky (die *Proun*, „zwischen Kunst und Architektur") und alle sowjetischen Konstruktivisten machten schließlich bis dato unbetretene Gebiete urbar, in denen sich dann andere Meister der Moderne niederließen. Nach Marcel Duchamp und seinen Readymades sollte die Kunst nie mehr wie früher sein an die Stelle des „Kunstwerks" trat das „Objekt". Ein halbes Jahrhundert später sprossen aus dieser Saat die Environments und die Assemblages, der Minimalismus mit seinen Verwandten Konzeptkunst und Arte Povera, Land-Art, Earthworks oder Earth Art, radikal formuliert von Smithson und Turrell – die sich alle, wie in Italien, unter dem Begriff Environmental Art zusammenfassen lassen – und riefen eine tiefgreifende Veränderung der traditionellen Dialektik zwischen Erde und Artefakt (*arte factum*) hervor. Seitdem ist diese Wechselwirkung Gegenstand einer zunehmenden Zahl von Forschungsarbeiten durch Theoretiker und Künstler, die verschiedene Ausdrucksformen einsetzen: Malerei, Fotografie, Video, Poesie, Literatur und natürlich die Skulptur, „die über die traditionelle Statue hinausgeht, um sich in Gestalt neuer Typologien wie der Installation, den zugänglichen und bewohnbaren Objekten und den Quasi-Architekturen zu entfalten."

Die lange europäische Tradition der Kunst in der Natur in Form von Skulpturen und künstlerischen Installationen geht bis auf die Dolmen und Menhire der Vorgeschichte zurück. Wenn wir schnell in der Zeit vorspulen – die italienischen Gärten der Renaissance und ihre Statuen und Grotten, die Labyrinthe und Blumenbeete in den französischen Barockgärten, die englischen Landschaftsgärten seit dem 18. Jh. und die Einführung der gegenständlichen Skulptur als Dekoration für die Gärten des gesamten Kontinents – treffen wir immer wieder auf einen regen Dialog zwischen dem Künstlichen und dem Natürlichen, zwischen dem Schöpfer und der Phantasie, einen Dialog in einer ständigen Suche nach dem Zusammenhang zwischen Landschaft und künstlerischer Kreation.

In den letzten Jahren[2] hat die Zahl der Zentren, die sich Skulpturenprojekten in der Natur widmen, deutlich zugenommen. Die häufigsten Orte für die Umsetzung von Arbeiten, die über die Natur nachdenken bzw. mit ihr in Beziehung treten, sind Parks, Gärten, Wälder, Marschland, Täler und Küsten oder Ufergestade. Diese Enklaven, die zwar nicht urban, aber vom Menschen beeinflusst sind, nehmen Kunstwerke auf, ohne dass der ursprüngliche Lebensraum dadurch im Wesentlichen verändert würde, und zeigen neue Verknüpfungen zwischen dem Künstlichen und dem Natürlichen auf.

In der vorliegenden, bislang einzigartigen Veröffentlichung wird ein großzügiger Streifzug durch Europa unternommen, das sich seit jeher durch sein Interesse an Kunst und Kultur ausgezeichnet hat. Zu seinen außerordentlich vielseitigen natürlichen Landschaften gehören die schönsten und entlegensten Orte, die sowohl die Ähnlichkeiten als auch die Kontraste der Länder zeigen.

Es gibt schon viele Skulpturen-Parks unter freiem Himmel in Europa, und jedes Jahr werden es dank der zahlreichen Initiativen, die ihre Anziehungskraft deutlich machen, mehr. Aber häufig kamen in den letzten Jahren des 20. Jh. auch umstrittene Initiativen öffentlicher Kunst auf, die sowohl in Stadtgebieten als auch auf Grünflächen eingerichtet wurden und sich allgemein durch die zweifelhafte oder niedrige Qualität der Werke und durch ihre fragwürdige Einbindung in die

Constantin Brâncuși, *Endless Column*, 1938 Targu-Jiu, Rumänien

Umgebung auszeichneten. Solche Beispiele wurden nicht in diesen Führer aufgenommen, in dem als Auswahlkriterium die Qualität an erster Stelle stand. Zunächst haben wir uns für Räume und Zentren mit einer in sich stimmigen ständigen Sammlung entschieden und diese gemäß der künstlerischen Qualität der Werke und der Relevanz der Künstler ausgewählt. Weitere wichtige Faktoren bei der kritischen Untersuchung im Vorfeld der Auswahl waren die natürliche Umgebung, in der sich diese Zentren befinden, und der respektvolle Umgang mit der Umwelt. Die Vielfalt an Zentren mag auch dazu beitragen, das kulturelle und landschaftliche Spektrum Europas zu erfassen.

Im letzten Jahrhundert wurde die Umwelt missbraucht und ihre Ressourcen wurden zur persönlichen Bereicherung ausgebeutet. Wir haben uns von der Natur entfernt und den Respekt ihr gegenüber verloren, wir haben sie überrollt und ihr unsere neuen Lebensformen aufgezwungen. Die Städte haben der Natur Gelände abgerungen, Straßen und Autobahnen haben sie geteilt, Verschmutzung, Rodungen, Waldbrände und Verschwendung haben unserem guten Verhältnis zu ihr ein Ende gesetzt und uns vergessen lassen, dass sie unser wertvollstes Gut ist, von dem wir abstammen und ohne das wir nicht leben könnten. Im Wissen um den angerichteten Schaden fördert heute ein zunehmend kollektives Bewusstsein einen freundlicheren Dialog und einen respektvolleren Umgang mit der Natur. Über den künstlerischen Ausdruck wurde ein Weg des

Richard Serra, *Château La Mormaire*, 1994, Grosrouvre, Frankreich

Verständnisses eröffnet, über den unser Verhältnis zur Natur verbessert werden soll, indem ihre Kenntnis und der, nicht zuletzt durch die zügellose Industrialisierung und moderne Technik allzu sehr in Vergessenheit geratene, direkte Kontakt mit ihr gefördert wird.

Die Dezentralisierung der kulturellen Ausdrucksformen, die ehemals fast ausschließlich in großen Stadtzentren zu finden waren, hat zu einem Zuwachs an Kunstzentren in naturnahen Randgebieten beigetragen.[3] Auf öffentliche wie private Initiativen konzentrieren diese Kunsträume ihre Bemühungen darauf, einen respektvollen Dialog mit der Umwelt zu führen, moderne und zeitgenössische Kultur zu vermitteln und gleichzeitig der Öffentlichkeit die Betrachtung und das Verständnis der Kunst aus einem anderen Blickwinkel als dem, den sie von den Ausstellungsräumen der Museen gewöhnt ist, näher zu bringen. Das Betrachten von in die Natur eingebetteten Skulpturen erweist sich als

überraschende und zudem immer wieder neue Erfahrung, je nachdem, wie die Künstler ihre Werke konzipiert haben und welche Art von Dialog diese mit dem Ort eingehen. Einige werden eher intim, andere visueller, monumentaler sein, und wieder andere werden mit den bereits vorher bestehenden Elementen der Landschaft wie den Geräuschen, Gerüchen, dem Klima oder Licht spielen. In anderen Fällen werden die Stücke mit der Umgebung verschmelzen und den Betrachter dadurch zwingen, die Schöpfung anders wahrzunehmen, sich kleinster Details bewusst zu werden und die Umwelt intensiver zu spüren.

Die meist abseits liegenden Skulpturen-Parks haben zum Großteil Nutzen aus dem seit Ende des 20. Jh. anwachsenden Kulturtourismus gezogen. Viele werden neben auswärtigen Besuchern auch von einem örtlichen Publikum besucht – allesamt Kunst- und Naturfreunde. Die Werke bestimmter Künstler, deren Namen eine große Anziehungskraft ausüben, bisweilen begleitet von einem attraktiven Bildungs- und Kulturprogramm, verleihen den Gegenden, in denen sie sich befinden, nicht selten einen neuen Impuls. Die Ankurbelung der Wirtschaft über die Kultur, wobei teilweise Orte, die früher einen ganz anderen Zweck hatten – Steinbrüche, Minen, Wälder, Marschland, ehemalige Industrieanlagen u.ä. – entsprechend umfunktioniert werden, kann zum erneuten Aufblühen einer verfallenen Umgebung beitragen. Diese sozioökonomische Verbesserung ist besonders wichtig für diese Orte fernab der üblichen Reisewege.

Ein weiteres Schlüsselelement für die Skulpturen-Parks und ihre Anziehungskraft auf Besucher ist der Umweltschutz. Wie der Leser sehen kann, werden die künstlerischen Eingriffe in diese Orte immer umweltfreundlich gestaltet, damit die Landschaftselemente nicht beeinträchtigt werden. Mehr noch besteht manchmal das Ziel der Rückkehr zur Natur, zu einer neuen Form, sich der Welt anzunähern. Man will nicht nur die Schöpfungen der Bildhauer zeigen, nicht nur eine dialektische Beziehung zwischen Kunst und Natur aufbauen, sondern auch den Kontakt und den Respekt gegenüber der Erde fördern. Einige der beschriebenen Orte liegen in Naturschutzgebieten. Nationalparks, Naturreservate und Naturparks sind Orte von öffentlichem Interesse mit unterschiedlichen Schutzgraden. Aufgrund ihrer hohen ökologischen Bedeutung sind Nationalparks am stärksten unter Schutz gestellt. In Holland ist es gelungen, die Eröffnung eines Museums und seiner Freiluftskulpturensammlung mit einem Naturschutzgebiet zu verbinden, wie man am Kröller-Müller Museum im Nationalpark De Hoge Veluwe sehen kann. Ein ganz anderes Beispiel ist der Kielder Water and Forest Park in Schottland, wo die landschaftlichen Schönheiten neben Skulpturen, Installationen, Tourismus und Holzindustrie existieren und alles im Rahmen eines nachhaltigen Entwicklungsprogramms organisiert ist.

Dem Leser werden die unterschiedlichen Parkregeln und die verschiedenen Verhaltensweisen der Besucher im Umgang mit der Umwelt auffallen. In den nordischen Ländern wie Schweden oder Dänemark oder Staaten wie Holland und Belgien legt die Öffentlichkeit ein hohes Bewusstsein und Engagement für den Schutz der Natur an den Tag und verhält sich äußerst respektvoll gegenüber der Umwelt. So können einige Parks mit dem Fahrrad besichtigt werden, und in vielen anderen ist Picknicken ausdrücklich erlaubt. In den südlichen Ländern Europas wie Spanien, Italien oder Portugal sind solche Praktiken nicht gestattet, weil man vielfach schlechte Erfahrungen mit rücksichtslosem Verhalten des Publikums gemacht hat. In den nordischen Ländern fällt der Großteil der Öffnungs- und Veranstaltungszeiten aufgrund der schwierigen meteorologischen Bedingungen und der frühen Dunkelheit im Winter auf die Zeit zwischen Mai und September. Dagegen finden in Südeuropa das ganze Jahr über Aktivitäten statt, sodass die Öffentlichkeit über das ganze Jahr verteilt, wenngleich aufgrund der Schulferien auch hier verstärkt im Sommer, teilnimmt. Ein gemeinsamer Nenner der europäischen Skulpturen-Parks ist die Art der Besucher, nämlich zumeist Familien. Ursache und auch Folge dessen ist der Freizeit- und Erholungscharakter der Besuche, bei denen man nicht nur zeitgenössische Kunst kennenlernen, sondern auch vor Ort in direkten Kontakt mit der Natur kommen möchte.

Zu den für diese Veröffentlichung ausgewählten Projekten gehören Werke von Künstlern aus aller Welt, von jungen, neu aufkommenden Talenten bis hin zu großen, längst etablierten Namen, die gleich in mehreren dieser Zentren vertreten sind, wie Sol LeWitt, Richard Lang, Ian Hamilton Finlay, Richard Serra, Dan Graham, Henry Moore, Magdalena Abakanowicz, Antony Gormley, Ulrich Rückriem oder Marina Abramovic. Ganz unterschiedliche Künstler haben mit ihren Arbeiten zur Annäherung an die Natur beigetragen. Dank dieser Kreationen lernen wir, die Natur auf andere Weise wahrzunehmen, aus einem anderen Winkel zu betrachten, Vergänglichkeit als Qualität und Zerbrechlichkeit als etwas Schützenswertes zu sehen.

Die Qualität eines Großteils der Werke liegt darin, dass sie ortsgebunden sind, d.h. dass sie von den einzelnen Künstlern jeweils eigens für den Ort, an dem sie aufgestellt sind, konzipiert wurden. Die meisten sind ständiges Inventar der Landschaft und wurden in situ angefertigt. Durch ihre Ortsgebundenheit sind sie eng mit der Umgebung und der Geschichte und Tradition der Gegend verflochten, imitieren sie, passen sich an sie an und verändern, ja verzerren sie bisweilen sogar. Die Bedeutung der skulpturalen Werke wird durch ihre Umgebung ergänzt und vervollständigt. Sie haben ihren Ursprung an dem Ort, an dem sie sich befinden, und ihre Größenverhältnisse, Dimensionen und Platzierungen werden von der Topographie des Ortes bestimmt. Das Werk wird fester Bestandteil der Landschaft, untrennbar mit ihr verbunden und abhängig von dem an sie angrenzenden Raum.

Das fertige „Objekt" ist das, was zurückbleibt, was der Beobachter betrachten und wahrnehmen kann. Die Gedankengänge des Künstlers über die Platzierung sind aber ein ebenso wichtiger Teil der endgültigen Bedeutung einer ortsspezifischen Installation. Angesichts der riesigen Gesamtheit und Vielfalt dieser Kunstwerke in Europa wird man merken, dass die Beziehung zwischen Kunst und Natur immer enger und zuletzt so stark wird, dass man bestimmte natürliche Umgebungen oder Gärten nicht mehr ohne die auf ihnen platzierten Skulpturen begreifen könnte. Ausgerüstet mit diesem Führer lassen sich überraschende Landschaften und abgelegene Orte auf der Suche nach beeindruckenden künstlerischen Schöpfungen durchstreifen: Lassen Sie uns die Werke bekannter Künstler und solcher, die noch auf ihre Entdeckung warten, kennenlernen, neue Orte entdecken und Menschen treffen, die hier leben. Wir werden dabei feststellen, dass der größte Reichtum Europas unser gemeinsames Interesse an der Natur und der Kultur ist.

1 Tatarkiewicz 1976
2-3 Ende des 20. und Anfang des 21. Jh.

Die Grenzen meiner Sprache sind die Grenzen meiner Welt.
Ludwig Wittgenstein

Robert Morris, *Observatory,* 1971–77, Lelystad,
mit freundlicher Genehmigung der Provinz
Flevoland
Julian Opie, *Imagine you can order these I & II,*
1994. Caldic Collection, Rotterdam, mit
freundlicher Genehmigung des Künstlers und der
Lisson Gallery

skulpturen-parks

kunstwegen deutschland – niederlande

Seit 2000
Kunstwegen
Städtische Galerie Nordhorn
Vechteaue 2   D-48529 Nordhorn
Tel.: +49 (0)5921971100
kontakt@kunstwegen.org
www.kunstwegen.org
Dir. Thomas Niemeyer

Öffnungszeiten: durchgehend
Eintritt: frei
• Behindertengerecht
• Haustiere erlaubt
• Fotografieren erlaubt
• Führungen nur nach
  Voranmeldung
• Sonderausstellungen in der
  Städtischen Galerie Nordhorn
• Bildungsprogramm
• Bibliothek
• Publikationen: Broschüre, Führer,
  Video
• Café
• Picknickbereich
• Parkplatz

Anfahrt:
• Mit dem Auto, zu Fuß oder mit dem
  Fahrrad
• Flughafen: Münster / Osnabrück

Unterkunft und Gastronomie:
  Tel.: +49 (0)5921961196
  www.vechtdaloverijssel.nl
  www.grafschaft-bentheim-tourismus.de

Kunstwege (oder „Kunstwegen" auf Holländisch) ist der Titel eines der längsten Skulpturenprojekte Europas unter freiem Himmel: Es verläuft 145 km zwischen dem deutschen Ohne in Niedersachsen und dem holländischen Zwolle, bzw., wem dies lieber ist, zwischen Zwolle (125 000 Einw.) und Ohne (572 Einw.).

Der Weg folgt dem Lauf der Vechte (Overijsselse Vecht, wie sie in Holland heißt), einem nur 167 km langen Fluss, der nahe Münster entspringt und hinter Zwolle, schon fast bei Hasset, mit dem Zwarte Water zusammenfließt. Entlang von Kunstweg und Vechte befinden sich zwischen Ohne – 75 km nordwestlich von Münster und 25 km vom holländischen Enschede – und Zwolle – 80 km nordöstlich von Amsterdam – mehr als 75 Skulpturen und Installationen. Die Hälfte davon stammt von namhaften Künstlern der internationalen Kunstszene, die andere Hälfte von eher regionalen, vornehmlich deutschen und einigen holländischen Bildhauern. Die meisten Figuren stehen in Ohne und dem Nachbarort Frenswegen, während sich der Rest über ein Dutzend Ortschaften verteilt.

Kunstwegen als solches wurde im Jahr 2000 der Öffentlichkeit übergeben, aber die Skulpturen wurden schon vorher nach und nach aufgestellt, zumal es rund um Ohne seit Ende der 1970er Jahre des 20. Jh. verschiedene Projekte für öffentliche Kunst gab.

Das Konzept zielt darauf ab, dass „die Kunstwerke sich direkt und konkret auf die Standorte beziehen und sich in den jeweils spezifischen historischen, ästhetischen und landschaftlichen Kontext integrieren sollen", wovon sich die Organisatoren erhoffen, „den Blick auf die Umgebung, in der wir leben, neu zu schärfen".

Dazu haben sie auf professionelle Ausstellungsmacher zurückgegriffen, die für die Auswahl der Künstler für die verschiedenen Wegesabschnitte verantwortlich waren. Für jedes Gebiet bzw. jeden Ort wurden von einer Gruppe Historiker Hintergrundinformationen zusammengestellt, während ein Landschaftsplanungsbüro sich der Charakteristika der natürlichen Umgebung annahm, sodass die Künstler ein solides Wissen

über die Orte ihres Schaffens erhielten. Im Zentrum stand immer das Ziel eines „offenen Kulturraums", in dem die „künstlerischen Beiträge der Verbindung zwischen Landschaft und Naturphänomenen, historischen Ereignissen und regionalen Eigenheiten innerhalb eines vielseitigen Kulturraums dienen sollen".

Zu den bekanntesten Künstlern gehören Dan Graham mit seinem dreieckigen Parabelpavillon aus Stahl und Spiegelglas über dem Fluss und Jenny Holzer mit einem konzeptuellen, irritierenden 3447 m² großen *Block Garden*. Der 10,5 m hohe *Pappelturm* ist Nils-Udo zu verdanken, und der 7 m hohe kraftvolle und schwere *Nordharnstengel* am Ohne-Almela-Kanal ist von Bernhard Luginbühl (alles in Ohne).

Gleich daneben, in Frenswegen, stellte Ulrich Rückriem zwei seiner bekannten und doch immer unterschiedlichen Stelen aus Granit auf. Marin Kasimir hinterließ eine 60 m lange Mauer, *No Peep Hole*, und Tobias Rehberger in der Gegend um Lage den ironisch-suggestiven *Caprimoon'99*, eine Lampe, die eine weiße, fluoreszierende Zementbank anstrahlt, alles idyllisch inszeniert.

Die 240 m lange, rostige Kette in Spöllberg wurde von Luciano Fabro installiert. Ihre Ockerfarbe steht in starkem Kontrast zur umgebenden grünen Wiese.

Mark Dion baute zwei über 4 m große Häuschen in Brünas Heide. Ann-Sofi Sidén montierte eine komplexe Installation, *Turf Cupola*, mit einem 28 m hohen Turm und einem 6 x 4 m großen Bau, versehen mit 16 Monitoren und 16 Kameras in Neugnadenfeld.

In Emlichhelm befinden sich zwei Installationen, eine 10 m hohe von Olafur Eliasson, *Der Drehende Park*, und eine mit den Maßen 12 x 13 m von Suchan Kinoshita.

Von Joseph Kosuth schließlich stammt das Konzeptwerk *Taxonomy Applied n° 2* in Ommen.

Nicht alle der etwa fünf Dutzend Werke entlang dieses Kunstweges können einzeln aufgeführt werden.

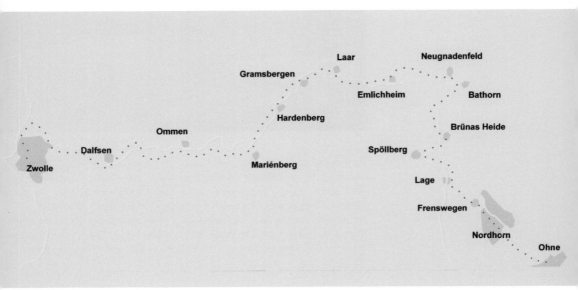

Cai Guo-Qiang, *Skylight,* 1999,
Gramsbergen
Peter Fischli / David Weiss, *Ein Weg
durch das Moor,* 1999, Bathorn
Ilya und Emilia Kabakov, *Wortlos,*
2000, Laar

Nächste Seite:
Karl Prantl, *Kreuzweg,*
1979, Frenswegen – Nordhorn

Hans van den Ban   Herbert Baumann   Hede Bühl   Reinhard Buxel   Cai Guo-Qiang
Mark Dion   Eugène Dodeigne   Jeroen Doorenweerd   Olafur Eliasson   Luciano Fabro
Erich Hauser   Hawoli   Georg Herold   Jenny Holzer   Franka Hörnschemeyer   Nan Hoover
Folke Köbberling / Martin Kaltwasser   Paul de Kort   Joseph Kosuth   Till Krause
Bert Meinen   Gerhard Merz   Christiane Möbus   Rien Monshouwer   Jan van Munster
Thomas Rentmeister   Cornelius Rogge   Willem de Rooij   Peter Rübsam   Ulrich Rückriem
Ann-Sofi Sidén   Andreas Slominski   Timm Ulrichs   Henk Visch   Lawrence Weiner

Ernst Caramelle   Bonnie Collura   Stephen Craig   Christiaan Paul Damsté   Richard Deacon   Braco Dimitrijevic
Fischli / Weiss   Makoto Fujiwara   Hamish Fulton   Wolf Gloßner   Dan Graham   Tamara Grcic   Eva Grubinger
Olav Christopher Jenssen   Ilya und Emilia Kabakov   Andreas Kaiser   Marin Kasimir   David Kessler   Kinoshita / Boeyen
Kubach-Wilmsen-Team   Herman Lamers   Paul Etienne Lincoln   Peter van de Locht   Bernhard Luginbühl   Marko Lulic
Louis Niebuhr   Nils-Udo   Alwie Oude Aarninkhof   Rudi Pabel   Ralf Peters   Uwe Poth   Karl Prantl   Tobias Rehberger
Hans Schabus   Robert Schad   Christoph Schäfer   Antje Schiffers   Michael Schoenholtz   Martijn Schoots
Tine van de Weyer

austria / österreich

In Österreich liegt eine der Geburtsstätten der Kunst. Vor 27 000 Jahren erschuf der Mensch hier die *Venus von Willendorf*, eine kleine Frauenstatue mit üppigen Formen und stark übertriebenen Geschlechtsorganen, vermutlich ein Fruchtbarkeitssymbol, das Weiblichkeit, Mutter Erde, Skulpturenkunst, Urgöttin und kreative Schöpfung in sich vereint. Österreich liegt heute mitten im Zentrum von Europa – es grenzt an acht Länder – und liegt zu zwei Dritteln in den Alpen, die sich mit Gipfeln von bis zu 3797 m und zahlreichen Gletschern von Westen nach Osten erstrecken, während sich das Flachland praktisch auf das im nördlichen Teil verlaufende Donautal beschränkt. Das Klima ist kontinental und die Flora variiert je nach Höhe und Ausrichtung der Hänge. Reiche Niederschläge (600 bis über 2000 mm) ermöglichen an Südhängen bis in Höhen von 1500 m Ackerbau und sogar Weinanbau. Die Nordhänge und Gebiete zwischen 1500 und 2200 m Höhe werden von dichten Nadelwäldern eingenommen: Tannen, Lärchen, Arven und Schwarzkiefern.

Die Gegend ist seit der Vorzeit bevölkert und ein weiterer Meilenstein der menschlichen Kultur ist hier zu verzeichnen: die Hallstatt-Kultur, benannt nach einem 1130-Seelen-Ort an einem wunderschönen See. Hallstatt, heute Weltkulturerbe, war zwischen 1000 und 500 v. Chr. das Entwicklungszentrum der Eisenzeit in Europa. *Venus* bringt eine tiefe Beziehung zwischen Kunst und Natur zum Ausdruck; die Beziehung zwischen dem irdischen Metall und den Werkzeugen, die die Menschen bereits um 3000 v. Chr. zur Salzgewinnung herstellten, sowie den vielen anderen Gegenständen aus Metall – den mit geometrischen und figürlichen Motiven verzierten Fibeln, Platten und Friesen – ist nicht weniger stark.

Später kamen die Kelten (4. Jh. v. Chr.) und Germanen (2. Jh. v. Chr.), Rom errichtete seinen *Limes* an der Donau und gründete Vindobona, das tausend Jahre später – 1142 – die Hauptstadt Wien werden sollte. Noch heute sind die Auswirkungen dieser Mischung aus stammesgeschichtlich geprägtem Norden und griechisch-römischem Süden in der Kultur dieser Region fassbar. 803 legte Karl der Große in der Ostmark oder Ostarrichi die Ostgrenze Europas fest, und bis heute hat das Land den Brückencharakter zwischen West und Ost behalten.

Das Land wurde 976 vom Haus Babenberg geeinigt; im 13. Jh. wurde es von den Habsburgern übernommen, die 1529 in Wien den Vormarsch der Türken stoppten und die Königshäuser von Spanien (16.–17. Jh.) und Österreich stellten. Kaiserin Maria Theresia (1740–80) schuf den modernen Staat, der unter Franz Joseph I. (1848–1916) nach dem Scheitern der „Großdeutschen" Lösung mit Ungarn in Realunion vereinigt wurde. Das Reich zerfiel nach der Niederlage des Ersten Weltkriegs und wurde durch die Erste Republik ersetzt. 1938 erfolgte der „Anschluss" an Hitler-Deutschland, 1945 die Besatzung durch die Alliierten. Erst 1955 wurde Österreich als Zweite Republik und Föderalstaat mit neun Bundesländern wieder souverän und unabhängig.

Seit dem 18. Jh. gilt Wien (1,6 Mio. Einw.) als Hauptstadt der Musik. Besonders während der Jahrhundertwende um 1900 erlebte die Stadt eine kulturelle Blütezeit und brachte Genies unterschiedlicher Disziplinen wie Freud, Wittgenstein und Schönberg hervor.

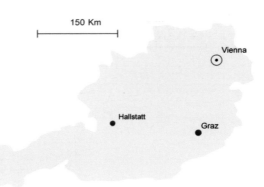

150 Km

Vienna

Hallstatt

Graz

83 871 km², 8,6 Millionen Einwohner,
EU-Mitglied seit 1995

Grundlegend für die radikale Wende von der Nachahmung der Natur zur Abstraktion, vom Historizismus zur neuen Sprache des 20. Jh. war dabei die von Gustav Klimt (1897) begründete Wiener Sezession, die mit dem gleichnamigen Ausstellungspavillon des Architekten Olbrich neue Wege ebnete: „Der Zeit ihre Kunst. Der Kunst ihre Freiheit", prangt über dem Eingang zu dem Bau. Ihm folgten Werke von Otto Wagner und später von Josef Hoffman – alle möglichen Arten Schmuck und Mode aus den Wiener Werkstätten –, begleitet von theoretischen Schriften – *Ornament und Verbrechen* (1908) – und Bauten von Adolf Loos. Die Skulptur brachte es nicht so weit, aber nach dem Zweiten Weltkrieg machten Friedensreich Hundertwasser und seine eigentümlichen Kreuzungen – das Gebäude in der Kegelgasse in Wien –, Rudolf Hoflehner, der formale Kubismus von Fritz Wotruba und die minimalistischen und monochromen Werke von Franz West von sich reden. Im Südosten, im Tal der Mur, die Wien mit Venedig verbindet, liegt Graz (244 000 Einw.), die zweitgrößte Stadt Österreichs und Hauptstadt der Steiermark. Die „Gartenstadt", wie sie wegen der grünen Hügel in ihrer Umgebung und ihrer Parks – Schlossberg, Stadtpark – genannt wird, mit ihren Universitäten, die Zehntausende von Studenten anziehen, bewegt sich zwischen Konservativismus und Avantgarde. Im Bereich Architektur knüpften die Werkgruppe Graz – Piehier u. a. – und das Team A Graz an den Radikalismus und die Visionen von Abraham, Domenig, St. Florian oder Kada an und ebneten den Weg dafür, dass die Europäische Kulturhauptstadt 2003 das erste Archigram-Gebäude, die biomorphe Kunsthalle mit wechselnder Hülle erhielt oder *The Thing and The Wing*, eine zweiteilige Skulpturen-Installationsarchitektur, deren Einheit sich nur aus dem fahrenden Auto wahrnehmen lässt (heute an einem anderen Ort), oder auch Acconcis Installations-Architektur-Ingenieurkunst-Urbanismus-Design.

Von oben nach unten, von links nach rechts: Peter Cook, Kunsthalle, 2003
ORTLOS architects – Andreas Schrötter / Ivan Redi –, *The Thing*, 2003
Vito Acconci, *Die Insel in der Mur*, 2003
Volker Giencke, botanischer Garten, 2003–04, alle in Graz

Seit 1981 / Wiederöffnung 2003
Österreichischer Skulpturenpark
Park: Thalerhofstr 85
A-8141 Unterpremstätten
Büro: Mariahilferstraße 2–4, 8020 Graz
Tel.: +43 31680179704
skulpturenpark@museum-joanneum.at
office@skulpturenpark.at
www.skulpturenpark.at
Dir. Nikolaus Breisach

Öffnungszeiten:
Apr.–Mai, Sept.–Okt.: 10–18 Uhr
Apr.–Okt.: 10–20:30 Uhr
Eintritt:
Erwachsene: gebührenpflichtig
Senioren und Studenten: reduziert
Gruppen: reduziert
• Behindertengerecht
• Haustiere erlaubt
• Fotografieren erlaubt
• Führungen nur nach
  Voranmeldung
• Sonderausstellungen
• Bildungsprogramm
• Broschüre
• Picknickbereich
• Parkplatz

Anfahrt:
• Mit dem Auto: 20 Minuten
• Mit dem Bus: Linie 630 von
  Jakominiplatz
• Mit dem Taxi
• Flughafen: Graz

Unterkunft und Gastronomie:
  Graz verfügt über zahlreiche
  Möglichkeiten, von luxuriösen Hotels
  bis hin zu Zimmern für Studenten, von
  köstlichen Restaurants bis Fast Food
  The Schwarzl Leisure Centre bietet
  auch einige Restaurants und Hotels
  www.graztourismus.at

Die Idee, zeitgenössische Skulpturen auch außerhalb von Museen im öffentlichen Raum zu zeigen, geht auf Emil Breisach zurück. Ab 1981 ließ der damalige Intendant des ORF-Landesstudios Steiermark Kunstwerke auf dem Gelände des ORF platzieren und schuf mit diesem „Art Park" ein neues Begegnungsfeld für zeitgenössische Kunst. Davon ausgehend entstand die Idee einer adäquaten Positionierung skulpturalen Schaffens im internationalen Kontext. Im Jahr 2000 schuf der Schweizer Landschaftsarchitekt Dieter Kienast ein 7 ha großes Areal für die Internationale Gartenschau in Unterpremstätten. Diese Gestaltung erwies sich als idealer Ort für einen großzügig angelegten Skulpturen-Park. Mit der Gründung der Österreichischen Skulpturenpark-Privatstiftung in Kooperation mit der PORR AG und dem Land Steiermark konnte die Basis für einen internationalen

Skulpturen-Park geschaffen werden. 2003 wurde das realisierte Projekt öffentlich vorgestellt.

Die Steiermärkische Landesregierung ermöglichte im Jahr 2007 in Abstimmung mit der Privatstiftung die Übernahme des Betriebs durch das Universalmuseum Joanneum. Mit diesem Schritt wurde der Österreichische Skulpturenpark in einen fundierten Wissenschafts-, Kunst- und Kulturkontext integriert sowie einer größeren Öffentlichkeit bekannt und zugänglich gemacht.

Heute werden im Österreichischen Skulpturenpark mehr als 70 Beispiele österreichischer und internationaler Skulptur präsentiert, die mit der Natur interagieren. Die gestaltete und sich ständig verändernde Natur korrespondiert mit den Kunstwerken, die der Witterung ausgesetzt sind, sich der Landschaft einfügen oder auf diese reagieren. Von abstrakter Bildhauerei bis zu Alltagsgegenständen, von anthropomorphen Figurationen bis zu Gebrauchsobjekten reicht das Vokabular der zeitgenössischen Skulptur, die im Dialog mit der Umgebung Aussagen über die Kunst, über die Gesellschaft, deren Konflikte und

Vorherige Seite:
Tobias Rehberger, *Asoziale Tochter*, 2004

Oben:
Nancy Rubins,
Airplane Parts and Hills, 2003
Unten:
Mario Terzic, *Arche aus lebenden Bäumen*, 2011

Träume treffen und Begegnungsräume schaffen kann.

Timm Ulrichs *Tanzende Bäume* und Mario Terzics *Arche aus lebenden Bäumen* beispielsweise nehmen direkt auf die sie umgebenden Prozesse des Wachsens und Vergehens Bezug. Oswald Oberhubers Korb zeigt, dass eine Skulptur auch an der Wand hängen kann, also auch im Dialog zum Bild steht. Die Zwiesprache zwischen Bild und Raum kann auch durch einen Dialog zwischen Kunst und Natur erweitert werden, wie die Gegenüberstellung der Skulpturen von Fritz Hartlauer und Jörg Schlick zeigt, die beide von Regeln der Form und des Wachstums inspiriert sind.

Die Arbeiten sogenannter „Altmeister" wie Hans Aeschbacher, Joannis Avramidis oder Fritz Wotruba finden sich auf einer dem Himmel zugewandten Stufenlandschaft, und Bewegungsmaschinen wie ein Auto (Erwin Wurm), ein Schiff (Michael Schuster), ein Flugzeug (Nancy Rubins) oder Segel (Martin Walde) erzählen vom Schicksal der Apparate, von sozialen und technischen Träumen, und verwandeln die Landschaft ganz nach ihrer eigenen Definition. Dies sind nur einige Beispiele, die zeigen, wie der Österreichische Skulpturenpark den Dialoghorizont erweitert und hilft, die Sprache zeitgenössischer Skulptur besser zu verstehen.

belgique / belgië

„Le plat pays qui est le mien", sang Jacques Brei Mitte des 20. Jh. Mit „le plat pays" meinte er die Flächen, Küstendünen und niedrigen Plateaus des Nordens sowie die Hochebenen der Ardennen im Süden mit ihren Wäldern und einem Kontinentalklima mit viel Nebel und „avec un ciel si bas, avec un ciel si gris", zwei schiffbaren Flüssen, die über Kanäle miteinander verbunden sind und schließlich in die Nordsee münden. Dies ist die einstige römische Provinz Gallia Belgica, die 57 v. Chr. von Julius Caesar erobert wurde. Die Römer ließen sich in der Mitte und im Süden nieder und legten so eine sprachliche Grenze fest, die bis heute existiert. Das Gebiet gehörte zum Karolingerreich und vom 16. bis 18. Jh. zum spanischen Reich der Habsburger – Gründe dafür, dass es heute das Herz der EU ist. Einige Gebiete Belgiens gehörten zeitweise zu Frankreich, andere zu den Niederlanden, bis am Ende des 18. Jh. eine Nationalbewegung entstand. Nach Zeiten der Invasion und Besetzung während beider Weltkriege verbindet das dicht bevölkerte, kleine Land mit hoher Lebensqualität heute auf einzigartige Weise Tradition und Avantgarde.

Das Königreich Belgien wurde 1831 gegründet. Seit 1958 bildet die parlamentarische Monarchie zusammen mit Holland und Luxemburg über den Benelux-Vertrag eine wirtschaftliche Union, in der sich die starke Bindung der Bürgergesellschaften der drei Staaten widerspiegelt. Die zu Ende des 20. Jh. reformierte Verfassung gliedert den Staat föderal in geographische Regionen und Sprachgemeinschaften: Flandern, Wallonien und Brüssel.

Der flämische Teil erlebte in den Jahren 1981–1992 eine Wirtschaftskrise, die sich in Einschnitten des öffentlichen Haushalts niederschlug. Zu Beginn des 21. Jh. wurde der Etat für bildende Künste, Kunstschätze und gesellschaftlich-kulturelle Aktivitäten deutlich erhöht. Die kulturelle Hauptstadt Flanderns ist Antwerpen (446 000 Einw.), wichtige Hafenstadt, Geburtsstadt und Wohnort Peter Paul Rubens und zahlreicher moderner Künstler wie Panamarenko, Guillaume Bijl, Luc Deleu u. a. Hier haben die vielleicht modernsten Galerien und kosmopolitischen belgischen Museen wie das Middelheim ihren Sitz, in dem sich Kunst und Natur in inniger Harmonie vereinen. Darüber hinaus gehört Antwerpen mit Avantgarde-Designern wie Martin Margiela, Dries van Noten oder Anne Demeulemeester zu den internationalen Mode-Metropolen. Der

Art Center Voeten, Geel, mit ca. 20 Werken des umstrittenen NS-Bildhauers Arno Breker
Links: *Wounded*, 1938
Rechts: Henk Visch, *Morgen is alles anders*, 1996, Middelheimmuseum, Antwerpen

30 528 km², 11,3 Millionen Einwohner,
EU-Gründungsmitglied

französische Teil legte in den 1970er Jahren die Grundlagen für eine demokratische Kultur- und Bildungspolitik, die kreative und künstlerische Ausdrucksweisen unterstützte. Seine Hauptstadt Lüttich (185 000 Einw.) hat ein Museum für Moderne und Zeitgenössische Kunst, und auf ihrem neuen Universitätscampus befindet sich das Freilichtmuseum Sart-Tilman.

Für die etwa 700 000 Mitglieder starke deutschsprachige Gemeinschaft stehen Schul- und Erwachsenenbildung sowie die Förderung der kreativen und künstlerischen Qualität durch die Verbesserung der Bedingungen für Kulturschaffende im Mittelpunkt der Kulturpolitik.

Die Landeshauptstadt und der Regierungssitz der EU, Brüssel (965 000 Einw.), ist eine mehrsprachige Stadt, in der viele Gemeinschaften unter dem Stern des Multikulturalismus zusammenleben. Gleichzeitig hat sie die meisten französischsprachigen Kultureinrichtungen. Hier befinden sich das Museum für Moderne Kunst sowie die Installationen von Mauro Staccioli – ein großes Dreieck aus rotem Zement im Park Tournay-Solvay (1996); ein rotes Quadrat im Rand-Point de l'Europe (1998) in Boitsfort; und ein großer Bogen im Eingang zum Park Lane, in Zaventem (2001) – und hier findet jedes Jahr im April die Internationale Messe für Zeitgenössische Kunst statt, bei der sich die wichtigsten Sammler und Galeriebesitzer eines Landes treffen, welche auf eine lange Sammlertradition zurückblicken und beim Kauf moderner Kunst stets unkonventionellen Pioniergeist gezeigt haben.

Das internationale Ansehen der genannten und anderer Künstler – wie Rik Wouters, Eugene Dodeigne, Pol Bury mit seiner kinetischen Kunst, Jeff Geys und, unter den Vertretern unter 40 Jahren zur Zeit der Jahrtausendwende, Wim Delvoy –, der Architekten wie Stephane Beel, Comiczeichner und Modedesigner ist Schöpfungen zu verdanken, die sich auf Freiheit, unbegrenzte Vorstellungskraft und den uneingeschränkten Einsatz von Formen und Materialien stützen.

Das moderne Verhältnis zwischen Kunst und Natur in verwandten Gebieten wie der Bildhauerei findet seinen ersten Ausdruck in der Art Nouveau von Victor Horta, wird von der Umsetzung der englischen Gartenstadt von Ebenezer Howard (1898) durch Louis van der Swaelman in Form der Gartenstädte in Brüssel – Kapelleveld (1922, Woluwe), Le Logis und Cite Floreal (Watermaei-Boitsfort) – weitergeführt und erreicht mit den Gärten und der Gartenarchitektur von Jacques Wirtz in Hasselt (1976) oder im Kontieh-Park (1988) in Antwerpen.

Seit 1950
Middelheimmuseum
Middelheimlaan 61   2020 Antwerpen
Tel.: +32 (0)32883360
middelheimmuseum@stad.antwerpen.be
www.middelheimmuseum.be
Dir. Sara Weyns

Öffnungszeiten:
Okt.–Mär.: 10–17 Uhr
Apr.–Sep.:10–19 Uhr
Mai–Aug.: 10–20 Uhr
Jun.–Jul.: 10–21 Uhr
Eintritt: frei
• Behindertengerecht
• Haustiere erlaubt
• Fotografieren erlaubt, bitte
  Urheberrechte der Künstler beachten
• Führungen: gebührenpflichtig
• Ausstellungspavillons
• Bildungsprogramm
• Bibliothek: s. Dokumentationszentrum
• Dokumentationszentrum
  Burgomaster Lode Craeybeckx:
  Publikationen, Abbildungen,
  Bilder, Dias, Fotos, CD-ROMs,
  Videos: nur mit Termin
• Publikationen: Kataloge und
  Broschüren
• Buchhandlung & Rezeption
• Café
• Picknickbereich
• Parkplatz: viele kostenlose Plätze

Anfahrt:
• Mit dem Auto: Ausfahrt Berchem-
  Wilrijk vom „Ring" um Antwerpen
• Mit dem Bus: 32, 190, 21
• Mit der S-Bahn: 7, 15
• Flughafen: Antwerpen

Das Freilichtmuseum befindet sich etwas außerhalb, im Südteil der Stadt, in einem Gebiet aus dem 14. Jh., das schon damals Middelheim" hieß. Dieses Privatgrundstück wurde 1910 von der Stadt gekauft, um die Aufteilung des Geländes zu verhindern, und die Gärten wurden der Öffentlichkeit zugänglich gemacht. Als Museum wurde es nach der ersten internationalen Skulpturenausstellung, die 1950 in dem Park gezeigt wurde, eröffnet. Damals beschloss man, auf 20 ha der Gesamtfläche ein ständiges Freilichtmuseum einzurichten, während der Rest des Grundstücks später für die Universität und andere Zwecke bestimmt wurde. Seit 1951 fanden 20 Biennalen statt. 1993, als Antwerpen Kulturhauptstadt Europas war, änderte das Museum seine Ausrichtung

und verlagerte seine Aktivitäten gemäß dem Grundgedanken der Skulpturen unter freiem Himmel in einem Park" auf den Erwerb internationaler zeitgenössischer Kunst, ein Konzept, das Raum für die modernsten Kunsttendenzen bot. Dazu wurde die Fläche im Jahr 2000 auf 27 ha erweitert, neu organisiert und ein neuer Aufbewahrungsraum errichtet, ein Gebäude des Architekten Stephane Beel. Die ständige Sammlung umfasst rund 300 Werke, die die Geschichte der modernen und zeitgenössischen Bildhauerkunst nachzeichnen: Sie beginnt mit dem

„Ausgangspunkt der modernen Skulptur" (Brancusi): mit den Werken Auguste Rodins aus dem 19. Jh., der auf seinem Gebiet den Vergleich mit seinen Zeitgenossen Cézanne, Gauguin oder van Gogh nicht zu scheuen brauchte. Unter seinen Werken hier ist ein *Balzac* von 1892–97 vertreten. Weiter geht es mit Arbeiten von Bourdelle, Aristide Maillol, Georg Kolbe und Duchamp-Villon (ein Werk von 1914). Es folgen die Werke der Mitglieder jener Generationen, die eindeutig dem 20. Jh. zuzuordnen sind: Wouters, Pablo Gargallo, Henri Laurens, Ossip Zadkine und Lipchitz, über Henry Moore, Alexander Calder, Louise Nevelson, Marino Marini, Barbara Hepworth, Giacomo Manzu, Max Bill, Lynn Chadwick, Jesus Rafael Soto (ein Werk von 1969), Phillip King, Jeff Geys,

Juan Muñoz, *Two figures for Middelheim,* 1993
Auguste Rodin, *Balzac,* 1897

Per Kirkeby, Panamarenko, Laurence Weiner und Dan Graham. Anschließend kommen Werke von Künstlern des letzten Drittels des 20. Jh. wie Franz West, Guillaume Bijl, Matt Mullican, Thomas Schütte, Harald Klingelhöller, Pedro Cabrita Reis und Jessica Stockholder. Die Sammlung beschließt das Jahrhundert mit Werken von Julien Opie (vgl. S. 17), Tony Cragg – *Envelope,* 1996 – oder Henk Visch (vgl. S. 26). Aus dem 21. Jh. finden sich im Park Werke von Carl Andre, Timm Ulrichs, Joep van Lieshout u.a. Middelheim hat Pavillons, in denen auch Wechselausstellungen gezeigt werden, wie die von 2005 mit Boy & Erik Stappaerts, Yutaka Sone, Corey McCorkle, Mark Lewis, Donckers, Lee Bul, Balka, Augustijnen und Knut Asdam. Außerdem werden Freizeit- und Kulturaktivitäten für das Publikum angeboten, die von Konzerten und Straßentheater bis zu Führungen und Arbeitsgruppen für Kinder reichen. Sein Dokumentationszentrum, das den Namen des Bürgermeisters trägt, in dessen Regierungszeit das Museum gegründet wurde, birgt an die 50 000 Veröffentlichungen über die Schönen Künste von Rodin bis heute und bietet die Möglichkeit zu Anfragen und zur Ausleihe. Ein Eingang von 2006 an der Ecke zwischen Middelheimlaan und Lidendreef, nach einem Entwurf des Installationskünstlers, Architekten und Bildhauers John Körmerling, ist ein Beispiel für die verschwommenen Grenzen zwischen den Disziplinen, so wie es zuvor die Bauten von Van Lieshout und Luc Deleu waren.

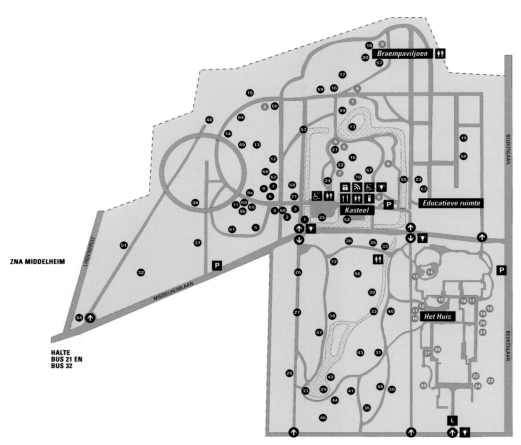

1 Lode Craeybeckx 2 Henry Moore 3 Rik Wouters 4 Auguste Rodin 5 Auguste Rodin 6 Bourdelle 7 Constantin Meunier 8 Jean Arp 9a Artistide Maillol 9b Artistide Maillol 10 Max Bill 11 Giacomo Manzù 12 Pablo Gargallo 13 Henri Laurens 14 Raymond Duchamp-Villon 15 Eugène Dodeigne 16 Carl Milles 17 Camiel van Breedam 18 Albert Szukalski 19 Jesús Rafael Soto 20 Alexander Calder 21 Marino Marini 22 Barbara Hepworth 23 Constant Permeke 24 François Pompon 25 Lawrence Weiner 26 Carl Andre 27 Juan Muñoz 28 Thomas Schütte 29 Luciano Fabro 30 Guillaume Bijl 31 Per Kirkeby 32 Franz West 33 Matt Mullican 34 Henk Visch 35 Panamarenko 36 Isa Genzken 37 Atelier Van Lieshout 38 Charles Vandenhove 39 Tony Cragg 40 Joachim Bandau 41 Harald Klingelhöller 42 Bernd Lohaus 43 Honoré d'O 44 Jessica Stockholder 45 Timm Ulrichs 46 Didier Vermeiren 47 Franz West 48 Luc Deleu 49 Dan Graham 50 Chris Burden 51 Pedro Cabrita Reis 52 Erwin Wurm 53 Corey McCorkle 54 John Körmeling 55 Ai Weiwei 56 Roman Signer 57 Philippe Van Snick 58 Antony Gormley 59 Johan Muyle 60 Jef Geys Muyle 61 Rudolf Belling 62 Johan Creten 63 Selçuk Mutlu 64 Mari Andriessen 65 Germaine Richier 66 Pablo Serrano 67 Ossip Zadkine 69 Oscar Jespers 70 Rik Wouters 71 Leon Vranken 72 Daniel Dewar und Grégory Gicquel 73 Kati Heck

Seit 1977
Domaine de l'Université de Liège
Château de Colonster   B–4000 Liège
Tel.: +32 43662220
musee.pleinair@ulg.ac.be
www.museepla.ulg.ac.be
Dir. Pierre Henrion, Jean Housen
Edith Schurgers

Öffnungszeiten: durchgehend
Eintritt: frei
• Behindertengerecht
• Haustiere erlaubt
• Fotografieren erlaubt
• Führungen: gebührenpflichtig
• Ausstellungsraum mit temporären
  Ausstellungen
• Bildungsprogramm
• Café: Universitätscafé
• Restaurant: Mensa
• Picknickbereich
• Parkplatz

Anfahrt:
• Mit dem Auto: Liège – Sart-Tilman
• Mit dem Bus: von Liège Zentrum,
  Linien 48, 58
• Mit dem Zug: Bahnhof Liège-
  Guillemins, anschließend mit dem
  Bus
• Flughafen: Liège (15 km)
  Brüssel (80 km)

Unterkunft und Gastronomie:
In Liège

Das Freilichtmuseum ist das Ergebnis einer Zusammenarbeit zwischen der Lütticher Universität und dem Kultusministerium. Diese Kooperation der Erhaltung und kunstwissenschaftlichen Beschäftigung führte zu einer Sammlung, die 2016 über 100 auf dem Campus der Universität verteilte Werke umfasst.

Die Absicht, in Sart-Tilman ein Freilichtmuseum zu gründen, entstand 1961 mit den ersten Plänen für den Universitätscampus, der 1967 zusammen mit der ersten seiner Skulpturen, *Mur de pierre d'âge viséen* von Pierre Culot, eingeweiht wurde. Vor der Gründung des Museums kamen weitere Skulpturen von Francis Andre, Jean-Paul Laenen und Léon Wuidar dazu.

In Sart-Tilman gibt es zwei Arten von Projekten: diejenigen, die für den konkreten Ort erstellt wurden und sich in die Umgebung integrieren, für die sie konzipiert wurden, und die Werke, die an einem Ort stehen, ohne eigens dafür entworfen zu sein. Die erste Art ist vor allem durch die sechs Werke neben dem Rektoratsplatz vertreten; die zweite u. a. durch Werke wie *Souvenir* und *L'aigle* von André Willequet, *Relâche* von Paul Machiels, *La Caille* von George Grard, oder *L'endormie n° 5* von Olivier Strebelle.

Bisweilen erlebt man auch Überraschungen, wie bei dem Werk *Jeune fille agenouillée* von Charles Leplae, dessen zarte Vertrautheit im Dialog mit seiner Umgebung es zu einem der anziehendsten Werke der gesamten Sammlung macht. Neben der ständigen Sammlung und dem intensiven Ankaufprogramm verleiht das Freilichtmuseum Sart-Tilman seit 1991 einen Preis für junge Bildhauer aus dem französischen Teil Belgiens. Neben einer finanziellen Anerkennung wird für den Preisträger auch eine Werkausstellung ausgerichtet.

Von links nach rechts,
von oben nach unten:
Lambert Rocour, *Ohne Titel*, 1999
Rik Wouters, *La Joie de vivre*, 1912
Léon Wuidar, *Labyrinthe*, 1987

danmark

Dänemark besteht aus der Halbinsel Jütland, der Verlängerung des norddeutschen Tieflands, und 406 Inseln, deren wichtigste und bevölkerungsreichste Seeland mit der Hauptstadt Kopenhagen (501 000 Einw., Großraum 1,8 Mio. Einw.), Fünen und Lailand sind.

Einst bildeten sie eine Einheit mit der Skandinavischen Halbinsel, bis sie durch das Steigen des Meeresspiegels überflutet wurden und durch die heutigen Meerengen Skagerrak und Kattegat und eine Reihe Kanäle wie den Sund und den Großen und Kleinen Belt getrennt wurden. Im Westen grenzt das Land an die Nordsee, im Osten ist es von der Ostsee umgeben. Kopenhagen liegt gegenüber dem schwedischen Malmö, und zwischen dem dänischen Helsingör – dem Schauplatz des Dramas Hamlet – und Helsingborg liegen nur 4 km des Øresund.

Vergletscherungen haben hier eine ebene Landschaft mit maximal 200 m hohen Hügeln geformt – ein wahres Fahrradfahrerparadies – mit mäßig altem Klima, wenig Wald und etwa zu 70% landwirtschaftlich genutzter Fläche. Die intensive Landwirtschaft und Viehzucht bilden die Grundlage einer der am weitesten entwickelten Wirtschaftsräume der Welt.

Zur Zeit Karls des Großen wurde das erste größere Staatsgebilde geschaffen, das durch den Bau eines Verteidigungswalls zwischen der Eider (Nordsee) und der Schlei (Ostsee) geschützt wurde. Es begannen die Plünderungszüge der Wikinger entlang der englischen Küste und des europäischen Festlands bis nach Paris und Sevilla. 911 belagerten sie die Normandie, von wo aus sie 150 Jahre später ihren Eroberungszug nach England antraten.

Christianisierung, Vereinigung und Eingliederung Dänemarks in die damalige Welt waren 980 abgeschlossen. 1165 wurde Kopenhagen gegründet, und 1389 schlossen sich Dänemark, Norwegen und Schweden in der Kalmarer Union zusammen, die 1523 von den Schweden aufgelöst wurde, während das Bündnis mit Norwegen bis 1814 hielt. Nach der Niederlage Napoleons wurde Norwegen an Schweden abgetreten. Mit neuer Energie nutzte Dänemark den seit dem 18. Jh. anhaltenden wirtschaftlichen Aufschwung. Während des 19. Jh. machte das Land große Fortschritte in den Bereichen Bildung, Landwirtschaft und Demokratie, so dass es als eines der Länder mit der modernsten Sozialgesetzgebung in das 20. Jh. eintrat. Im Zweiten Weltkrieg von den Deutschen besetzt, wurde Dänemark nach 1945 von verschiedenen sozialdemokratischen Regierungen geführt. In dieser Zeit entwickelte sich das Land, dessen Staatsform die konstitutionelle Monarchie ist und dessen liberale Bevölkerung zu 90% in Städten lebt, zu einer der fortschrittlichsten, reichsten und offensten Gesellschaften Europas.

Aus der frühen Bronzezeit (ca. 1600 v. Chr.) stammt der Sonnenwagen von Trundholm mit seiner vergoldeten Sonnenscheibe, das Werk einer Epoche, die 1000 Jahre andauern und von Spiralmotiven und Schiffen mit religiöser Symbolik geprägt sein sollte. Die Stücke aus der Eisenzeit zeigen keltische und später römische Einflüsse, während aus der germanischen Zeit und ab 400 unserer Zeitrechnung vor allem der Goldschmuck zu nennen ist. Aus dem 10. Jh. stammt die monumentale „Skulptur" oder Stele aus der kleinen Stadt Jelling mit der Runeninschrift „König Harald ließ dieses Denkmal für seinen Vater Gorm und seine Mutter Thyra anfertigen. Dieser Harald eroberte ganz Dänemark und

43 094 km² (ohne Faröer Inseln und Grönland). 5,6 Millionen Einwohner, EU-Mitglied seit 1973
Währung: Dänische Krone

80 Km

Helsingør
Humlebaek
Farum · København
Aarhus ·
Veksø
Himmelhøj · Kalvebod Fælled

Jelling ·

Kolding ·

Tranekær ·

Norwegen und machte die Dänen zu Christen".

Bertel Thorvaldsen ist der erste dänische Künstler, der mit seinen neoklassischen Skulpturen aus dem 19. Jh. in die internationale Kunstgeschichte eingeht. Der Künstler, der seine Werke u. a. in Rom schuf, hat heute ein eigenes Museum in Kopenhagen.

Das 20. Jh. wurde mit Kai Nielsen und seinen von Rodin beeinflussten Großplastiken eröffnet. Ihm folgten Henry Heerup mit seinen surrealistischen Erkundungen und Sonja Ferlovs Werk. International am meisten Beachtung fand jedoch der in Paris lebende Robert Jacobsen, der wichtigste dänische Bildhauer der Nachkriegszeit mit seinen ganz eigenen abstrakten Metallteilen. Seinen Ruhm in der internationalen Kunstszene machte ihm nur kurzzeitig der facettenreiche, experimentelle Pop-Art-Künstler Per Kirkeby streitig – die zweite Hälfte des 20. Jh. wurde stark von den USA beeinflusst –, ein Schüler der Eksskolen-Akademie, die für eine Kunst mit gesellschaftlicher Verantwortung, künstlerische Vielseitigkeit und eine kritische Betrachtung der Wirklichkeit eintrat. In den 80er Jahren wählte Willy Ørskov einen intellektuelleren Ansatz.

Die Generation, die schließlich gegen Ende des letzten Jahrhunderts die Szene betrat und in einem grenzenlosen Europa und in einer globalisierten Welt Furore machte, brachte Namen wie Joachim Køster und seine Videokunst, Olafur Eliasson mit seinen Installationen oder den jungen, ironischen Spaßmacher Jeppe Heim hervor.

Wenn sich irgendwo die Grenzen zwischen den einzelnen Disziplinen verwischen, dann in Dänemark. Schon 1917 gab das Land sein erstes Umweltschutzgesetz heraus. „Die Stadtentwicklung eröffnete neue Möglichkeiten des Umgangs mit der Umwelt", bemerkte Salto und nannte dabei als Beispiel Carl T. Sørensen mit seiner Landschaftsarchitektur für die Universität Aarhus (1931–47), deren Gebäude von Kay Fisker stammen, oder seine Schrebergärten in Naerum (1948), kleine Grasquadrate, gesäumt von ovalen Hecken. Gärten, Landschaft, Kunst und Städtebau vereinte der Schwede Andersson im Scanpark (Kopenhagen, 1996). Selbst Brücken und Autobahnen wurden in die Landschaftsgestaltung einbezogen, wie die Schnellstraße bei Lingby von Edith und Ole Nørgaard (1965–74). Das Genie Arne Jacobsen schließlich ist nicht nur beispielhaft für die Architektur der Moderne, sondern auch für bestes dänisches Industrie- und Möbeldesign.

Seit 2004
Naturlagepladsen Himmelhøj
Kalvebod Faelled
Miljøministeriet
Skovog Naturstyrelsen
(Danish Forest and Nature Agency)
Haraldsgade 53   2100 Copenhagen
Tel.: +45 39472000
sns@sns.dk
www.skovognatur.dk

Öffnungszeiten: durchgehend
Eintritt: frei
• Picknickbereich

Anfahrt:
• Mit dem Bus: 31, 32, 33, 34, 75E
• Mit der U-Bahn: Haltstelle Vestamager

Alfio Bonanno wurde vom Umweltminister damit beauftragt, den Naturraum Himmelhøj in Kalvebod Fælled – Kalvebod Fælled ist nun Teil des neuen Amager-Naturparks – bei Kopenhagen in ein Erholungsgebiet für die Öffentlichkeit zu verwandeln, wobei gleichzeitig die Kenntnis der Natur gefördert werden sollte. Das rund 35 000 m^2 große, teils morastige Gebiet weist eine vielseitige Flora mit Orchideen, Weiden, Birken und Kiefern sowie eine reiche Fauna mit Vögeln und sogar Füchsen auf. Der Künstler hat hier aus Baumstämmen und Zweigen, Steinen und Erde vier ortsspezifische Installationen geschaffen: *Amagerarken* (Arche, das Flaggschiff des Projektes, 55 x 18 x 5 m, das dem Autor zufolge „durch seine organische Form und seine Größe einen außerordentlichen Kontrast zur ,schwebenden' und ,mechanischen' U-Bahn-Haltestelle bildet"), *Raevehulen* (die Besucher sind aufgefordert, „Federn in der Gegend zu sammeln und auf dem Dach anzubringen"), *Ildstedet* (mit einem Durchmesser von 15 m) und *Insektskoven* (ein 24 m großer runder, labyrinthischer Wald aus verkohlten Eichen). In der Ferne sieht man ein riesiges Kohlekraftwerk, die Skyline der Hauptstadt, die futuristischen Wolkenkratzer von Ørestad und das größte Einkaufszentrum Skandinaviens… „Ein ,*Borderland*' voller Kontraste zwischen Natur und Kultur!", begeistert sich Bonanno.

Alfio Bonano, *Amagerarken*
(Amager Arche), 2004

Raevehulen (Riesige Vögel), 2004
Raevehulen existiert nicht mehr.
Alle Alfio-Installationen bestehen aus
natürlichem Material und zersetzen
sich daher.

farum international sculpture park

Seit 1999
Farum International Sculpture Park
Farum Kulturhus
Stavnsholtvej 3, 3520 Farum
Tel.: +45 72354575
farumkulturhus@furesoe.dk
www.farumkulturhus.dk
Dir. Zanne Jahn

Öffnungszeiten: durchgehend
Eintritt: frei
• Behindertengerecht
• Haustiere erlaubt
• Führungen: für Gruppen (nur nach
  Voranmeldung). Gebührenpflichtig
• Publikationen: Führer, Broschüre
• Picknickbereich
• Parkplatz

Anfahrt:
• Mit dem Auto, Bus, und Zug
• Flughafen: Kopenhagen

Unterkunft:
  In Farum: Farum Park Sports &
  Conference Centre,
  Tel.: +45 44342500,
  (1,5 km). Bregnerød Kro,
  Tel.: +45 44950057 (3 km).
  In Vaerløse (4 km): KolleKolle
  Hotel, Kurse u. Konferenzraum:
  Tel.: +45 44984222

Der etwa 20 km nordwestlich von Kopenhagen gelegene Internationale Skulpturen-Park in Farum begann als einmaliges, auf den Grünflächen dieses Ortes veranstaltetes Kulturereignis.

Damals, im August 1999, kamen acht dänische und internationale Künstler der Einladung nach, Marmorskulpturen zu fertigen: Yael Artsi – die marokkanisch-israelische Pariserin und Initiatorin des Projektes –, Jun-Ichi Inoue, Cynthia Sah, Nicolas Bertoux, Pal Svensson, Jesper Nergaard, Kemal Tufan und Tetsuo Harada. Jeder von ihnen arbeitete persönlich und intensiv an der Produktion seiner jeweiligen Werke. Während der Konzeptions-und Umsetzungsphase konnten die Bürger von Farum wochenlang die kleinen im Park ausgestellten Modelle betrachten, mit den Künstlern sprechen und beim Aushauen in Marmor zusehen.

Die Ergebnisse dieser Arbeit wurden schließlich auf einer Grünfläche ausgestellt. Statt Farum zu verlassen, blieben sie als ständiger Teil des Gartens zurück. Nahe beieinander stehend bilden die Werke eine Skulpturengruppe, verbunden durch die Art und Farbe ihres Materials und den konventionellen Hintergrund der Bäume und der Grünflächen.

Jun-Ichi Inoue, *Meditative Place* 1999

Yaël Artsi, *The cloud,* 1999

Täglich 24 Stunden geöffnet. In der Stadt gibt es alle Arten von Dienstleistungen, Einrichtungen, Aktivitäten und Unterhaltung. www.visitherning.com

Herning (46 000 Einw.) auf Jütland liegt 91 km westlich von Aarhus und 309 km von Kopenhagen. Es entstand zu Beginn des 19. Jh. und erlebte einen bemerkenswerten Aufschwung nach dem Zweiten Weltkrieg. Auf dem größten Gelände Skandinaviens beherbergt es Messen, Konzerte, einen Uni-Campus, drei Gebäude von Jørn Utzon. In einer Textilfabrik der 60er Jahre entstand ein Kunstmuseum, das HEART Herning Museum of Contemporary Art, ein helles und minimalistisches Projekt von Steven Holl mit einer Fülle von Skulpturen, das Werke von Vasarely, Manzoni, Asger Jorn, Beuys, Merz,

Cronhammar und anderen däni-schen Künstlern beherbergt. Die monumentale *Elia* (2001) von Cronhammer ist mit ihren 60 m Durchmesser und 41 m Höhe fast ein Gebäude, auf das man über eine Stahltreppe in einem Schnitt in der Halbkugel steigt. Ein mehrfaches Hybrid ist das sonderbare Carl-Henning Pedersen & Else Alfelts Museum, Design (1976) des Architekten C.F. Møller (1898–1988), mit dem Werk des dänischen Malers Pedersen, Mitglied von CoBrA. An der unregelmäßigen Pyramide vorbei gelangt man in den „Innenraum", in Wirklichkeit jedoch unter freien Himmel. Nebenan gehen die Besucher durch den Korridor, das Werk *Allotment* (1998) von Antony Gormley. Birk ist ein einzigartiger Stadtteil wegen seines harmonischen Zusammenlebens von Natur, bildender Kunst, Architektur, Skulptur, Gartenbau und Kunst oder Landschaftsarchitektur, Stadt-

HEART Herning Museum of
Contemporary Art, Steven Holl 2009

Carl-Henning Pedersen & Else Alfelts
Museum, C.F. Moller 1976

Vorherige Seite:
Links: *Elia,* Ingvar Cronhammar 2001
Unten: Geometrische Gärten,
gestaltet von C.T. Sørensen

Diese Seite:
Unten: Skulpturen-Park, entworfen von
C.T. Sørensen

planung, in einem Umfeld, wo die traditionellen Grenzen zwischen
den Disziplinen verschwinden. C.T. Sørensen (1893–1979), ein international renommierter dänischer Architekt für Gärten und Landschaften, gestaltete neben dem Museum die geometrischen Gärten,
De Geometrike Haver, ein runder Raum mit modularen „Zimmern"
von 11 m, Ausdruck der für den Besucher nicht sichtbaren „Komple-
xität der Einfachheit". Tangential zu den geometrischen Gärten und
ebenfalls kreisförmig: der Skulpturparken mit 36 gerahmten Skulpturen von verschiedenen dänischen Künstlern wie Robert Jacobsen
(1912–93) oder Søren Jensen (1917–82), des niederländischen
Konstruktivisten Carel Visser (1928–2015), usw. „Experience art in
nature with the whole family", lautet treffend der Slogan der Stadt.

Seit 1958
Louisiana Museum of Modern Art
Gl. Strandvej 13   3050 Humlebaek
Tel.: +45 49190719
arrangement@louisiana.dk
www.louisiana.dk
Dir. Poul Erik Tøjner

Öffnungszeiten: durchgehend
Di.–Fr.: 11–22 Uhr, Sa.–So. und
    Feiertage: 11–18 Uhr
Mo.: geschlossen
Eintritt:
Erwachsene: gebührenpflichtig
Gruppen: reduziert
• Behindertengerecht
• Haustiere nicht erlaubt
• Fotografieren in der ständigen
    Ausstellung erlaubt
• Führungen (nur nach Voranmeldung):
    gebührenpflichtig (Englisch)
• Galerie
• Sonderausstellungen
• Bildungsprogramm
• Publikationen
• Design Shop
• Café
• Parkplatz

Anfahrt:
• Mit dem Auto: Autobahn E47 / E45
• Mit dem Bus: Linie 388
• Mit dem Zug: von Kopenhagen oder
    Helsingoer zur Humlebaek Station
• Flughafen: Kastrup / Kopenhagen

Der Park um diese alte Villa, inmitten einer eindrucksvoll schönen Landschaft gelegen, ist einer von vielen, die die Küstenstraße entlang des schmalen Öresundes säumen, der Dänemark gleichzeitig von Schweden trennt und mit ihm eint Hier hat man einen schönen Blick auf die See, die von den Wipfeln hoher Bäume umrahmt wird. An diesem Ort gründete 1958 der dänische Kaufmann Knud W. Jensen das Louisiana Museum für Moderne Kunst Es handelt sich um eine der herausragenden internationalen Sammlungen zeitgenössischer Kunst in Europa, besonders was Skulpturen betrifft.

Die 35 km nördlich von Kopenhagen gelegene Villa Louisiana aus dem 19. Jh. gehörte einem Vorfahren des Museumsgründers, der dreimal verheiratet war – immer mit einer Louise. Der terrassenförmige Hang reicht im Osten bis zum Meer und im Nordwesten zum Humlebæk-See.

Ausblick und Wasser sind zentrale Elemente dieses 1,2 ha großen Raums mit seiner beeindruckenden Wechselbeziehung zwischen Kunst, Architektur und Landschaft. Bei den Neubauten wollten die dänischen Architekten einen möglichst großen Teil des Gartens frei lassen. Drei Ausstellungsräume liegen Richtung Westen, Süden und Osten (unterirdisch) in „der nördlichsten Ecke mit Blick auf den Park durch große Fenster und über unterschiedlich breite Gänge mit der alten Villa verbunden", schreibt Tobias Faber 1968 in seinem Buch über neue dänische Architektur.

„Die Sammlung umfasst bedeutende Kapitel der Kunst des 20. Jh.", wie ihr Direktor, Poul Erik Tøjner, schreibt „Die Kunst Alberto Giacomettis ist einer der stärksten Bereiche des Museums. Das Gleiche gilt für Alexander Calder, dessen Skulpturen schon ein Aushängeschild von Louisiana geworden sind, und Henry Moore, der den Charakter des Parks mit seinem Blick auf den Öresund ebenfalls geprägt hat. Nicht zu vergessen Pablo Picasso, Jean Dubuffet, Morris Louis, Andy Warhol, Robert Rauschenberg, Yves Klein, Anselm Kiefer, Sigmar Polke, Georg Baselitz, Per Kirkeby…".

Rund 60 Werke des großen Bestandes befinden sich im Park. Seit seiner Eröffnung wurde das hügelige Gelände immer wieder umgestaltet. Der Kontrast zwischen den geordneten und beschnittenen und den wilderen

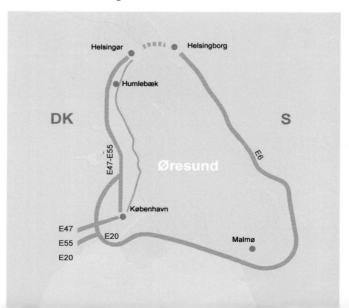

Alexander Calder, *Little Janey-Waney*,
1964–76

Bereichen stellt den Hintergrund für die Skulpturensammlung dar.
Eine Reihe wurde so angeordnet, dass die Figuren vom Museumsin-
neren und den Gängen aus durch die großen Glasfronten sichtbar
sind. Andere stehen an sorgfältig ausgewählten Orten in den Höfen.
Und manche wiederum, die mehr Platz in Anspruch nehmen, wurden
„im Park in Beziehung zu den Bäumen, der Wiese oder dem Wasser"
so weit voneinander entfernt aufgestellt, dass jede ihre eigene, stille
Umgebung erhält. Teilweise wurden sie speziell für das Museum ge-
schaffen oder für einen konkreten Aufstellungsort erworben. Zu den
in den 1980er Jahren speziell für den Ort geschaffenen Werken
gehören eines von Shapiro oder *The Gate in the Gorge* von Richard
Serra, *Self-Passage* von Trakas, zu der man über eine Reihe schmaler
Pfade gelangt, oder die 12 m lange Kreation von Enzo Cucchi. Auf dem
Plan auf der nächsten Seite ist die Anordnung des Parks zu sehen. Die
Werke umfassen u. a. fünf Objekte von Hans Arp, eines von Dan
Graham, zwanzig von Henry Heerup und das Einzelstück von Ørskov, je
eines von Joan Miró, Isamu Noguchi und Max Bill und je drei von Sekine
und Max Ernst.

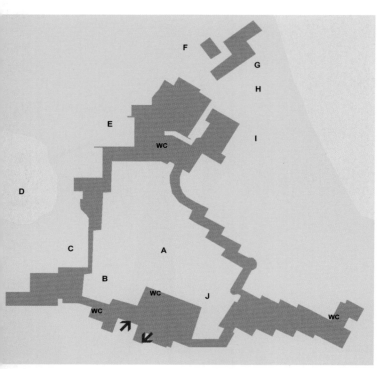

A Skulpturengarten
B Die alte Villa
C Kinderbereich
D Gartensee
E Museumscafé
F Konzertsaal
G Bootshaus / Gasthaus
H Konferenzraum
I The Big Hall
J Museums-Shop

Einige Künstler und Werke in der ständigen Sammlung
Jean Arp, *Coupes superposées*; *Concrétion humaine sur coupe ovale*; *Vénus de Meudon*; *Seuil aux créneaux végéttaux*; *Seuil-réflection*
Max Bill, *Construction*
Alexander Calder, *Nervures minces*; *Little Janey-Waney*; *Almost Snow Plough*
César, *La Victoire de Villetaneuse*
Enzo Cucchi, *Scultura Africa*
Jean Dubuffet, *Manoir d'essor*
Max Ernst, *Le Grand assistant*; *La Grenouille*; *La Tortue*
Svend Wiig Hansen, *Stående kvinde*; *Siddende kvinde*
Henry Heerup, *Frueform*; *Nanna figur*; *Mor og barn*; *Mand og kvinde*; *Ohne Titel*; *Maske*; *Fugl*; *Nisse*; *Kumme*; *Pjerrotpigen*; *Hoved*; *Rødodovremanden*; *Portrætbuste*; *Tumling*; *Thors kat*; *Vædderstele*; *Solbarn*; *Troldkaellinger*; *Maske*
Brian Hunt, *Daphne II*
Dani Karavan, *Square*
Per Kirkeby, *Tor II*; *Ohne Titel*
Harry Kivijärvi, *Viisasten kivi*; *Pieni monumentti*
Henri Laurens, *Grande femme debout à la draperie*
Joan Miró, *Personnage*
Henry Moore, *Relief No.1*; *Reclining Figure No. 5*; *Reclining Figure*; *Three Piece Reclining Figure*
Isamu Noguchi, *Queen of Spades*
George Rickey, *One Up One Down*; *Oblique Variant IV*
Nobuo Sekine, *Phases of Nothingness*; *Phases of Nothingness – Cone*; *Phases of Nothingness – Nine Pieces*
Richard Serra, *The Gate in the Gorge*
Joel Saphiro, *Ohne Titel*
George Trakas, *Self Passage*
Willy Ørskov, *Ohne Titel*

Blick auf Werke von Max Ernst mit Besucherkorridor

Oben:
Jean Arp & Henry Moore

Rechts:
Richard Serra, *The Gate in the Gorge*,
1983–96

kolding **trapholt**

Seit 1988
Trapholt Museum of Art & Design,
Kunsthanvaerk, Design og Mobeldesign
Aeblehaven 23   DK 6000 Kolding
Tel.: +45 76300530
kunstmusem@trapholt.dk
www.trapholt.dk
Dir. Karen Grøn

Öffnungszeiten:

Di.–So.: 10–17 Uhr, Mi.: 10–20 Uhr
(freier Eintritt ab 17 Uhr)

Mo.: geschlossen

Eintritt:

Museum: gebührenpflichtig

- Behindertengerecht
- Haustiere nicht erlaubt
- Fotografieren ohne Blitz erlaubt
- Führungen: gebührenpflichtig
- Ausstellungsraum mit temporären
  Ausstellungen
- Bildungsprogramm
- Bibliothek für Recherche
- Buchhandlung & Shop: Bücher und
  interessante dänische Designprodukte
- Café & Restaurant: Café
  Medina, Terrasse im Sommer
- Picknickbereich
- Parkplatz: gratis

Mit Blick auf den Kolding-Fjord liegt der Trapholt Skulpturen-Park, der das Museum für Moderne Kunst, Kunsthandwerk, Design und Möbeldesign umgibt. Dieses ist eines der größten und beliebtesten Museen Dänemarks außerhalb von Kopenhagen und liegt 132 km von der Stadt entfernt. Anfang der 1930er Jahre erwarb Dr. Lind hier 2,75 ha Land und beauftragte Carl T. Sørensen mit einem Landschaftsbauvorhaben. 1934 war der Garten fertig, und einige seiner Merkmale verrät die Einstellung des renommierten Architekten, der davon ausging, ein Garten dürfe niemals die Natur imitieren. Stattdessen wollte er Gartenkunst schaffen, d. h., der Garten als solcher sollte in sich ein Kunstwerk sein. Gärten sollten seiner Meinung nach von Pflanzen geschaffene Räume sein, in denen Personen spazieren und sich entspannen können.

Die Ideen zu seinen Projekten speisen sich aus zwei Quellen – der Natur und der Kunst: zum einen das dänische Land mit seinen grünen Wiesen, kleinen Wäldchen und Blumenbeeten auf dem Rasen; und zum anderen die damalige Avantgarde mit den abstrakten geometrischen Formen des sowjetischen Konstruktivismus und den dynamischen Linien und Formen des italienischen und russischen Futurismus. So sind seine Gärten stark stilisierte Landschaften, in denen runde, geschwungene und spiralförmige Linien scheinbar natürlich Gewachsenem zugrunde liegen.

Der Ausgangspunkt für die Parkanlage ist der spektakuläre Blick auf den Fjord. Die ausgedehnten Wiesenflächen werden von einer Baumreihe begrenzt. Im Süden wird der Blick auf den Fjord und die Landschaft von einer Baumgruppe eingerahmt, im Westen verliert sich der Weg allmählich in einer natürlichen Laube.

In dieser Umgebung stehen 13 Skulpturen dänischer Künstler (vgl. Plan), darunter Lars Ravn. Das Kernstück ist die ebenso schöne wie funktionale *Trapholtmuren* von Finn Reinbothe und dem Architekten Boye

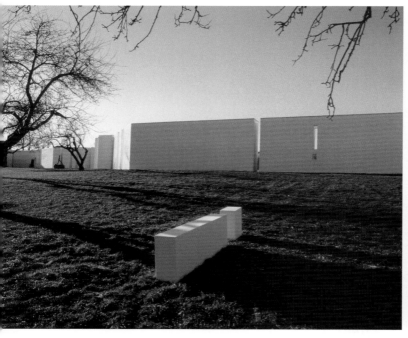

Lundgaard, die das Gelände in zwei Abschnitte teilt: einen unveränderten östlich der Mauer und einen mit den Neubauten für das Museum im Westen. Die vom *Running Fence* (1972–76) von Christo inspirierte Mauer geht noch einen Schritt weiter, denn sie ist gleichsam bewohnbar – Skulpturen-Architektur oder architektonische Kunst-Installation – wenn man ihr Inneres als eine Art Vorraum, einen Fußweg zum Museum interpretiert. Ebenso einzigartig ist das Sommerhaus von Arne Jacobsen, ein radikaler Entwurf von 1970, ein System aus 10 m² großen Würfeln, mit dem sich der Wohnraum je nach Bedarf verändern lässt.

Das Museum enthält eine umfassende Sammlung dänischer Kunst, die Franciska Clausen Sammlung, die Schenkung von Richard Mortensen, Designermöbel, Kunsthandwerk, Keramik, Textilien sowie ein interessantes Geschäft.

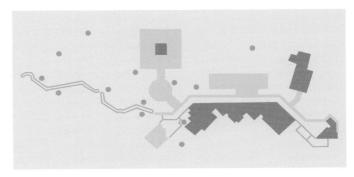

Finn Reinbothe, Boye Lundgaard,
Trapholtmuren,
(3 Teilblicke), 1996

Seit 1993
Tranekær International Centre for Art
and Nature
Tranekær Castle Park, Tranekær,
Langeland
Slotsgade 84   5953 Tranekær
Tel.: + 45 62513505
www.sculpture.org/documents/
parksdir/p&g/tikon/tikon.shtml
Dir. Alfio Bonanno
mail@alfiobonanno.dk
teamlangland@vip.cybercity.dk

Öffnungszeiten: durchgehend
Eintritt:
Erwachsene: gebührenpflichtig
Kinder unter 12: gratis
• Behindertengerecht: nur der
  Weg um den See
• Haustiere erlaubt (Hunde an der
  Leine)
• Fotografieren nur für private Zwecke
  erlaubt
• Führungen (unregelmäßig, nur nach
  Voranmeldung)
• Publikationen: Broschüre, Führer
• Picknickbereich
• Parkplatz

Anfahrt:
• Mit dem Auto: Autobahn E20
  Kopenhagen nach Odense, dann
  Autobahn A9 nach Rudkøbing und
  305 nach Tranekær
• Mit Bus und Bahn: IC von
  Kopenhagen Flughafen oder
  Hauptbahnhof nach Nyborg, dann
  Bus 910 nach Rudkøbing-
  Tranekær
• Flughafen: Kastrup / Kopenhagen

Unterkunft und Gastronomie:
  In Tranekaer, Rudkøbing, Tullebølle,
  Lohals, Langeland Turist
  Tel.: +45 62513505
  info@langeland.dk

Gertrud Købke Sutton schreibt: „Dorf und Schloss Tranekær befinden sich auf Langeland, der schönen Insel zwischen Fünen und Lolland in Süd-Dänemark. Einst Zentrum eines Barockgartens ist das Schloss nun von einem Park aus dem 19. Jh. im englischen Stil mit See und exotischen Bäumen umgeben. 1990 willigte der Graf auf Drängen des dänisch-italienischen Künstlers Alfio Bonanno, der Kunsthistorikerin Gertrud Købke Sutton und dem Dichter Vagn Lundbye ein, den Park Künstlern zur Verfügung zu stellen, die in der Natur arbeiten.
TICKON (Tranekær International Centre for Art and Nature) ist keine Institution im herkömmlichen Sinn, sondern ein gemeinnütziges Projekt, das mit der Unterstützung verschiedener Stiftungen Künstler einlädt, im Park und den Nachbarregionen zu wohnen und zu arbeiten. Das Vorhaben wurde 1993 mit einer internationalen Konferenz und 16 Arbeiten von Künstlern wie Andy Goldsworthy, Chris Drury, Alan Sonfist, David Nash, Lars Vilks und Nils-Udo eröffnet. Von den Teilnehmern sind Sensibilität und künstlerischer Ausdruck im Dialog mit einem konkreten Ort gefragt. Voraussetzung ist die Fähigkeit der Künstler, zuzuhören und zu beobachten […]. Für die meisten von ihnen ist der Dialog mit dem ewigen Kreislauf der Natur wichtiger als das Überleben ihrer Werke. So sind viele Beiträge kurzlebig oder symbolisch […]. TICKON ist kein Skulpturen-Park, sondern ein lebendiger Organismus. Bisher wurden über 30 Künstler aus verschiedenen Ländern zu TICKON eingeladen […]. Sie alle legen Zeugnis ab von der Vitalität einer Symbiose zwischen der Natur und den Künstlern als Kommentatoren und Mitarbeitern. Auch Beiträge von Wissenschaftlern wie Biologen, Botanikern u. a. sind willkommen".

Alfio Bonanno, *Between Copper Beech
and Oak*, 2001

Nächste Seite:
Mikael Hansen,
Organic Highway, 1995

deutschland

Deutschland ist seit der Altsteinzeit besiedelt (Homo heidelbergensis und Neandertaler). Im 5. Jh. v. Chr. wanderten die Kelten ein, um 200 v. Chr. germanische Stämme, die die Expansion des römischen Reiches nach Norden am 550 km langen *Limes* zwischen Rhein und Donau aufhielten, bis das Imperium 476 von Ottokar besiegt wurde. Heute liegt Deutschland im Zentrum Europas und gehört zu den fünf größten Wirtschaftskräften der Welt. Seine Beiträge zu Musik, Philosophie, Wissenschaft und Technik prägen die westliche Kultur.

Der Süden ist Voralpenland, das Zentrum ist gebirgig und wird von großen Strömen durchflossen: von Rhein, Weser und Elbe, die in die Nordsee münden, und von der Oder, die in die Ostsee mündet. Im Übergangsgebiet Richtung Norden bildet das Ruhrgebiet seit Anfang des 19. Jh. eines der größten und dichtbesiedeltsten Industriegebiete der Welt. Die Norddeutsche Tiefebene mit Höhen unter 200 m ist durch schiffbare Flussdeltas mit den Hafenstädten Bremen und Hamburg tief eingeschnitten. Das Klima ist gegen Südwesten mild und maritim, gegen Nordosten kontinentaler und strenger mit Regen und Schneefällen. Das Land ist geprägt von Nadelwäldern im Süden, Mittelgebirgen im Zentrum, Heide, Buchen, Eichen- und Tannenwald im Norden sowie Ackerland und Viehweiden.

Das Christentum gründete 314 im heutigen Trier sein erstes Bistum. Die Teilung des Reiches von Karl dem Großen besiegelt 843 das Feudalsystem und die Macht der Herzogtümer (Bayern, Sachsen u. a.). Unter Otto I. entstand christliche Kunst und 962 wurde das Heilige Römische Reich Deutscher Nation gegründet, das unter Kaiser Karl V. seinen Höhepunkt erreichte. Unter Friedrich II., dem Großen (1740–86) entwickelte sich Preußen zur starken Macht. 1806 wurde dem Reich durch Napoleon jedoch ein Ende gesetzt. Der Niederlage Frankreichs in Sedan (1870) folgte die Vereinigung des Landes, der Wirtschaftsaufschwung der Gründerzeit und der Erste Weltkrieg. Nach der Niederlage Deutschlands musste die Weimarer Republik (1919–33) trotz sozialer Errungenschaften letztlich vor der Wirtschaftskrise kapitulieren. Der Nationalsozialismus brachte Millionen von Toten, wie auch ein im Zweiten Weltkrieg zerstörtes und später geteiltes Deutschland mit sich. In der zweiten Hälfte des 20. Jh. leiteten die Europäische Union und die Wiedervereinigung ein neues Zeitalter ein.

Der englische Landschaftspark fand seinen ersten Vertreter in Deutschland in Wörlitz-Dessau (Anhalt-Dessau, 1773) und wurde durch Hirschfeld bekannt gemacht, einen Theoretiker und Verfechter des öffentlichen Parks zur Erholung und moralischen Erbauung aller Gesellschaftsschichten. Der erste öffentliche Park war der Englische Garten in München von Sckell und Rumford, 1789. Pückler-Muskau, ebenfalls ein Theoretiker, folgte dem Beispiel Reptons und setzte seine Version in Moskau um (1816). Aber der größte Landschaftsarchitekt war Peter Joseph Lenné, der allein oder zusammen (1816–41) mit dem wichtigsten deutschen Architekten des Jahrhunderts, Karl Friedrich Schinkel, wirkte: Sanssouci und Charlottenhof in Potsdam; Charlottenburg und die Umgestaltung des Tiergartens in einen Volkspark in Berlin. Die Skulptur des ausgehenden 19. Jh. ist griechisch-klassizistisch mit Akten von Hildebrand oder dem Jugendstil Max Klingers verpflichtet. Lehmbruck arbeitete unter dem Einfluss von Rodin und Brancusi. Der Expressionismus Kirchners (*Die*

357 868 km², 81,3 Millionen
Einwohner, EU-Mitglied

Hamburg

Neuenkirchen

Berlin

Nordhorn   Münster   Hannover   Potsdam   Muskau

Nieheim   Dessau

Marl   Paderborn   Dresden

Borken   Willebadessen

Duisburg   Dortmund   Kassel   Weimar

Düsseldorf   Bottrop
Neuss-Holzhein

Köln

Bad Homburg

Frankfurt

Saarbrücken

München

150 Km

Vorherige Seite:
Nils-Udo, *Habitat*, 2000, Kunstweg
Menschen Spuren, Neandertal

Unten:
Peter Eisenman, *Memorial to the
Murdered Jewish of Europe*, 2005,
Berlin

Brücke, Dresden, 1905) reichte bis zu den Figuren von Barlach. Den Weg
der Abstraktion ebnete u.a. *Der Blaue Reiter* (München, 1911) von Kandinsky und Marc. Eine andere Richtung, die im Surrealismus und den heutigen Performances mündete, verschrieb sich dem Umbruch und der
Provokation durch Dada mit Hans Arp, Max Ernst (Köln 1919), Kurt Schwitters und seinem *Merzbau* (Hannover) sowie Hausmann und seinen foto-
grafischen Experimenten (Berlin) – was die Neue Sachlichkeit hervorrief,
die 1923 in Dresden und Berlin aufkam. Die wegbereitende Bauhaus-
Bewegung wurde 1919 von Gropius in Weimar gegründet und später von
Meyer und Mies van der Rohe (Dessau, 1925) weitergeführt. Unter Hitler
floh der Großteil der Künstler ins Exil, und die gesamte Avantgarde wurde
als „entartete Kunst" abgestempelt (1938). Die Nachkriegszeit begann
mit Marcks, der sich auf Hildebrand und Uhlmann und den sowjetischen
Konstruktivismus berief. Die Gruppe Zero (1957, Mack, Piene, Uecker)
entwickelte einen neuen Blick auf Natur und Technik (*Light Art*). In den
1960er Jahren etablierte sich Kricke und Joseph Beuys begann mit seinen
kritischen Werken eine internationale Rolle zu spielen. Ideen wie seine
Utopie von der Erde oder die Beziehung zwischen Kunst und Umwelt
wurden in seine Installation *7000 Eichen* (Documenta 7, 1982) integriert.
Diese Verknüpfung zwischen Kunst und Natur wurde von der Generation
von Haacke, Rückriem und Vostell aufgegriffen; ihnen folgten Ende der
70er Jahre der Neo-Expressionismus von Lüpertz, in den 80er und 90er
Jahren die Vielseitigkeit Kippenbergers und mit der Jahrhundertwende
jüngere Vertreter wie Rehberger sowie die Künstler, Landschaftsarchitekten, Städteplaner und Gärtner (Latz, Prigann), die ästhetische und
gesellschaftliche Antworten auf eine Welt voller Industrieruinen zu geben
versuchen, für die das Weltkulturerbe Völklinger Hütte ein herausragen-
des Beispiel ist.

Documenta Kassel

Kassel (210 000 Einw.) wartet mit der riesigen Wilhelmshöhe (350 ha) auf, die 1701 von Guarniero angelegt und später zu einem englischen Landschaftsgarten umgestaltet wurde. Sie ist zugleich der Standort des Wahrzeichens der Stadt, der *Herkules*-Statue, einer Kopie (1717) des Herkules Farnese in Neapel. Trotzdem ist Kassel heute eher für die alle vier bis fünf Jahre stattfindende documenta bekannt, die 1955 vom Maler und Professor an der Kunstakademie der Stadt, Arnold Bode, ins Leben gerufen wurde, als die Spuren der Schrecken des Zweiten Weltkriegs noch zu sehen waren. Die Ausstellung begann mit Konstruktionen von Frei Otto parallel zur Bundesgartenschau mit dem Ziel, internationale Kunst zu zeigen, einen Beitrag zur abstrakten Kunst zu leisten, die von den Nazis als „entartet" verfolgt worden war, und die Überlegenheit der westlichen Werte gegenüber der kommunistischen Welt darzustellen. Seit 1972 findet sie in der Regel von Juni bis September statt und gehört zu den international bedeutendsten Ereignissen der visuellen Künste. Häufig werden anhand eines Themas die aktuellen Tendenzen der zeitgenössischen Kunst aufgezeigt. So war die documenta 4 von 1968 von Minimalismus und Pop geprägt, während die 5. sich unter der Leitung von Harold Szeeman um den Konsum von Bildern drehte, und die 11. im Jahre 2002 das Verhältnis von Globalisierung und Demokratie hinterfragte.
Documenta GmbH, Friedrichsplatz 18 D-34117 Kassel
Tel.: +49 (0)561707270
office@documenta.de
www.documenta.de

Landschaftpark Duisburg Nord Duisburg

Der Beitrag von Peter Latz, Landschaftsarchitekt, Fachmann für ausgediente Industriegebiete und Planer des Bürgerparks Hafeninsel, Saarbrücken (1979–91), ist ein Beispiel für Parks, die an sich Kunstwerke sind, und veranschaulicht die enge Verbindung zwischen Kunst, Architektur, Landschaftsgestaltung und Gartenbau bzw. zwischen Garten, Park und Städtebau.
In Duisburg Nord (1991–99) schuf Latz einen „sprechenden Park", indem er altes Material und unbrauchbar gewordene Anlagen verwertete und ihnen als historisches Gedächtnis plastischen Wert verlieh, Pflanzen, Gärten und Gestaltungselemente hinzufügte und dadurch eine neue Art von Erholungsgebiet schuf, das gleichzeitig erinnert und als öffentlicher Raum dient; eine Welt mit einer besonderen Verbindung zwischen Industriekunst und Natur.

Quadrat. Josef Albers Museum Bottrop

Das Ruhrgebiet bildet mit Duisburg – Essen – Dortmund eine große Metropole (6 Millionen Einw.). Nach der akuten Krise der Schwerindustrie in den 80er Jahren wurden die alten Industrieanlagen zu Museen, Kulturzentren und neuen Dienstleistungsunternehmen umfunktioniert. Der Kulturkomplex in Bottrop (120 000 Einw.) umfasst das Werk von Josef Albers, Lehrer am Bauhaus und Erforscher der Beziehungen zwischen Form und Farbe – *Hommage an das Quadrat* –, der ein bedeutender Vertreter der abstrakten Kunst ist. Sein kleiner Skulpturen-Park zeigt Werke von Max Bill, Donald Judd, Bernar Venet, George Rickey, Norbert Kricke und einem halben Dutzend weiterer deutscher Künstler.
Im Stadtgarten 20, D-46236 Bottrop, Tel.: +49 (0)204129716
www.quadrat-bottrop.de

Skulptur Projekte Münster

Ausstellung zeitgenössischer öffentlicher Kunst, an der Bildhauer aus der ganzen Welt teilnehmen. Seit 1977 beteiligen sich alle zehn Jahre – nicht zu verwechseln mit der Biennale Münsterland – Künstler wie Buren, Turrell, Beuys, Cattelan, Judd, Hirchshorn, Sol LeWitt, Kirkeby, Richard Lang, Huan Yong Pin – auf dem Foto: *The 100 Arms of Guan Yin*, temporäre Installation, 1997 –, Nauman oder Richard Serra nahmen teil.
Einige Projekte bleiben als ständige Werke bestehen.
www.skulptur-projekte.de

Insel Hombroich Neuss

„Kunst parallel zur Natur". Das Römerlager
aus dem 1. Jh. v. Chr., 10 km vor
Düsseldorf (590 000 Einw.) im Neandertal,
wo vor 60 000 Jahren die ersten Menschen
lebten, ist heute eine Stadt (150 000 Einw.)
mit einer Stiftskirche aus dem 13. Jh. In
dieser landwirtschaftlich und gewerblich
stark beanspruchten Gegend wurden rund
20 ha ehemaligen Anbaugebiets von dem
Landschaftsarchitekten Bernhard Korte zur
Park-„Insel" umfunktioniert. Hier stehen 11
Pavillons bzw. Kunstwerke des Architekten
und Künstlers Erwin Heerich für Aktivitäten
zur Verfügung; in ihnen arbeiten Künstler
(Beuys-Schüler Anatol Herzfeld; Gotthard
Graubner) und Wissenschaftler: u. a. die
Hohe Galerie (1983), das Labyrinth (1986),
der Turm (1989, Bild unten), die Schnecke
(1993, Bild Mitte), der Tadeusz-Pavillon,
das Internationale Institut für Biophysik
(IIB), das Thomas Kling Archiv und die
Raketenstation (2000, Bild oben). Das
Museum Insel Hombroich wartet mit einer
einzigartigen Sammlung persischer, chine-
sischer (Han-Dynastie) und Khmer-
Skulpturen auf, neben Werken von Arp,
Brancusi, Calder, Chillida, Fautrier und
Schwitters. Auf Anstoß von Karl-Heinrich
Müller geht das Projekt RaumOrtLabor
einen Schritt weiter: ein „offener Versuch",
bei dem Künstler und Architekten wie in
einem Labor „alternative Lebensformen"
ersinnen: Raimund Abraham, Ando, Ban,
Fehn, Finsterwalder, Heerich, Thomas
Herzog, Hoidn I Wang, Kirkeby, Krischanitz,
Kruse, Libeskind, Nishikawa, Frei Otto,
Siza. Dabei werden nur wenige Regeln vor-
gegeben: 90% Landschaft (Wälder,

Wildwiesen, Obst- und Kräutergärten) und
10% Bauwerke (10% Gemeinschaftsein-
richtungen und 90% für Leben, Wohnen,
Arbeiten, kulturelles Schaffen);
Nebeneinander von Flora, Fauna und
Mensch; „Raum schaffen für unterschiedliche Lebensformen und Ideen in
Hombroich", wo die Kultur „gelebt" wird;
„architektonische Formen, die aus sich
selbst heraus Wandel erzeugen und zulas-
sen"; Pfade, die mit dem Gebrauch entstehen; Grundstücke ohne Einzäunungen oder
Ummauerungen; ohne Werbung; erneuer-
bare Energien. Oder, um es mit Wilfried
Wang zu sagen, ein „Gegenmodell", eine
„Suche nach Formen [...] und Respekt für
die Natur".
Stiftung Insel Hombroich, Minkel 2
D-41472 Neuss
www.inselhombroich.de

Seit 1997
Blickachsen-Skulpturen in Bad
Homburg und Frankfurt RheinMain
Organisiert von Stiftung Blickachsen
Ferdinandstr 19
61348 Bad Homburg v. d. Höhe
Tel.: +49 (0) 617228907
info@stiftungblickachsen.de
www.blickachsen.de
Kurator: Christian K. Scheffel

Öffnungszeiten: durchgehend
Eintritt: frei
• Behindertengerecht
• Haustiere erlaubt
• Fotografieren erlaubt
• Führungen: gebührenpflichtig
• Bildungsprogramm
• Publikationen: Broschüre, Führer,
  Kataloge
• Café
• Restaurant
• Parkplatz

Anfahrt:
• Mit dem Auto von Frankfurt oder
  Kassel: A5 bis Kreuz Bad Homburg,
  dann A661 Richtung Bad Homburg /
  Oberursel. Erste Ausfahrt (Bad
  Homburg), dann der Vorfahrtstraße
  folgen. An der zweiten Ampel rechts
  auf den Marienbader Platz, der in die
  Ferdinandstraße übergeht. Am Ende
  der Ferdinandstraße links in die
  Kaiser-Friedrich-Promenade. Kurpark
  auf der rechte Straßenseite
• Mit der Bahn: von Frankfurt Haupt
  bahnhof mit S-Bahn-Linie S5 nach
  Bad Homburg Bahnhof, 15 Min.
  zu Fuß zum Kurpark
• Flughafen: Frankfurt

Unterkunft und Gastronomie:
  Zahlreiche verschiedene Hotels und
  Restaurants

Blickachsen ist eine Skulpturenbiennale, deren Schwerpunkt im Kurpark
und im Schlosspark dieses 52 000 Einwohner großen Ortes stattfindet,
der im 19. Jh. für sein Kurbad und das Casino bekannt war, das internationalen Rang und Namen hatte. Heute ist Bad Homburg als Wohnort
der Bankiers und Financiers des nahen Frankfurts eine der reichsten
Gemeinden Deutschlands.
Der Kurpark wurde Mitte des 19. Jh. vom größten deutschen Landschaftsarchitekten Peter Joseph Lenné – einem glühenden Verfechter des
englischen Landschaftsgartens – geschaffen. Auf seinen etwa 48 ha stehen die klassizistischen Kuranlagen.

Der Titel „Blickachsen" nimmt Bezug auf die Linienführung der
Gartenanlage. Für die Ausstellungen werden die Skulpturen entlang dieser Achsen so angeordnet, dass sie neue Perspektiven auf die Werke
wie auch auf die Landschaft eröffnen.
Die Kunstwerke kommunizieren mit dem natürlichen und historischen
Kontext, vor allem wenn die Werke spezifisch für ihren Aufstellungsort
in einem der Parks konzipiert wurden.
Blickachsen geht auf eine Idee von Christian K. Scheffel zurück und zeigt
seit 1997 die Arbeiten herausragender und etablierter Künstler neben
denen der jüngeren bzw. aufstrebenden Generation.
Mit den Jahren hat sich der Ausstellungsraum über Bad Homburg hinaus

ausgedehnt und erstreckt sich nunmehr über verschiedene Standorte im Rhein-Main-Gebiet, wodurch sich neue Perspektiven ergeben haben. Die Werke werden zwischen Mai und Oktober gezeigt, einige von ihnen werden angekauft und bleiben danach als ständige Installationen in Bad Homburg.

Jede Blickachsen-Ausstellung wird zusammen mit einem anderen Partnermuseum gestaltet. Auch Kunsteinrichtungen wie das Wilhelm Lehmbruck Museum Duisburg oder das Skulpturen-Museum Glaskasten Marl (vgl. S. 52 bzw. 56), die Fondation Beyeler in Riehen (Basel), die Kunsthalle Mannheim, der britische Yorkshire Sculpture Park, der US-

Vorherige Seite:
Jaume Plensa, *Poets*, 2011

Oben:
Sui Jianguo, *Legacy Mantle*, 1997

amerikanische Frederik Meijer Sculpture Park oder die französische Fondation Maeght gehören dazu.

Die Ausstellungen werden jeweils in einem Katalog dokumentiert. Eine Auswahl der renommiertesten Namen findet sich im Anschluss.

Magdalena Abakanowicz, Amador, Carl Andre, Arman, Hans Arp, Max Bill, Louise Bourgeois, Bard Breivik, Alexander Calder, Anthony Caro, Eduardo Chillida, Richard Deacon, Anthony Gormley, Nigel Hall, Jörg Immendorff, Per Kirkeby, Joseph Kosuth, Markus Lüppertz, Joan Miró, David Nash, Miquel Navarro, Jaume Plensa, Sui Jianguo, Mark di Suvero, Jean Tinguely, Timm Ulrichs, Joana Vasconcelos, Bernar Venet, Erwin Wurm

skulpturen-parks berlin

Neue Nationalgalerie
Potsdamer Straße 50
10785 Berlin

Berlin ist eine Stadt, die auf eine lange Tradition der Gestaltung von Grünanlagen zurückblickt – der Tiergarten ist von 1527; zahlreiche Wälder einerseits, bedeutende Architektur der modernen Bewegung andererseits. Und dennoch haben beide Bereiche kaum zusammengefunden. Der Skupturenpark der Neuen Nationalgalerie bietet auf dem Hof und rund um das Gebäude – ein Meisterwerk von Mies van der Rohe, 1968 – mehr als 40 Stücke von ausländischen Bildhauern wie Laurens, Calder, Chillida, Marino Marini, Henry Moore, Barnett Newman, George Rickey und Richard Serra neben Deutschen wie Luginbühl, Bernhard Heiliger, Heinz Mack, Karl Prantl, Rückriem, u. a. Die Sammlung trägt den Titel Skulpturenpark der Neuen Nationalgalerie und die Skulpturen am Kulturforum, ein angesagtes Stadtgebiet am Westrand Berlins, nahe des Potsdamer Platzes; ein Forum, das ein Dutzend Kultureinrichtungen und zwei bemerkenswerte Gebäude des organischen Architekten Hans Scharoun beherbergt: die Berliner Philharmoniker und die Staatsbibliothek Berlin.

Von links oben nach rechts unten:
Werke von Alexander Calder,
Richard Serra und Ulrich Rückriem

skulpturengarten damnatz

Seit 1994
ca. 90 km von Hamburg entfernt und
129 km von Hannover
www.skulpturengartendamnatz.de

Ausstellungen, Konferenzen, Konzerte
in der alten Scheune

Gegenüber der staatlichen Neuen Nationalgalerie in Berlin findet
man Beispiele dafür, dass ästhetische Qualität und Engagement für
das Land nichts mit Macht und Geld zu tun haben. Monika Müller-
Klug und Klaus Müller-Klug, zwei Privatpersonen, haben einen zierli-
chen, fortschrittlichen und subtilen Skulpturengarten von 10 000 m²
ohne große Stars internationaler Kunstkreise aufgebaut. Im Landkreis
Lüchow-Dannenberg, Niedersachsen, haben die beiden in den 30er
Jahren des 20. Jh. geborenen Künstler im 314 Einwohner großen, an
der Elbe gelegenen Dorf Damnatz ihre skulpturalen Werke in nicht
dekorativer Natur inszeniert. Sie haben dort auch Stücke von zwischen Ende der 20er und 50er Jahre geborenen, meist deutschen
Bildhauerkollegen mit solider, landesweiter Laufbahn aufgenommen.
Es handelt sich um rund 30 „Site-specific-Art"-Werke von Künstlern
wie Gerson Fehrenbach, Otto Almstadt, Hartmut Stielow, Hannes
Meinhard, Georg Seibert, Erich Reischke, Hans Schohl, Ilja Heinig,
usw., sowie einigen anderen europäischen Künstlern.

Klaus Müller-Klug,
Quader mit Lichthof, 2000

Monika Müller-Klug,
Welle über Land, 2002

Seit 1990 (heute Skulpturen-Park)
Stiftung Wilhelm Lehmbruck Museum –
Centre for International Sculpture
Friedrich-Wilhelm-Straße 40
47051 Duisburg
Tel.: +49 (0)2032833172
www.lehmbruckmuseum.de
Dir. Dr. Söke Dinkla

Öffnungszeiten:
Di.–Fr.: 12–17 Uhr
Sa.–So.: 11–17 Uhr
Eintritt: frei
• Behindertengerecht
• Haustiere erlaubt
• Fotografieren erlaubt
• Führungen
• Öffentliche Führungen, sonntags ab
  11 Uhr
• Termporäre Austellungen und Räume
• Bildungsprogramm
• Bibliothek
• Veröffentlichungen

Anfahrt:
• Mit dem Auto, mit der Bahn
  (10 Min. ab Hauptbahnhof)
• Flughafen: Düsseldorf (20 km)

Die Stiftung Wilhelm Lehmbruck Museum – Zentrum Internationaler Skulptur ist eines der wichtigsten Museen Europas, und seine Sammlung umfasst die bedeutendsten deutschen und internationalen Künstler des frühen 20. Jh.

Die Ruhrgebietsstadt Duisburg hat den größten Binnenhafen der Welt und ist eine der wichtigsten Hütten-, Eisenerz- und Stahlmetropolen. „Im Dezember 1905 appellierte ein Kreis von 12 engagierten Bürgern Duisburgs an die Öffentlichkeit, eine dauerhafte Kunstinstitution zu errichten", erzählt die offizielle Geschichte des Museums. Unter ihnen war Wilhelm Lehmbruck, ein Duisburger Bergarbeitersohn, der damals an der Kunstakademie Düsseldorf studierte, in den 1910er Jahren in Paris und Köln zu Ruhm kam und einer der wichtigsten deutschen Bildhauer des Expressionismus werden sollte. Dies prädestinierte ihn bis zu seinem frühen Tod 1919 in besonderem Maße dazu, Stücke für

die Sammlung des späteren Museums anzukaufen, dessen Hauptgönner die Familie des Industriellen Eduard Böninger war.

1931 etablierte es sich als Kunstmuseum Duisburg und wurde ab 1959 weitreichend umstrukturiert und u. a. mit einem Neubau – nach den Plänen Manfred Lehmbrucks, Architekt und Sohn des berühmten Bildhauers – im Kant-Park auf einem Grundstück der Familie Böninger versehen. Neben diesem neuen Sitz aus Beton und Glas, der zum Modell für zukünftige Museumsbauten werden sollte, wurde auch eines seiner Aushängeschilder, der Skulpturen-Park, angelegt. Zu dieser Mischung aus Skulptur und Park passt der Name Kants, des Philosophen aus Königsberg, der mit seiner *„Kritik der Urteilskraft"* (1790) einen der wichtigsten theoretischen Beiträge über Kunst und Natur geleistet hat. Der Entwurf von Manfred Lehmbruck beinhaltet ein bestimmtes Konzept und eine konkrete formale Umsetzung: die Beziehung zwischen

Kunst und Natur im Allgemeinen und die Interaktion zwischen dem Museumsbau und der Biologie des Parks im Besonderen.

Die Platzierung der häufig großformatigen und meist für den Ort in Auftrag gegebenen Außenwerke wurde mehrfach nach unterschiedlichen Museumskriterien und dem Wunsch, sie möglichst verteilt zu halten, verändert.

Die Anordnung von 1990 umfasst über 40 Plastiken zahlreicher Künstler, darunter Wilhelm Lehmbruck selbst, Henri Laurens, Henry Moore, Meret Oppenheim, Eduardo Paolozzi, Richard Serra, Alan Sonfist, Bogomir Ecker, George Rickey, Norbert Radermacher, usw.

Die Freiluftskulpturen beschränken sich nicht nur auf die Sammlung im Kant-Park sondern erstrecken sich auch über die Fußgängerzone weiter südlich Richtung Stadtzentrum. Denn bereits 1950 verabschiedete Duisburg ein Programm, das auch öffentliche Kunst in die

André Volten, *Sculpture for a plane*, 1979
Magdalena Abakanowicz, *Nine figures room*, 1990

Stadtplanung mit einbezog; dies führte zum Ankauf von Werken verschiedener Künstler wie Marta Pan, Fabrizio Piessi, Menashe Kadishman, u. a.

Auf dem Weg zum Innenhafen stößt man auf die Brunnenmeile, wo Künstler wie Ottmar Alt, Ulf Hegewald, Niki de Saint Phalle und Jean Tinguely, Wasa Marjanov u. a. entlang der Königstraße über mehr als 15 Jahre hinweg sieben aufsehenerregende Brunnen gefertigt haben. Dazu kommt die U-Bahn-Kunst, fünf Haltestellen, die ab 1980 von Künstlern wie Isa Genzken, Gerhard Richter, Manfred Vogel oder Eberhard Bosslet dekoriert wurden. Am Zusammenfluss von Rhein und Ruhr erhebt sich die 25 m hohe Stele *Rheinorange* von Lutz Fritsch. Aber die Stadt hat noch mehr zu bieten, so den *Garten der Erinnerungen* von Dani Karavan (1999) und den Landschaftspark Duisburg-Nord von Peter Latz (vgl. S. 48).

Die so an Skulptur interessierte Kulturstadt und die Stiftung arbeiten bei der Ausschreibung des Wilhelm-Lehmbruck-Preises zusammen, der das Ziel hat, vielversprechende Künstler zu unterstützen und die internationalen Kulturbeziehungen zu festigen. Eine unabhängige Jury entscheidet darüber, wer den alle fünf Jahre von der Stadt für ein Gesamtwerk verliehenen Preis und damit eine eigene Werkschau im Museum erhält. In der Vergangenheit waren dies u. a. Eduardo Chillida (1966), Norbert Kricke (1971), Jean Tinguely (1976), Claes Oldenburg (1981), Joseph Beuys (1986), Richard Serra (1991), Richard Long (1996), Nam June Paik (2001) und Reiner Ruthenbeck (2006).

Klaus Simon, *Skulptur für einen Baum*, 1989
Alf Lechner, *Würfelkonstruktion 3/73*, 1973
Dani Karavan, *Dialog*, 1989, Blick auf den Skulpturenhof des Lehmbruck Museums

kunstwanderweg hoher fläming

Seit 2007
Naturparkverein Fläming e.V.
Naturparkzentrum
Tel.: 033848 60004
info@flaeming.net
www.kunst-land-hoher-flaeming.de

Öffnungszeiten:
Mo.–So.: 9–17 Uhr

Fläming ist eine Region und eine 100 km lange Hügelkette von der Elbe zur Dahme in Sachsen-Anhalt und Brandenburg. Letzteres liegt 1 Std. Zugfahrt 100 km südlich von Berlin, Der Weg des Naturparks Hoher Fläming bietet 2 Routen: Die Nordroute (17 km) wurde im Aug. 2007 eröffnet und zeigt 10 Werke; die Südroute mit 12 Werken von Künstlern aus Flandern und Fläming im Mai 2010. Beide zeigen über öffentliche Ausschreibungen und von 2 Jurys unter dem Vorsitz von Prof. Rolf Kuhn von der berühmten Internationalen Bauausstellung (IBA) ausgewählte Werke. Die erste Internationale Bauausstellung fand 1901 in Deutschland statt, die aktuelle 2012-2020 in Parkstad Limburg, NL. Ziel der IBA ist, neue kulturelle, ökologische und soziale Konzepte in Architektur und Städtebau zu entwickeln.

Josefine Günschel und
Roland Albrecht,
Von Liebe und Sinnen

Sebastian David,
Weltentür im Hohen Fläming

Bildhauer der Nordroute: Susken Rosenthal, Susanne Ruoffe, Joerg Schlinke, Wolfgang Buntrock / Frank Nordiek, Jahna Dahms, Sebastian David, Walter Gramming, Josefine Günschel / Roland Albrecht, Jens Kanitz, Hartmut Renner
Bildhauer auf der Südroute: Silke De Bolle, Guy van Tendeloo, Marion Burghouwt, Johan Walraevens, Barbara Vandecauter, Marie-Christine Blomme u.a.

Gelsenkirchen-Uckendorf
Im Norden der Ruhr-Region Nordrhein-
Westfalen
https://hermanprigann.com/

Eintritt: frei

Herman Prigann (1942–2008) ist ein ganz besonderer und einzigarti-
ger Schöpfer aus dem letzten Drittel des 20. und Beginn des 21. Jh. Es
ist, als ob er anstatt der Ära der Hyper-Spezialisierung und Frag-
mentierung der Inhalte und Zielgruppen eher der glorreichen
Renaissance angehöre: Künstler, Architekt, Landschaftsarchitekt, Maler,
Bildhauer, Zeichner, Landart, Autor und Theoretiker (Ökologische
Ästhetik), Städteplaner und Landschaftskünstler, Zurückgewinner in
Trümmern liegender Industriegebiete, usw. Dieser Führer zeigt seine
Werke an anderer Stelle (vgl. S. 63). Die Internationale Bauausstellung
(IBA) Emscher Park war ein Programm der Landesregierung zur
strukturellen Veränderung der Landschaft und aufgegebener
Industriebauten, des sogenannten „Rostrings" des deutschen
Bergbaus im Ruhrgebiet, um
eine grüne, moderne, reichhal-
tige und gesunde Metropol-
region zu schaffen (1989-99).
Im Laufe dieses Programms
schuf Prigann die berühmte
Himmelstreppe auf dem
Trümmerhaufen des alten
Bergwerks Rheinelbe, eine
Intervention, bei der die Grenzen zwischen mehreren tradi-
tionell hermetisch verschlosse-
nen Disziplinen verschwinden.

skulpturenpark heidelberg

Seit 1995
Orthopädische Universitätsklinik
Schlierbacher Landstraße 200
Tel.: 0621 38021101
www.skulpturenpark-heidelberg.de

Öffnungszeiten: täglich
Eintritt: frei
Monographische Jahresausstellung
eines Künstlers in den Ausstellungsräumen und Korridoren, wie David Nash
2009, Werner Pokorny 2016

Der Garten und Landschaftspark der Orthopädischen Universitätsklinik Heidelberg befindet sich im bequem mit dem Zug oder Auto
erreichbaren Stadtteil Schlierbach. Er wurde 1995 vom gemeinnützigen Kulturverein „Freunde und Förderer des Skulpturenparks
Heidelberg e.V." gegründet.
Der Park bietet dem Besucher in einem abgeschiedenen, ruhigen und
lyrische Raum über 25 ständige abstrakte Werke deutscher und
internationaler Künstler des 20. und 21. Jh. Es sind zwischen 1957
und 2015 entstandene Stücke von bekannten Künstlern wie
Bernhard Heiliger, Hans-Michael Kissel, Hartmut Stielow, Hans
Steinbrenner, Werner Pokorny, Friedrich Gräsel, Hannes Meinhard,
Jochen Kitzbihler, Gottfried Honegger, Susanne Specht, Amadeo

Hannes Meinhard, *3 Stelen*,
2003
Werner Pokorny, *Haus und
durchbrochene Form*, 1995
Amadeo Gabino, *Hommage à
F. Schiller*, 1992
Vera Röhn, *Schattenlabyrinth
(3 Module)*, 2001

Gabino, Gisela von Bruchhausen, Klaus Horstmann-Czech, Herbert
Mehler, Gisela von Bruchhausen, Klaus Duschat, Vera Röhm, Christoph
Freimann, Claus Bury, Robert Schad und anderen, weniger bekannten,
aber ebenso interessanten wie Bernadette Hörder, Gisela Weber,
Vera Scholz von Reitzenstein.

skulpturenpark köln

Seit 1997
Skulpturenpark Köln
Elsa-Brandström-Str. 9
50668 Köln
Tel.: +49 (0)22133668860
www.skulpturenparkkoeln.de
info@skulpturenparkkoeln.de

Öffnungszeiten:
Apr.–Sep.: 10:30–19 Uhr
Okt.–Mär.: 10:30–17 Uhr

Dieser Park geht auf die Idee des Sammler-Ehepaars Stoffel zurück und wurde mit Hilfe der Stadt realisiert, die den knapp 3 ha großen Grünbereich zwischen Rhein und Zoo zur Verfügung stellte – eine Insel der Ruhe inmitten des lärmenden Verkehrs. Die Werke bleiben zwei Jahre hier, bevor sie an einen anderen Ort ziehen. Sie stammen von namhaften Künstlern wie Serra, Chillida, Cragg, Calder, Rückriem, Di Suvero, Dan Graham, Kapoor, Ecker, Core, Förg, Franz West und sind vom Standort unabhängig. Viele sind großformatige, monumentale Arbeiten aus Metall oder Stein. Andere sind Beispiele dafür, wie eine Skulptur mehr als eine Form oder bearbeitetes Material ist: Sie ist ein Konzept, etwa bei Martin Kippenberger, Jenny Holzer oder Jorge Pardo.

Tobias Rehberger,
Unmögliche Schönheit (schattig), 1999

Drei ausgesetzte Kinder, 2005

Bernar Venet, *Four Arcs*, 1999

marl skulpturenmuseum glaskasten

Seit 1982
Skulpturenmuseum Glaskasten Marl
Rathaus / Creiler Platz 1   45768 Marl
Tel.: +49 (0)2365992257
skulpturenmuseum@marl.de
www.skulpturenmuseum-glaskasten-
marl.de
Dir. Georg Elben

Öffnungszeiten:
Museum: Di.–Fr.: 11–17 Uhr /
Sa.–So.: 11–18 Uhr
Eintritt: frei
• Behindertengerecht
• Haustiere nur draußen erlaubt
• Fotografieren in der Regel erlaubt
  (Ausnahmen möglich)
• Führungen, nur nach
  Voranmeldung: gebührenpflichtig
• Audioführer für 30 Objekte im
  Skulpturen-Park
• Audioführer für Blinde
• Ausstellungsraum mit temporären
  Ausstellungen: 6 bis 7 pro Jahr
• Bildungsprogramm
• Präsenzbibliothek
• Publikationen
• Gastronomie in der Nähe
• Parkplatz

Anfahrt:
• Mit dem Auto
• Mit dem Bus: Alle Busse,
  Busbahnhof: Marl-Mitte
• Mit der Bahn: Bahnhof Marl-Mitte
• Flughafen: Dortmund, Düsseldorf

Unterkunft und Gastronomie:
  Golden Tulip Parkhotel Marl (50 m),
  Tel.: + 49 (0)23651020
  info@parkhotel-marl.de
  www.parkhotel-marl.de
  Andere Hotels, Pensionen und
  Restaurants: www.marl.de

Die Gründung eines Skulpturenmuseums in Marl kam nicht von Ungefähr, denn öffentliche Kunst hatte hier bereits vorher ihren Stellenwert. So wurde beim Bau der Paracelsus-Klinik 1953 ein Teil des Budgets für den Erwerb von Kunstwerken für die Innenräume und den Garten bestimmt. Seitdem hat die Stadtverwaltung weitere Arbeiten an verschiedenen Orten aufstellen lassen.

Im Rahmen dieses Programms wurde Anfang der 1970er Jahre die Ausstellung Stadt und Skulptur gezeigt. Danach – und nach der Anlage eines künstlichen Teichs im Stadtzentrum – nahm die Zahl der angekauften Kunstwerke ständig zu.

1978 begann Dr. Rüth mit dem Aufbau des Skulpturenmuseums Glaskasten, das zunächst in einem kleinen städtischen Saal untergebracht war und wechselnde Ausstellungen zeigte. Später wurde der Ausstellungsraum auf 1200 m² erweitert.

1982 wurde das Museum zur kommunalen Einrichtung, deren Hauptziel

das Anlegen einer Skulpturensammlung vom frühen 20. Jh. bis zu zeitgenössischen Werken ist. Mit der Zeit ist diese auf rund 300 Werke (Stand: 2016) angewachsen, die nach und nach über verschiedene Orte der Stadt verteilt wurden: das Museum, das Städtische Krankenhaus und den Klinikgarten – der seit 1990 zum Museum gehört – die Umgebung des künstlichen Sees u. a.

Die ständige Sammlung bietet u. a. Freiluftwerke von Bogomir Ecker, Max Ernst, Emilio Greco, Ilya und Emilia Kabakov, Jan Scharrelmann, Richard Serra, Ulrich Rückriem, Wolf Vostell, Richier und Ossip Zadkine – und wartet bereits heute innen mit Berühmtheiten wie Gauguin, Rodin und Giacometti auf. Über die Skulptur hinaus bieten das Museum Glaskasten und das Infracor / Degussa-Werk etwa 5 km vom Stadtzentrum entfernt die Wasserstände, die Transformation der Industrieruine eines alten Wasserwerks in ein Landschaftskunstwerk von Herman Prigann.

Vorherige Seite:
Hans Arp, *Feuille se reposant,* 1959

Von oben nach unten:
Herman Prigann, *Wasserstände,*
2000–01
Ian Hamilton Finlay, *A View to the
Temple,* 1987
Ludger Gerdes, *Neon-Stück,* 1989
Wilfried Hagebölling,
Raumflug, 1983–84

Seit 1967
Stiftung & Kunstverein Springhornhof
Tiefe Straße 4   29643 Neuenkirchen
Tel.: +49 (0)5195933963
info@springhornhof.de
vermittlung@springhornhof.de
www.springhornhof.de
Dir. Bettina von Dziembowski

Öffnungszeiten:
Außenbereich: durchgehend
Ausstellungen: Di.–So.: 14–18 Uhr
Eintritt:
Außenbereich: frei
Sonderausstellungen: gebührenpflichtig
- Jeden ersten Sonntag im Monat von
  Mai bis Oktober kostenlose, geführte
  Fahrradtour
- Fotografieren erlaubt
- Führungen, nur nach
  Voranmeldung: gebührenpflichtig
- Ausstellungsraum mit temporären
  Ausstellungen
- Happenings
- Bibliothek
- Publikationen: Broschüre, Bücher
- Buchhandlung
- Parkplatz

Anfahrt:
- Neuenkirchen ist 70 km von
  Bremen entfernt, 74 km von Hamburg
  und 78 km von Hannover
- Mit dem Auto: A7 Ausfahrt Soltau,
  dann B71 Richtung Rotenburg
- Flughafen: Hannover

Unterkunft:
  Neuenkirchener Hof (200 m)

Suchen gehört dazu. Vom Weg abkommen. Die falsche Abbiegung nehmen. Etwas anderes vorfinden, als das was man erwartet hat. Wer sich zu Fuß oder mit dem Fahrrad auf den Weg macht, um die Landschaftskunstwerke rund um Neuenkirchen in der Lüneburger Heide zu erkunden, mutet sich einiges zu. Entdeckergeist und Orientierungssinn sind gefragt. Im Wald und in den Feldern, an Seeufern und auf Heideflächen sind seit Mitte der 1970er Jahre mehr als 40 frei zugängliche Werke internationaler Künstler errichtet worden. Ein ausgeschilderter Rundweg führt auf kleinen Sträßchen und Feldwegen von Station zu Station.
Das von der Galeristin Ruth Falazik (1927–98) initiierte „Projekt Kunst-Landschaft" wird heute von einer Stiftung und dem Kunstverein Springhornhof fortgeführt und laufend aktualisiert und erweitert. Die stets im Dialog mit ihrem Standort entwickelten Werke aus fünf Jahrzehnten bieten heute einen einzigartigen Einblick in die künstlerische Auseinandersetzung mit Natur und Landschaft.

In den 1970er Jahren haben Künstler wie Timm Ulrichs, Nils-Udo und Gary Rieveschl vorwiegend mit natürlichen Materialien wie Stein, Erde und Holz gearbeitet. Skulpturale Werke von Tony Cragg, Jean Clareboudt, Micha Ullman oder Claus Bury thematisieren Übergänge von Kunst und Natur. Klanginstallationen von Christina Kubisch und Ulrich Eller, aber auch eine begehbare Spiegelinstallation von Valerij Bugrov erweitern die sinnliche Wahrnehmung der Landschaft. Aktuelle Projekte von Dan Peterman, Mark Dion, Dragset & Elmgreen, Jeppe Hein, Tue Greenfort, Marjetica Potrc und Nils Norman integrieren ökologische, historische und soziale Prozesse. Viele der Objekte sind begehbar, haben reizvolle Standorte abseits der Wege und eröffnen ungewöhnliche Perspektiven auf den Wandel einer alten Kulturlandschaft. Der Einbettung von zeitgenössischer Kunst in den offenen Landschaftsraum, die Veränderung jedes einzelnen Werkes in und mit der natürlichen Umgebung, sowie die Einflüsse von Wind und Wetter machen den besonderen Reiz der Neuenkirchener „Kunst-Landschaft" aus.

Jean Clareboudt, *Windberg,* 1981
Valerij Bugrov, *Himmel und Erde,* 1991

Ausgangsspunkt für den Besuch ist der Springhornhof, ein Fachwerkbau im idyllischen Ortskern von Neuenkirchen. Hier bekommt man Infobroschüren, Lagepläne, Postkarten und Kataloge und kann Fahrräder ausleihen.

In den ehemaligen Stallungen des bäuerlichen Anwesens finden jährlich bis zu sechs wechselnde Ausstellungen aktueller internationaler Künstlerinnen statt. Ein inhaltlicher Schwerpunkt ist die Untersuchung gewandelter Vorstellungen von Natur und Landschaft durch die Kunst und in der Kunst. Hinter dem Ausstellungsgebäude lädt der Ateliergarten des Bildhauers HAWOLI zu einem Besuch.

skulpturensammlung viersen

Seit 1989
Viersen, Nordrhein-Westfalen, ca. 8 km
nordwestlich von Mönchengladbach,
ca. 15 km nordwestlich von Krefeld
Im öffentlichen Raum unter freiem
Himmel

www.viersen.de/de/inhalt/skulpturen-
sammlung
www.heimatverein-viersen.de/sammlung

Die Skulpturensammlung Viersen ist das Ergebnis der Schenkung des Amerikaners William Pohl, eines ehemaligen Bürgers dieser Stadt, eine private Initiative, gestützt durch andere örtliche Institutionen.
Die Werke befinden sich in den Straßen der Stadt im Bereich des öffentlichen Parks. Der *New Star* von Mark di Suvero wurde 1992 errichtet und erregte den Protest der Bürger, bis die Bevölkerung am Ende die zeitgenössische abstrakte Kunst akzeptierte. Unter anderem gibt es ein „Site-specific-Art"-Werk im Park des Engländers Tony Cragg, die Bronze *Articulated column* (1996); *Chaosmos* des Chilenen Roberto Matta; die Werke des Deutschen Erwin Heerich und des Chinesen Wang Du (siehe Fotos unten), das Werk von Wolfgang Nestler, usw.

Erwin Heerich, *Monument,* 1989
Roberto Matta, *Chaosmos,* 2002
Wang Du, *China Daily,* 2010

Seit 2008
Skulpturenpark Waldfrieden
Hirschstraße 12
42285 Wuppertal
Tel.: +49 (0)20247898120
http://skulpturenpark-waldfrieden.de

Villa Waldfrieden, für Events und
Versammlungen verfügbar
Geschlossen für temporäre
Ausstellungen

2011 erschien das Buch mit dem Titel „Von Haus Waldfrieden zum Skulpturenpark". Die Villa Waldfrieden (1894) wurde im Zweiten Weltkrieg durch Bomben zerstört. Danach beauftragte der Unternehmer Kurt Herberts den Architekten Franz Krause (1897–1979, Wuppertal) mit dem Wiederaufbau. Im Jahr 2006 kaufte Tony Cragg das Gelände und das leere Haus und interpretierte es neu als lebendiges Element des Waldes. Heute beherbergt es das Archiv, die Stiftung Cragg, ihre Büros und das Atelier des britischen Künstlers. Umgeben von 12 ha Wald mit alten und würdigen Bäumen – Kastanien, Linden, Ahorn, Eichen, Lärchen –, wo der goldene Herbst und der winterliche Schnee aufeinanderfolgen, die rötlichen Blätter

• Führungen
• Gastronomie
• Konzerte

der Buchen mit den blühenden Pflaumenbäumen kontrastieren. In dieser Bewaldung erwecken die perfekt inszenierten Skulpturen beim Besucher „den Eindruck, dass die Kunst mit dem Erlebnis der Natur untrennbar verbunden ist". Die mehr als drei Dutzend Werke von Cragg, Deacon, Schütte, Wilhelm Mundt, Norbert Kricke und anderen zeigen eine bedeutende Reihe zeitgenössischer Bildhauerkunst. Ein geschlossener Raum, minimalistisch und verglast, beherbergt Wechselausstellungen und entspricht mit seinem Radikalismus der deutschen funktionalistischen Moderne. Alles hier hat ästhetische Qualität, selbst die Website.

Tony Cragg, *Points of View*, 2007
Villa Waldfrieden, 2008

españa

Spaniens geographische Lage im Südwesten des Kontinents, zwischen Mittelmeer und Atlantik, mit Europa im Norden und Afrika nur 13 km im Süden entfernt, hat das Land seit jeher zu einem bewegten Knotenpunkt der Weltgeschichte und Kultur gemacht. Vor 800 000 Jahren war das Land mit einem Vorgänger des *Homo sapiens* das entscheidende Bindeglied in der Entwicklung der Menschheit (Fundstätte in Atapuerca, Burgos). Ein weiterer Meilenstein sind die Handabdrücke, die der *Homo sapiens* 40 000 Jahre v. Chr. an den Felswänden der Höhle El Castillo in Puente Viesgo, Kantabrien, hinterließ.

Die großflächige, stark gebirgige und kontrastreiche Halbinsel wird zu 85% vom Königreich Spanien eingenommen und bietet größte Naturvielfalt: die ausgedehnten, trockenen Landstriche im Südosten, den grünen, regenreichen Atlantikstreifen mit dem kantabrischen Meer im Norden, große Flusstäler (Ebro, Guadalquivir) und endlose Ebenen, hohe Gipfel – die Pyrenäen um Huesca, 3300 m, Picos de Europa, 2600 m, nur 20 km vor der kantabrischen Küste –, Schnee und Temperaturen unter Null, heiße Sommer bis zu 45°C und lange Frühlinge, Vulkanlava (Kanaren), feuchte Wiesen, Mittelmeervegetation (Oliven, Pinien, Steineichen, Wein) und die meisten Sonnenstunden in ganz Europa.

Diese natürliche historische und kulturelle Vielfalt macht eine sinnvolle Zusammenfassung schier unmöglich. Die wichtigsten Punkte sind die Höhlenmalereien im Norden (Kantabrien, Asturien), wie die polychromen Bison-Malereien von 15 000 v. Chr. in der Höhle von Altamira, Santillana, für die der Künstler und Architekt Navarra Baldeweg ein in seinem Dialog mit der Erde und dem Horizont vorbildliches Museum geschaffen hat; die Megalithen nach der neolithischen Revolution; die Bronzestücke der Kultur von El Argar; die Gründung von Cádiz um 1000 v. Chr., der ältesten Stadt der westlichen Welt, und der Goldschmuck von Tartessos (700 v. Chr.); die Präsenz des klassischen Griechenlands, das seit dem 7. Jh. v. Chr. Enklaven gründete und „Iberia" seinen Namen gab; die Ankunft der Römer im 3. Jh. v. Chr. und die Romanisierung eines Hispaniens durch Julius Cäsar, welches Philosophen und Kaiser hervorbringen sollte, mit denen das Reich seinen Zenit erreichte – Trajan, Hadrian; die Kombination aus Technik und Bodenschätzen in Minen wie Río Tinto und Las Médulas zu Beginn der klassischen westlichen Kunst; die politische Einheit des westgotischen Spaniens; die hispanisch-muslimische Geschichte und Kultur, die 711 ihren Anfang nahm und in acht Jahrhunderten der Interaktion zwischen Islam und Christentum die Möglichkeit einer anderen Welt aufzeigte, zu der hängende Gärten, Wasser und einfache Pflanzen gehörten, bis 1492 die Katholischen Könige Amerika zur Neuen Welt werden ließen und den Globus vereinten; das sich über drei Kontinente erstreckende spanische Reich des 16.–17. Jh.; sein langer und nur kurz durch die Aufklärung des 18. Jh. unter Karl III. – französische Lustgärten in Aranjuez und La Granja – unterbrochener Niedergang bis zum blutigen Bürgerkrieg von 1936 und der harten Nachkriegszeit unter der Diktatur Francos. Die junge Demokratie von 1978 und der wirtschaftliche und kulturelle Aufbruch waren der Beginn einer neuen Ära mit Schatten – Massentourismus, ungebremstem Bauboom, einem Medienimperium der Unterhaltung, der Events, des Banalen und des Kurzlebigen – und Licht, wie der Gründung

Gijón · Kortezubi · Hernani
Llanes · San Sebastián
Pontevedra · Santillana del Mar
Vigo · Las Médulas · Port-Bou
· Villoslada de Cameros · Huesca · Girona
· Zaragoza · Cassà de la Selva

Madrid ⊙

505 988 km², 46,5 Millionen Einwohner,
EU-Mitglied seit 1986

Cáceres
Malpartida

Baleares

Río Tinto

Jerez de la Frontera
Vejer de la Frontera

Canarias
Santa Cruz de Tenerife
Lanzarote

350 Km

zahlreicher Zentren zeitgenössischer Kunst in Barcelona, Santiago, Valencia, Mallorca, Las Palmas, Bilbao und Málaga. Mit der Malerei der vorhergehenden Jahrhunderte konnte die Skulptur nicht mithalten. Der Klassizismus erstreckt sich bis ins 20. Jh., als die junge spanische Avantgarde in Paris lebte. Manolo Hugué schuf schwere Figuren in der Tradition Maillols, bis eine Gruppe der bedeutendsten Künstler der Welt eine radikale Wende einläutete. Picasso ist auf jedem Gebiet Picasso. Julio González machte Eisen zum bildhauerischen Material und den Raum zum Wesensmerkmal der Skulptur in einem so originellen Werk, dass er von David Smith als „Vater aller Eisenskulpturen dieses Jahrhunderts" bezeichnet wurde. Gargallo wagte sich in seinen Metallstücken als Erster an konkave und konvexe Flächen. In Madrid schuf Alberto post-kubistische Werke bis er nach Moskau ging und Opfer des Stalinismus wurde, und Ferrant experimentierte mit Mobiles und Fundstücken. Miró erreichte mit seinem freien Surrealismus einen weiteren weltweiten Höhepunkt, mit besonderem Einfluss in den USA nach 1945. Zur gleichen Zeit begaben sich Oteiza und Chillida erfolgreich auf die Suche nach lebendigen Räumen. Das 21. Jh. begann mit dem Tod von Juan Muñoz, dem Beschwörer der *„placeless places"*, und zeigt verschiedene Tendenzen – von den architektonischen Resonanzen in Miquel Navarra, Susana Solano und Cristina Iglesias, über das bunte expressive Universum von Jaume Plensa und die Auflösung der Grenzen zwischen verschiedenen Kunstformen durch Perejaume bis hin zu den ironischen und gesellschaftskritischen Installationen von Pilar Albarracín oder M&P Rosado.

Madrid ist die Hauptstadt (3,2 Mio. Einw., 6 Mio. in der Region) der Kunst und des Königreichs, dessen Dezentralisierung in Europa seinesgleichen sucht, was den Parks in abgelegenen Landstrichen zugute kommt.

Gustavo Torner, *Laberinto: Homenaje a Borges*, 1973
Parque García Sanabria, Santa Cruz de Tenerife
Mark Macken, *Solidaridad*, 1973
Parque García Sanabria, Santa Cruz de Tenerife

In Nordspanien schuf Agustín Ibarrola in Oma, **Kortezubi, Biskaya,** einen bemalten Kiefernwald (1982) zwischen Op-Art und Land-Art (www.bosquedeoma.com). Im benachbarten

Asturien, Llanes, mittelalterlich, mit Fischerhafen, ehemaliger Ausgangspunkt für Walfänger, schuf Ibarrola ein Werk im Dialog, wörtlich und materiell, mit dem Meer: die *Würfel der Erinnerung* (2001) verwandelten die typisch grauen Zementblöcke der Wellenbrecher in ein buntes Wandgemälde, antik und jetzt sehr beliebt. **Gijon**, früher grau und industriell, jetzt eine Stadt der Dienstleistungen und der Skulpturen unter freiem Himmel, wie von Miquel Navarro ,,Andarín'', Arbeyal-Strand, und von Amadeo Gabino ,,Hommage an Galileo Galilei'', San Lorenzo. Auf dem Hügel Santa Catalina, im Westen des Strandes von San Lorenzo, installierte Chillida sein *Lob des Horizonts* (1990), 10 m hoher Stahlbeton, in seinem Stil des harmonischen Kontrasts von Masse, Leere, tellurischer Kraft usw. Im Baskenland, in **San Sebastián, Guipúzcoa**, steht am Paseo Nuevo, ohne mit dem *Kamm des Windes* von Chillida konkurrieren zu können (siehe S. 87), die geometrische *Leere Konstruktion* (2002) des Ringers, eigentümlichen Theoretikers und Bildhauers Jorge Oteiza. Und bereits im Zentrum Kastilliens, in **Avila, Tal des Ambès**, bemalte Ibarrola *115 große Findlinge*, und schuf damit eine ganz neu erleuchtete Natur.

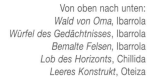

Von oben nach unten:
Wald von Oma, Ibarrola
Würfel des Gedächtnisses, Ibarrola
Bemalte Felsen, Ibarrola
Lob des Horizonts, Chillida
Leeres Konstrukt, Oteiza

cassà de la selva **parc art**

Seit 2003
Parc Art, Parque de las Artes
Contemporáneas de Cassà
Veïnat de Matamala s/n
17244 Cassà de la Selva, Girona
Tel.: + 34 972463081
parcart@parcart.net
www.parcart.net
Dir. Jaume Roser

Öffnungszeiten:
Sommer (1. Apr.–30. Sep.):
Di.-Sa.: 10–14 Uhr, 16–20 Uhr
So.: 10–14 Uhr; Winter (1. Okt.–30. Mär.):
Di.-Sa.: 10–14 Uhr, 16–18 Uhr
Geschlossen: 23. Dez. bis 16. Jan.
Eintritt:
gebührenpflichtig. Reduziert für
Studenten, Senioren, Arbeitslose
und Gruppen
• Behindertengerecht
• Fotografieren erlaubt
• Führungen: gebührenpflichtig
• Ausstellungsraum
• Picknickbereich
• Parkplatz

Anfahrt:
• Mit dem Auto, mit der Bahn vom
  Bahnhof Girona; mit dem Bus von
  Girona und San Feliú de Guixols
• Flughafen: Girona, Costa Brava

Unterkunft und Gastronomie:
www.turismegirona.com

Der Park der Zeitgenössischen Künste Cassà de la Selva befindet sich eine Viertelstunde von der Stadt Girona und von dem ebenso schönen wie beliebten Reiseziel der Costa Brava entfernt. Das etwa 20 000 m² große Gelände liegt in Matamala, am Fuße des Gabarras-Gebirges, dessen niedrige Küstenhügel (531 m maximale Höhe) mit mediterranem Wald bewachsen sind.

Der Privatbesitz umfasst eine große Sammlung von Freiluft-Kunstwerken spanischer und ausländischer Künstler wie Néstor Basterretxea, Xavier Corberó, Jakob Engler, Herminio, Enric Pladevall, Pablo Serrano, Francesc Torres-Monso und Robert Vandereycken.

Die Künstler wählen die Lage ihrer Werke selbst – ein interessantes und zuweilen für einen echten Dialog zwischen Kunst und Natur ausschlaggebendes Element. Diese freie Wahl des Aufstellungsortes durch die einzelnen Künstler trägt nicht nur zur kommunikativen Kraft der Skulpturen bei, sondern unterstreicht zudem ihre plastischen Qualitäten.

Die Sammlung umfasst verschiedene Materialien und Formate, aber auch verschiedene künstlerische Sprachen, die vom Minimalismus über die expressionistische und figurative Plastik bis hin zum reinen Geometrismus reichen.

Von der klassischen Antike über das Mittelalter bis zur Renaissance hat die Idee des *hortus conclusus*, des nach außen geschlossenen Gartens mit seiner privaten Atmosphäre, eine lange Tradition, die bis ins 21. Jh. hineinreicht. Der Park ist diesem Erbe verpflichtet. Er ist wie ein alter Garten angelegt, in dem Kunst und Natur eins werden, und dient wie ein kleines Paradies ganz dem Genuss des Besuchers.

Außerdem realisiert der Park Projekte im Zusammenhang mit zeitgenössischer Kunst, insbesondere Bildhauerei, bzw. beteiligt sich an solchen. So richtete er zwischen Februar und April 2005 zusammen mit der Stiftung Fita die Ausstellung „Escultura Embrionaria" aus, mit der dem breiten Publikum der kreative Prozess einer Skulptur von der Idee über die ersten Modelle bis hin zur endgültigen Aufstellung näher gebracht werden sollte.

hernani chillida-leku

Seit 2000
2011 wurde es für die Öffentlichkeit
geschlossen und wird nur unter
Voranmeldung geöffnet.

Museo Chillida-Leku
B.° Jauregui 66
20120 Hernani, Guipúzcoa
Tel.: +34 943335963
prensa@museochillidaleku.com
www.museochillidaleku.com
Dir. Ignacio Chillida, Luis Chillida

Besuch ausschließlich unter
Voranmeldung telefonisch oder per
E-Mail möglich. Eintritt ins Museum von
Mo.–So., 2 Tage vorher reservieren.

Anfahrt:
• Mit dem Auto: Autobahn A8,
  Ausfahrt 8 nach Hernani
• Mit dem Bus: Garayar G2 von San
  Sebastián
• Flughafen: Fuenterrabia (26 km)

Unterkunft:
  San Sebastián bietet viele
  Möglichkeiten, von 5-Sterne-
  Hotels bis hin zu Pensionen für
  Studenten
Gastronomie:
  Internationales gastronomisches
  Gebiet; wunderbares und gesundes
  Essen. Restaurants von den besten
  Köchen weltweit und die bekannten
  Tapas Bars

„Eines Tages träumte ich von einer Utopie: einem Raum, in dem
meine Skulpturen ruhen könnten und durch den die Menschen an
ihnen vorbei wie durch einen Wald spazierten", so Eduardo Chillida.
Der Traum dieser Schlüsselfigur der internationalen Kunst der zweiten
Hälfte des 20. Jh. wurde 2000 wahr, als das spanische Königspaar
Chillida-Leku einweihte. Die Idee kam 1983 auf, als der Bildhauer und
seine Frau das Gut Zabalaga, 6 km südlich von San Sebastián, besuch-
ten und sich zum Kauf entschlossen, einschließlich eines typisch baski-
schen Gutshofs von 1543, der später restauriert wurde. Der Skulp-
turenraum, ein ganzheitliches, vom Künstler als solches verstandenes
und umgesetztes Kunstwerk, besteht aus 3 Bereichen: 12 ha Wiese
mit Buchen, Eichen und Magnolien und über 40 Skulpturen unter
freiem Himmel, davon viele von beachtlicher Größe, die von Chillida
selbst sorgfältig angeordnet wurden. Im Zabalaga-Hof befinden sich
kleinere Werke sowie ein Auditorium, Geschäft und Erholungsbereich.
Die Sammlung umfasst ca. 400 Skulpturen und rund 300 Werke auf
Papier sowie „Gravitationen", die das Wesentliche des Werks des
Künstlers darstellen. Ein Teil davon ist in der Dauerausstellung des Mu-
seums ausgestellt.
Ein Teil ist ständige Ausstellung, während ein anderer wechselt. Die
Freilichtskulpturen sind aus Stahl, Stein und Beton. Dabei biegen sich die
Stahlteile trotz ihrer Härte, und die rost-orange Farbe des Materials
schwankt je nach Tageslicht. Die Werke aus Granit (natur oder poliert)
spielen mit den Leerräumen in ihrem Inneren. Die Interaktion mit dem
Betrachter und die Verbindung aus Kunst und Natur verleiht jedem
Werk eine neue Dimension. Am fesselndsten ist, dass der Besucher frei
und zufällig, natürlich, spazieren geht, da den Werken keine vorgegebe-
ne Reihenfolge oder fester Rundweg zugrunde liegt. So kommen die
Gefühle und das Vergnügen in diesem Zauberwald dem Ideal des
Künstlers nahe: mit seinem Raum eine Enklave des Friedens und des

Nachdenkens zu schaffen. In Chillida-Leku finden Bildungsprogramme, Führungen, Konzerte oder Tanzvorführungen statt, die den Gedanken des Dialogs zwischen den Künsten verfolgen, der Chillida so viel bedeutet. Nicht umsonst handelt sein Werk häufig von Poesie, Musik und Tanz. Das Geschäft (auch online) bietet Artikel von hohem ästhetischen Wert und Design sowie Bücher von und über den Künstler und sein Werk. Bibliothek und Dokumentationszentrum mit rund 4000 Büchern dienen Dozenten und Studenten der Forschung. Im kleinen Auditorium, dem Gut und der Villa finden Veranstaltungen statt.

La Casa del Poeta, Estela VII, 1991
Waldblick und einige Werke

Seit 1995
CDAN Centro de Arte y Naturaleza.
Fundación Beulas
Avenida Dr. Artero s/n, ctra. de Ayerbe
22004 Huesca
Tel.: +34 974239893
cdan@cdan.es
www.cdan.es
Dir.: Teresa Luesma

Eintritt: frei
• Behindertengerecht
• Haustiere erlaubt
• Fotografieren erlaubt
• Führungen
• Ausstellungsraum mit temporären
  Ausstellungen
• Bildungsprogramm
• Dokumentationszentrum
• Parkplatz

Anfahrt:
• Mit dem Auto, der Bahn oder dem
  Bus. Mietwagen können genutzt
  werden, um verschiedene Kunstwerke
  in der Provinz zu besuchen
• Flughafen: Zaragoza (72 km)

Unterkunft und Gastronomie:
  Huesca, Benasque, Abiego,
  Alquezar, Bielsa, Jaca, usw.
  Breites, vielfältiges Angebot an
  5-Sterne- und Luxushotels bis hin zu
  Landhäusern mit Charme.
  Darüberhinaus Herbergen und
  Wohnheime für Touristen und
  Studenten.
  www.dphuesca.es/oferta-cultural

Dieses Projekt soll die Beziehungen zwischen Kunst und Natur untersuchen. Ein Ziel, welches dank der Qualität der geschaffenen und installierten Werke der Künstler, die an ihnen gearbeitet haben, des theoretischen Diskurses, der dem Projekt zugrunde liegt, und anderer Gründe auch erreicht wird.

Mitte der 1990er Jahre beschloss der Stadtrat von Huesca vor dem Hintergrund jahrelanger intensiver Kulturtätigkeit, ein Projekt ins Leben zu rufen, das von Teresa Luesma gemanagt und von Javier Maderuelo, Professor für Architektur, Kunstkritiker, Essayist und Spezialist für Landschaften wissenschaftlich betreut wird. Die Idee war eine Sammlung von Werken, als Rundweg angelegt, die von Künstlern der ganzen Welt spezifisch für den jeweiligen Ort an den verschiedenen Naturschauplätzen der Provinz Huesca angefertigt werden sollten. Jede Installation ist eine Reflexion über die Einbindung des Kunstwerkes in die Natur und benutzt die natürliche Umgebung als Material oder Unterstützung für den kreativen Prozess des Künstlers.

Seit 1995 hat die Organisation immer wieder Künstler der Land-Art

und ähnlicher Strömungen eingeladen. Dabei wurden die Grenzen allein durch das Medium und das zur Verfügung stehende Budget gesetzt. Die Künstler und ihre Projekte: Richard Long – der hier einen seiner Spaziergänge durch Naturlandschaften machte und in der Maladeta *A circle in Huesca*, 1994, hinterließ; ein am Studium der Transformationsprozesse des Steins interessierter Ulrich Rückriem – Gruppe aus 20 Stelen aus rosa Granit in Abiego, 1995, und die *Stele XXI el jardín del CDAN*, Huesca; Siah Armajani – *Mesa pic-nic para Bielsa*, im Pineta-Tal, 2000; Fernando Casas – 8 Monolithe aus schwarzem Granit und zwei hundertjährige, lebende Olivenbäume, in Piraces, 1998–2003; David Nash – *Three sun vessels for Huesca*, Wallfahrtskapelle Santa Luda, Berdun, 2005; Alberto Carneiro – Intervention im Waldstück Belsué, 2006; Hidetoshi Nagasawa-Projekt 2007, Per Kirkeby, 2009. Alle Werke sind ständig zugänglich und nahe

Ulrich Rückriem, *Three sun vessels for Huesca*, 2005, Berdún
Fernando Casás, *Árboles como arqueología*, 1998–2003, Piracés, Los Monegros-Wüste

genug beieinander, um einen Museumsrundgang darzustellen. Im Projekt werden wechselnde Ausstellungen und vor allem Kurse ausgerichtet, wie *Kunst und Natur, Die Landschaft, Der Garten als Kunst, In der Stadt, Öffentliche Kunst* oder *Kunst und Denken*, die von Theoretikern und Historikern, Künstlern und Experten wie A. Berque, Gillo Dorfles, Eva Lootz, Fernando Castro, Philippe Nys, José Jiménez, Mare Augé, Perejaume, Nancy Princenthal und viele mehr veranstaltet werden und deren Protokolle eine interessante Buchreihe bilden. 2006 erreichte dieses ambitionierte Projekt abseits der großen Kunstzirkel mit der Eröffnung des Kunst- und Naturzentrums CDAN Centro de Arte y Naturaleza eine neue Dimension. Das Gebäude ist ein Werk Rafael Moneos und das Zentrum bietet unter Leitung der öffentlich-privaten Stiftung Beulas ein erweitertes Programm an.

fundación césar manrique

Seit 1992
Fundación César Manrique
Taro de Tahíche   35507 Tahíche,
Lanzarote, Islas Canarias
Tel.: +34 928843138
fcm@fcmanrique.org
www.fcmanrique.org
Dir. Fernando Gómez Aguilera

Öffnungszeiten:
Täglich (einschl. Feiertage) 10–18 Uhr
Eintritt:
Erwachsene: gebührenpflichtig
Studenten: reduziert
• Ausstellungsraum mit temporären
  Ausstellungen
• Bildungsprogramm
• Bibliothek
• Publikationen
• Buchhandlung
• Café
• Parkplatz

Anfahrt:
• Mit dem Auto, mit dem Bus
  7 km von Arrecife Stadt und
  Flughafen, Straße Richtung
  Teguise und Guatiza
• Flughafen: Arrecife

Unterkunft
  Lanzarote bietet viele Möglichkeiten
  von 5-Sterne-Hotels bis hin zu
  Landhäusern

Mit seinem herausragenden Werk illustriert der Künstler und Landschaftsarchitekt César Manrique, wie man der Natur und der Tradition einer Ortes verpflichtet sein kann. Die Insel Lanzarote mit ihrer imposanten Vulkanlandschaft – die letzten Ausbrüche fanden 1730 und 1736 statt – spielte eine entscheidende Rolle in seinem Leben und Werk. Diese Insel voller Krater und mit extrem wenig Wasser, mit Landschaften, die sich am dramatischsten im Nationalpark Timanfaya mit seinem Feuergebirge zeigen, war der Schauplatz der meisten von Manriques Projekten: sein Haus und Atelier, das Timanfaya-Restaurant, die Ausstattung der Vulkangrotte mit Meerwasserlagune Jameos del Agua, der Aussichtspunkt del Río oder die Umfunktionierung der Burg San José zum kleinen Museo de Arte Contemporáneo. Sie allesamt bilden ein Landschaftskunst- und Architekturmodell, das es vermocht hat, mit seiner Integration örtlicher Materialien und tropischer Vegetation bei minimaler Veränderung der Umgebung, drei Jahrzehnte überwältigender Zerstörung durch den Massentourismus zu bremsen bzw. diesem standzuhalten und bei der Bevölkerung eine unübliche Sensibilität für die natürliche Umgebung zu wecken. Seine größte Hinterlassenschaft ist damit das Konzept der Insel als kollektives Kunstwerk.

Die César-Manrique-Stiftung nimmt das frühere Wohn- und Arbeitshaus des Künstlers ein. Der Wohnbereich, die Räume für die Hausangestellten

und die Garagen wurden vom Künstler an die neuen Museumsfunktionen und für kulturelle Aktivitäten angepasst. Das 30 000 m² große Gelände erstreckt sich über ein Lavabett. Das Gebäude nutzt im halbunterirdischen Tiefgeschoss die fünf natürlich ausgebildeten Vulkanblasen für einen überraschenden, bewohnbaren Raum, während das Äußere des Hauses und die obere Etage an die volkstümliche Bauweise der Insel angelehnt sind. Sowohl innen als auch außen werden Werke des Künstlers gezeigt: Dokumente über Interventionen, Wandkunstwerke, bewegliche Skulpturen, Keramikarbeiten und eine breite Auswahl seiner Bilder; dazu kommt die Privatsammlung Manriques. Die Stiftung umfasst ein Wohnheim bzw. Atelier für Künstler und bietet Aktivitäten in drei Bereichen an: bildende Künste, Umwelt und kulturelle Reflexion. Die Kurse, Seminare, Workshops, Vorträge, Umweltberichte, Einsprachen gegen Stadtentwicklungspläne, Sensibilisierungskampagnen etc. stehen unter dem Stern eines kritischen und alternativen Geistes. Eine Veröffentlichungsreihe verleiht der Stiftungsarbeit zusätzlichen Bestand und Wert. Im Rahmen des Programms seien die wechselnden Ausstellungen über Kunst und Natur hervorgehoben, darunter Werke von Künstlern wie Nils-Udo, Thomas Joshua Cooper, Miguel Ángel Blanco, Axel Hütte, Hamish Fulton u. a.

César Manrique, Landschaftsmaler und Künstler

Links: *Energía de la pirámide*, Serie *Juguetes del viento*, 1991
Rechts: Wandmalerei im Garten der Stiftung, 1992
Unten: Burbuja roja, in der Stiftung

Seit 2016
Der erste Unterwasser-Skulpturen-Park im Atlantik und in Europa ist eine suggestive Verknüpfung von Künstlichkeit / Natürlichkeit und Kritik an der Kommodifizierung. Bucht von las Coloradas, südlich der Insel, Playa Blanca, Yaiza, Lanzarote, Kanarischen Inseln.
Zugang für Tauchsport. Information: Museo Atlántico de Lanzarote. Puerto Deportivo Marina Rubicón, Urb. Castillo del Aguila, El Berrugo, 2, 35580 Playa Blanca
Tel.: +34 928517388   +34 606416701
Öffnungszeiten: Mo.–So.: 10–16 Uhr
museoatlantico@centrosturisticos.com
reservasma@centrosturisticos.com

Statuen im Meerwasser gab es schon, doch stießen sie meist nicht auf großes Interesse. Der britische Künstler Jason deCaires Taylor (geb. 1974) geht weit darüber hinaus. Seine Konzepte und Unterwasserskulpturen-Parkanlagen auf der Fraueninsel, Cancún und andere sind wohl das Fortschrittlichste in der radikalen Interaktion von Kunst und Natur, der Ästhetik und nachhaltiger Umwelt, von Tourismus und Verteidigung der so bedrohten Ozeane. Seit 2010 arbeitet er an seinem Projekt „The Silent Evolution", einem Unterwasser-Skulpturen-Park (der Name Museo Atlántico ist irre-

führend), der auf der Meeresplattform in Lanzarote aufgebaut und von den Zentren für Kunst, Kultur und Tourismus gesponsert wird, ein Unternehmen der öffentlichen Hand mit dem Auftrag zur Förderung der nachhaltigen Entwicklung des zu schützenden Biosphärenreservats (UNESCO). DeCaires Taylor macht Kunst und verteidigt Ozeane, zwei interaktive Bereiche: seine Kunstinstallationen aus Beton mit neutralem pH-Wert schaffen ein natürliches Riff, das im Laufe der Zeit die Biomasse des Meeres erhöht. Umgekehrt entwickelt die Einwirkung des Meeres die Skulpturen selbst weiter. Ca. 12 m tief auf etwa 2500 m² umfasst das Unterwasser-Museum mehrere Teile: der Zentralbereich ist ein botanischer Garten mit: 1. dem *Rubikon*, 35 menschlichen Figuren, die sich zum selben Ziel hin bewegen; 2. dem *Floß der Medusa*, das sowohl auf das Bild von Géricault als auch auf die Krise der verlassenen Flüchtlinge anspielt; 3. den *Jolateros*, Kindern mit aus Messing gefertigten kleinen Booten, Metapher einer unsicheren Zukunft; 4. *Content* und 6. *Fotografen,* mit Selfie und anderen Teilen als kritischer Verweis auf neue Technologien, Voyeurismus und Individualismus; 5. *Hybride Skulpturen*, halb Mensch, halb Kaktus. Der erste Unterwasser-Skulpturen-Park im Atlantik und in Europa ist eine eindrucksvolle Mischung aus Artefakte / Natur und Kritik an der Kommerzialisierung.

Seit 1992
160 ha im Süden durch die Autobahn
M40, im Westen durch die Calle Dublin,
im Osten durch die Avenida de Logroño
begrenzt.

Öffnungszeiten: ganzjährig
Jun.–Sep.: Mo.–So. 7–13 Uhr; Okt.–Mai:
So.–Do. 7–23 Uhr / Fr.–Sa. 7–24 Uhr
Eintritt frei
Anfahrt:
• Mit der Metro: Haltestelle Campo de
las Naciones
• Mit dem Bus: Linie 104, 112, 122

www.esmadrid.com/informacion-
turistica/parque-juan-carlos-i

Im Nordosten der Altstadt der Hauptstadt blieb über Jahrhunderte ein großer Olivenhain erhalten. Im 18. Jh. unter Felipe V. führte die korrupte Verwirrung zwischen öffentlich und privat dazu, dass der Schatzmeister des Finanzamts etwa 400 ha kaufte und mit Staatsgeldern bezahlte. Somit entstand der Olivenhain De La Hinojosa. In den 1980er Jahren weitete sich die Stadt in diesem Bereich weiter aus. 1992 wurde der Park eröffnet. Im selben Jahr fand dort ein internationales Symposium der Skulpturen unter freiem Himmel statt. Daraus entstand der Pfad der Skulpturen, an dessen Verlauf sich 19 Werke folgender Künstler befinden: ‚Yolanda d'Ausburg (Brasilien), Berrocal (Spanien), Jorge de Bon (México) Andrés Casillas / Margarita García Cornejo (Mexiko), Jorge Castillo (Spanien), Carlos Cruz (Venezuela), Amadeo Gabino (Spanien), Toshimitsu Imai (Japan), Bukichi Inoue (Japan), Irarrázaval, (Chile), Karavan (Israel), Leopoldo Maler (Argentinien), Samuel Nahon Bengio (Israel), Victor Ochoa (Spanien), José Utande (Spanien), Michael Warren (Irland).

málaga **parque del oeste**

Seit 1988 (Architekturprojekt von
Eduardo Serrano), 1992 eröffnet,
Erneuert 2005.
74 000 m² große Fläche in einem der
bevölkerungsreichsten Bezirke Europas
(ca. 160 000 Einw.), im Südwesten der
Stadt: Stadtteile La Paz und Santa
Paula, Stadtteil Carretera de Cádiz, in
der Nähe vom Strand

Öffnungszeiten: von 8 Uhr bis
Sommer: 1 Uhr
Frühjahr und Herbst: 23 Uhr
Winter: 22 Uhr
Eintritt: frei

www.limposam.es

In Malaga Stadt ist der Westpark in verschiedener Hinsicht einzigartig. Er ist ein multifunktionaler Raum – Vegetation, Tierwelt, See, Wasser, Spiel- und Sportanlagen, unterirdische Parkplätze... ein Stadtraum angelegt als Rechteck, auf drei Seiten von Gebäuden auf der vierten von einem stark befahrenen Verkehrsweg umrahmt, vom kommunalen Unternehmen LIMPOSAM verwaltet und mit Skulpturen des deutschen Künstlers Stefan von Reiswitz (München 1931) – ein nicht weniger persönliches und rätselhaftes Werk. Nachbarschaftlicher Raum „für alle", im Einklang mit dem Konzept der „playgrounds" des dänischen Landschaftsarchitekten C.T. Sørensen, Vermischung von grünen Brunnen und Geysiren aus Wasser, Licht, Farben und die spezifische Installation von 45 Skulpturen mit Einflüssen aus der deutschen mittelalterlichen Skulptur, von Goya und des Surrealismus: mythologische und fantastische Stücke, Faune, Meerjungfrauen, Minotauren, Delfine, Einhörner, Damen, die auf das antike Griechenland und Rom anspielen, eine bezaubernde Welt, wo uralte germanische und mediterrane Geister miteinander verschmelzen.

Seit 1976
Museo Vostell Malpartida
Ctra. de Los Barruecos, s/n
Apartado de correos 20
10910 Malpartida de Cáceres
Tel.: +34 927010812
museovostell@org.gobex.es
museovostell.gobex.es
Dir. José Antonio Agúndez García

Öffnungszeiten:
Frühling–Sommer: 21. Mär.–20. Sep.:
9:30–13:30 Uhr / 17–20 Uhr (Di.–So.)
So. im Jun., Jul., Aug., Sep.:
9:30–14:30 Uhr. Mo.: geschlossen.
Feiertage: geöffnet
Herbst–Winter: 21. Sep.–20. Mär.:
9:30–13:30 Uhr / 16–18:30 Uhr
(Di.– So.) So. im Okt., Nov., Dez., Jan.:
9:30–14:30 Uhr. Mo.: geschlossen.
Feiertage: geöffnet, außer 24., 25. und
31. Dez., 1. und 6. Jan., 9.Feb. (Feiertag).
Eintritt:
Eintritt allgemein: gebührenpflichtig
Kostenlos: mittwochs
• Behindertengerecht
• Führungen, nur nach
  Voranmeldung
• Ausstellungsraum mit temporären
  Ausstellungen
• Bibliothek für Recherche
• Veröffentlichungen
• Buchhandlung
• Café-Restaurant
• Picknickbereich
• Parkplatz

Anfahrt:
• Mit dem Auto: N521 nach Valencia
  de Alcántara und Portugal
• Mit dem Bus: von Cáceres nach
  Malpartida, stündlich von 10 Uhr bis
  21 Uhr
• Mit der Bahn bis Cáceres, dann mit
  dem Auto oder Bus
• Flughafen: Talavera la Real, 107 km

Unterkunft:
  Breites Angebot in Cáceres und
  Malpartida de Cáceres
Gastronomie:
  Viele Restaurants in Malpartida

Ein durch seine natürliche Umgebung, Lage, Sammlung sowie Ursprung einzigartiger Raum, erschaffen vom „aus Malpartida stammenden" deutschen Künstler Wolf Vostell. Er führte das Happening in Europa ein, war Anhänger der Fluxus-Bewegung seit ihrer Gründung 1962. Einführer der Décollage als ein Instrument der Intervention in die Realität, die er in zahlreichen bildhauerischen Sprachen entwickelte: Verwischungen, Happenings, Umgebungen, usw. Dieses Museum ist kein gewöhnlicher Garten mit Skulpturen, sondern ein Ort, der von dem Wunsch geprägt ist, den Menschen mit der Natur wieder zu vereinen, welcher über die physische und materielle Präsenz der Werke unter freiem Himmel hinausgeht.
Er befindet sich 3 km von Malpartida (4 400 Einw.) und 14 km von der Hauptstadt Cáceres, innerhalb des Natur-Denkmals Los Barruecos, ein Ort von großem geologischen Wert, mit riesigen Granitfelsen, von Wolf Vostell 1974 zum „Kunstwerk der Natur" erklärt. 1976 stellte er die erste Skulptur im Freien auf: *V.O.A.EX.* (Reise des Betons durch die obere Extremadura), Einweihungsstück des Museums, und 1978 *Der Tote hat Durst*, zweite und letzte Skulptur Vostells in Los Barruecos. Das Museum nimmt eine zwischen 1993 und 1998 restaurierte Wollwäscherei des 18. Jh. (14 000 m²) und Bereiche unter freiem Himmel ein, wo sich zwei weitere Werke des Künstlers befinden (siehe Fotos auf der gegenüberliegenden Seite).
In der Wolf und Mercedes Vostell-Sammlung zeigen mehrere für seine Produktion sehr repräsentative Anlagen den Konflikt des modernen Menschen mit einer Prise politischer und sozialer Kritik an der hyperindustrialisierten Welt anhand einer Montage aus Autoresten, Fernsehern und anderen Fetisch-Objekten der Industrie des 20. Jh. Vervollständigt wird diese Kollektion mit verschiedenen Objekt-Bildern und Gemälden im Mittel- und Großformat.
Die Kollektion der Konzeptkünstler vereint spanische, polnische und portugiesische Künstler wie Carneiro, Jerez, Canogar, Partum, Muntadas oder Sarmento. Vostells Idee war, nicht nur einen Ausstellungsraum, sondern einen Ort der Begegnung zwischen Künstlern und der Öffentlichkeit, einen Raum zur Reflexion und gegenseitigen Lernens zu schaffen. Zu diesem Zweck entwickelte er insbesondere in den 70er und 80er Jahren eine intensive kulturelle Tätigkeit mit „Kunstwochen", „Kunsttagen", Seminaren, Konferenzen, Veröffentlichungen, usw. Die beteiligten Künstler spendeten dem Museum Werke. 1998 kam die Fluxus-Sammlung – Schenkung Gino Di Maggio – mit über 200 Stücken europäischer, nordamerikanischer und asiatischer Künstler – Kaprow, Maciunas, Paik, Spoerri, u. a. hinzu.

Vorherige Seite:
Wolf Vostell,
V.O.A.EX., Los Barruecos, 1976

Diese Seite:
Wolf Vostell,
*¿Por qué el proceso entre Pilatos y
Jesús duró sólo dos minutos?,* 1996–97
Los toros de hormigón, 1989–90

Seit 1999
Illa das esculturas
Xunqueira do Lérez
36005 Pontevedra
Tel.: +34 610530052
xacastro@nvigo.es
www.turismo.gal
Dir. X. Antón Castro

Öffnungszeiten: durchgehend
Eintritt: frei
• Behindertengerecht
• Haustiere erlaubt
• Fotografieren erlaubt
• Führungen nur nach Voranmeldung
• Spaziergänge den Fluss entlang
• Publikationen: Broschüre, Führer
• Picknickbereich
• Parkplatz

Anfahrt:
• Mit dem Auto
• Flughafen: Vigo (35 km)

Unterkunft und Gastronomie:
  Viele Hotels und Restaurants
  in der Stadt

Der Leser hat es hier mit einem ganz eigenen Projekt zu tun, das weder in seinen Eigenschaften noch in seiner Konzeption oder seinem Grundgedanken „einem Skulpturen-Park, Garten oder einem Freilichtmuseum entspricht. Es ist eine Insel, eine zeitgenössische Landschaft", wie der Katalog erklärt, ein urbanes und doch nicht urbanisiertes Gebiet. So will die Insel Xunqueira verstanden werden. Innerhalb der Stadt Pontevedra gelegen, ist sie ein Freizeit- und Erholungsgebiet für die Bevölkerung. Die Idee dieses Projekts besteht darin, Kunsteindrücke zu erwecken, die über diejenigen eines normalen Besuchs hinausgehen. Das Projekt nimmt rund 70 000 m² Landschaft ein, die sich die heimische Flora und Fauna mit den Skulpturen teilen. Der Ort des Projektes ist ein wichtiger Faktor: Es gibt nur wenige Skulpturen-Parks, in denen die Interaktion zwischen Raum und Kunstwerk so bedeutend ist. Die zwölf Skulpturen auf der Insel wurden allesamt im Gründungsjahr installiert und sämtlich von international angesehenen Künstlern verschiedener Nationalitäten gefertigt, darunter auch zwei Spanier und zwei Portugiesen. Einige der Künstler sind der Land-Art verpflichtet, andere dem Konzept des Werks in offenen Räumen oder der öffentlichen Kunst. Für ihre Werke bedienten sie sich dabei ganz unterschiedlicher Ausdrucksformen, denen verschiedene Raumkonzepte zugrunde liegen. Aber bei allen ist auf die eine oder andere Weise ein gemeinsa-

Von links nach rechts,
von oben nach unten:
Robert Morris,
Laberinto de Pontevedra, 1999
José Pedro Croft, *Ohne Titel*, 1999
Ian Hamilton Finlay, *Petrarca*, 1999

mes Element vorhanden: der von vielen Architekten geschätzte galizische Granit. Außerdem gibt es Anspielungen auf Vergangenheit, Gegenwart, Mythologie, Liebe, den Lauf der Zeit und die Einsamkeit: Giovanni Anselmo, *Cielo acortado*, Fernando Casáis, *Los 36 justos*, 36 schwarze Granitsteine auf einer 4000 m² großen Fläche; José Pedro Croft, *o. T.*, perlgrauer Granit; Dan Graham, *Pyramid*, 1988–99, rosa Granit; Ian Hamilton Finlay, *Petrarca*, grüner Schiefer; Jenny Holzer, *o. T.*, 8 eingeritzte Bänke aus grauem Granit; Francisco Leiro, *Saavedra, zona de descanso*; Richard Long, *Línea de Pontevedra*, 37 m groß; Robert Morris, *Laberinto de Pontevedra*; Anne und Patrick Poirier, *Une folie o un pequeño paraíso para Pontevedra*; Ulrich Rückriem, eine Stele, *o. T*; Enrique Velasco, *Xaminorio xunquemenes abay*.

Die Initiative wurde von der Provinzregierung, dem Stadtrat und der Caixa de Pontevedra mitgetragen. Ironischerweise hat die Abhängigkeit von öffentlichen Behörden dazu geführt, dass der Erhalt und die Pflege der Werke je nach politischer Lage großen Schwankungen unterworfen ist, was teilweise zu einem bedauernswerten Verfall geführt hat. Aus diesem Grund wurde 2000 der Verein Illa das Esculturas de Pontevedra mit dem Ziel gegründet, die künstlerisch-gesellschaftlichen und kulturellen Interessen des Projektes zu vertreten und zu fördern.

Seit 2000
Parque de Esculturas Tierras Altas
Lomas de Oro
Ermita de Lomos de Orios
26125 Villoslada de Cameros
La Rioja
Tel.: +34 941360667
ceip@riojarural.com
Dir. Roberto Pajares

Öffnungszeiten: durchgehend
Eintritt: frei
• Behindertengerecht
• Haustiere erlaubt
• Fotografieren erlaubt
• Führungen nur nach Voranmeldung
• Ausstellungsraum mit temporären
  Ausstellungen
• Bildungsprogramm
• Musik und Performances
• Publikationen: Broschüre, Führer
• Picknickbereich
• Parkplatz

Anfahrt:
• Nach Villoslada: mit dem Auto,
  mit dem Bus
• Von Villoslada zu den Skulpturen:
  zu Fuß
• Flughafen: Agoncillo (Logroño)
  und Bilbao

Unterkunft:
  Villoslada de Cameros, 3 km:
  Casa Rural El Quemao
  Tel.: + 34 941468154
  Posada Hoyos de Iregua
  Tel.: +34 941468256
  Camping Los Cameros
  Tel.: +34 941747021
  Lumbreras, 8 km: Casa Rural Arca
  Tel.: +34 941228074
  Albergue El Asilo
  Tel.: +34 941468262
Gastronomie:
  In Villoslada de Cameros (3 km)
  und Lumbreras (8 km)

Dieser Skulpturen-Park ist der Passion des Bildhauers Roberto Pajares
sowie der wirtschaftlichen Unterstützung durch die Leader II Fonds
der EU zu verdanken. Er befindet sich im Naturpark der Sierra de
Cebollera, einer 1100 bis 1415 m hohen, seit 1995 unter Naturschutz
stehenden Berglandschaft mit Wald- und Zenneichen, Pinien und
Weideland. Die Werke stehen in der Nähe der Wallfahrtskapelle
Ermita de Nuestra Senora de Lomos de Orios rund um den Pfad
Camino de la Virgen verteilt – zu Fuß zwischen 20 und 50 Minuten
von der Ortschaft Villoslada entfernt – und bilden einen etwa 15 km
langen Rundweg. Zu dem ersten Werk des örtlichen Bildhauers
Alberto Vidarte aus dem Jahre 1988 gesellten sich später, als bereits
der Park angelegt war, die Schöpfungen acht weiterer Künstler, darun-
ter die Britin Lesley Yendeli (eine riesige Tasse mit Teller und Teelöffel
mitten im Wald), die Spanier Luis G. Vidal (ein großer weißer
Totenkopf), Carmelo Argaiz, Pamen Pereira, Sotte und Tomás García
de la Santa, die Kubanerin Gertrudis Rivalta und der Chilene Lucho
Hermosilla, die den Einsatz natürlicher Materialien – Moos, Steine,
Äste, Blätter oder Holz – und bisweilen eines einzigen externen
Mittels, der Malerei, gemeinsam haben.

Lucho Hermosilla, *Intrusos*, 2001
Lucía Loren, *Madre sal*, 2008

Plaza del Tenis
Paseo del Peine del Viento
20008 San Sebastián

Tel.: +34 943481166
cat@donostia.org
www.sansebastianturismo.com

Öffentliches Gebiet, durchgehend
geöffnet

Chillida begann seine Skulpturenreihe *Peine del Viento* 1952, ein Jahr nach seiner Rückkehr aus Paris. Zusammen mit dem Architekten Luis Peña Ganchegui setzte er sich für ein öffentliches Skulpturprojekt ein. 1974 war der letzte Bürgermeister der Diktatur Francos offen für das Projekt.

Auf einem unwegsamen Felsenabschnitt zu Füßen des Monte Igueldo, der die schöne Bucht La Concha im Westen abschließt, einem Ort heiliger Resonanzen, wo sich andere einen Parkplatz wünschten, gelang es, dem Künstler und dem Architekten 1975 diesen Markstein perfekter Fusion aus Architektur, Urbanismus, Landschaftskunst und Bildhauerei, der der Natur des Meeres, des Gebirges, der Luft und des Lichts gerecht wird, umzusetzen. Pena „interpretiert die Kräfte des Ortes als Anfang und Ende der Stadt, als Begegnung mit einer Natur, die er mit gebührendem Respekt behandelt und aus der sich der Entwurf mit seiner ganzen Vielfalt entwickelt [...] So schuf er eine Reihe von Plattformen, die die Form des Stufenunterbaus griechischer Tempel haben", einen unaufdringlichen Platz, subtil bis an die Grenze, Vorspiel für die Stücke des Bildhauers, „*Temenos* oder Vorbereich zu einem Tempel [...], der die Sicht auf das Meer freigibt", mit sieben Öffnungen, „aus denen an Tagen mit hohem Wellengang das Wasser spritzt" eine perfekte technische Lösung und zugleich ästhetische Symbolik – vgl. Rispa (Hg.), 1997. Beim Weitergehen entdeckt der Spaziergänger die drei Skulpturen aus Corten-Stahl, von denen jede 10 t schwer und 215 × 177 × 185 cm groß ist, zunächst die rechte, anschließend die am Horizont und schließlich das Ensemble. Sie alle bestehen aus vier dicken, geschwungenen Stangen mit quadratischem Querschnitt, die gleichsam aus einem im Fels verwurzelten Stamm erwachsen. Wie der Künstler sagt: „... das Meer, der Wind, die Klippen, der Horizont und das Licht. Die Stahlformen vermischen sich mit den Kräften der Natur, kommunizieren mit ihnen, sind Fragen und Antworten". Ein Beweis dafür dass Schöpfungen von Menschenhand und natürliche Welt letztlich eins sind.

fundación nmac

Seit 2001
Fundación NMAC
Dehesa Montenmedio
Ctra. A48 (N340), 42,5 km
11150 Vejer de la Frontera, Cádiz
Tel.: +34 956455134
info@fundacionnmac.com
www.fundacionnmac.com
Dir. Jimena Blázquez Abascal

Öffnungszeiten:
Sommer: 10–14 Uhr, 17–20:30 Uhr
Winter: 10–14:30 Uhr, 16–18 Uhr
Eintritt:
Erwachsene: gebührenpflichtig
Kinder unter 12: frei
Studenten und Senioren: 50% Nachlass
• Haustiere erlaubt
• Fotografieren erlaubt
• Führungen nur nach Voranmeldung:
  gebührenpflichtig, reduziert für
  Gruppen und Schüler
• Galerie
• Bildungsprogramm
• Bibliothek
• Publikationen
• Restaurants: drei im Gebiet Dehesa
  de Montenmedio
• Picknickbereich
• Parkplatz

Anfahrt:
• Mit dem Auto: von Cádiz, Jerez und
  Costa del Sol, Autobahn A48 (N340)
• Mit dem Bus bis Vejer: Transportes
  Comes: www.tgcomes.es,
  anschließend mit dem Taxi
• Mit der Bahn:
  1) AVE Madrid-Sevilla,
  dann Regionalbahn bis Cádiz und
  mit dem Auto oder Bus bis Vejer
  2) Bahn Talgo Madrid-Cádiz,
  dann mit dem Bus oder Auto bis
  Vejer
• Flughafen: Jerez de la Frontera

Unterkunft:
  Viele Möglichkeiten, von 5-Sterne-
  Hotels bis hin zu Pensionen in Vejer,
  Zahara de los Atunes, Conil,
  Barbate

Die Stiftung NMAC Montenmedio Arte Contemporáneo für zeitgenössische Kunst, die im Juni 2001 eröffnet wurde, widmet sich in einer 5 km von Vejer de la Frontera (12 800 Einw.) entfernten Naturlandschaft in der Arbeit mit internationalen Künstlern dem Thema ortsgebundener Kunstprojekte.

Das Gelände zeichnet sich durch zwei Charakteristika aus: Zum einen liegt es 55 km von Cádiz entfernt, der ältesten bestehenden Stadt der westlichen Welt, die um 1100 v. Chr gegründet wurde und bis zu 2700 Jahre alte archäologische Funde aufweist, die von einem kulturellen Erbe zeugen, das auch Skulpturen und Bauten umfasst; und zum anderen durch vom Menschen in der Tradition des Mittelmeerraums bearbeitete Naturräume, die ein Gleichgewicht zwischen Mensch und Natur suchen. Dafür besonders typisch ist die „Dehesa", ein Weideplatz in lichtem Wald, in dem Bäume und Tiere in nachhaltiger Nutzung zusammenleben. Die Stiftung NMAC nimmt etwa 30 ha der über 500 ha großen Dehesa Montenmedio ein, die wiederum Teil des Naturparks Marismas de Barbate ist. Dieses leicht hügelige Gebiet nahe des Atlantiks ist mit mediterranem Wald bewachsen, der sich bisweilen öffnet, um in der Ferne den Blick auf die weiße Häusergruppe von Vejer de la Frontera, eines der schönsten Dörfer ganz Spaniens, freizugeben. Das Hauptziel der Stiftung besteht im Anlegen einer Sammlung von speziell für den Ort geschaffenen Installationen und Skulpturen, die überwiegend im Freien aufgestellt sind, um die Provinz Cádiz zu einem Zentrum der internationalen zeitgenössischen Kunst zu machen. Neben diesen Skulpturen und Installationen gibt es Werke im Videoformat und Fotos,

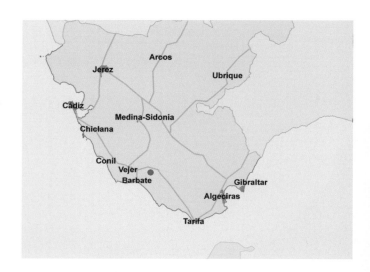

die in den unterschiedlichen Bereichen der Stiftung – im Innen- wie im Außenbereich – zu sehen sind. Der Weg entlang der Werke führt durch einen typischen Wald der Mittelmeerregion mit Pinien, wilden Ölbäumen, Mastixsträuchern und Korkeichen. Die Kunstwerke stehen im Einklang mit der Natur und haben sich jedes auf seine Weise der Gerüche, Farben und Geräusche der sie umgebenden Tier- und Pflanzenvielfalt angenommen. Alle Werke wurden spezifisch für diese Umgebung, im Dialog zwischen Kunst und Natur angelegt. Aber darüber hinaus wurden sie vor Ort unter Mitwirkung der Techniker und Kunsthandwerker der Region angefertigt, wodurch ein weiterer Dialog, in diesem Fall zwischen Kunst und sozialer Umgebung, entstand. Seit ihrer Gründung wurde die Stiftung NMAC von zahlreichen Künstlern der ganzen Welt besucht, ausgewählt von einem Beirat, dessen Kriterien der Gedanke zugrunde liegt, Nachwuchskünstler zu unterstützen und ihnen die Möglichkeit zu eröffnen, neben anderen, bereits etablierteren Kollegen auszustellen. So war Montenmedio vielfach das Zugangstor für ausländische Kreative, die bis dahin noch nie in Spanien gearbeitet hatten. Die über 20 Projekte verschiedener Formate und Autoren, von Abramovic bis Shen Yuan, die sich als ständige Stücke in dem Park befinden, werden auf Seite 81 zusammen mit ihrem jeweiligen Standort aufgeführt. Die Stiftungsräume sind in halbzylindrischen, ehemaligen Militärbaracken aus Wellblech aus der Nachkriegszeit untergebracht. Hier befinden sich die Rezeption, die Projekträume, die Säle, in denen die Fotos, Modelle und Zeichnungen einiger der Werke der Sammlung zu sehen sind, eine Bibliothek sowie die Installation des chinesischen Künstlers Huang Yong Ping mit dem Titel *Hammam*. 2006/07 wurde die Infrastruktur dank der Fördergelder des europäischen FEDER-Fonds erweitert: mit Ateliers und Räumen für Künstler sowie einem neuen Gebäude – einem länglichen, eng an die hiesige Topographie angepassten Entwurf des Architekten Campo Baeza im Stile einer künstlerischen Installation.

Olafur Eliasson, *Quasi Brick Wall,* 2003

Installationen der Fundación NMAC

Richard Nonas, *River run, snake in the sun,* 2001
Sol Lewitt, *Cinderblock,* 2001

Nächste Seite:
MP&MP Rosado, *Secuencia Ridícula,* 2002
Marina Abramovic, *Human Nests,* 2001

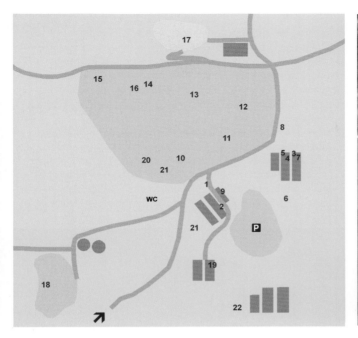

1 MP&MP Rosado, *Secuencia Ridícula*, 2002

2 Michael Lin, *Garden Passage*, 2003

3 Berni Searle, *Waiting 1*, 2003

4 Pilar Albarracín, *La noche 1002 / Lunares*, 2001

5 Marina Abramovic, *The Hero*, 2001

6 Ester Partegàs, *Yo Recuerdo*, 2003

7 Santiago Sierra, *3.000 huecos de*

180 x 70 x 70 cm cada uno, 2002

8 Maurizio Cattelan, *Sin título*, 2001

9 Berni Searle, *Home and Away*, 2003

10 Gunilla Bandolin, *Sky's Impression*, 2001

12 Olafur Eliasson, *Quasi Brick Wall*, 2003

13 Sol LeWitt, *Cinderblock*, 2001

14 Richard Nonas, *River run, snake in*

the sun, 2001

15 Susana Solano, *Incienso y mirra*, 2001

16 Shen Yuan, *Puente*, 2004

18 Marina Abramovic, *Human Nests*, 2001

19 Huang Yong Ping, *Hamman*, 2003

20 James Turrell, 2006

21 Aleksandra Mir, 2006

22 Olafur Eliasson, 2006

Neben der Förderung von Werken liegt der Schwerpunkt auf der Vermittlung der Arbeiten der Künstler, die hier tätig sind.

Die Werke, aus denen sich die Sammlung zusammensetzt, versuchen den roten Faden zu bilden, auf dem die wichtigsten Konzepte der Kunst unserer Zeit aufgefädelt und den Besuchern vermittelt werden sollen. In der Stiftung wird Kunst als Medium verstanden, um eine Beziehung zwischen der Welt und den Werken, ihren Formen, Gesten und Objekten herzustellen.

Künstlerische Tendenzen, Materialien, Formen des Umgangs mit der Realität und andere eng mit aktuellen Themen verbundene Aspekte sind Teil des Bildungs- und Kulturprogramms. Das Programm umfasst verschiedene Ansätze auf unterschiedlichen Ebenen, um ein breites Publikum anzusprechen. So werden u. a. an den jeweiligen Kenntnisstand angepasste Führungen und Workshops für Schulgruppen organisiert.

Gunilla Bandolin, *Sky's Impression,* 2001

Andere Veranstaltungen richten sich an die ganze Familie, mit besonderem Augenmerk auf die Kleinsten, speziell während des Sommers, in dem die Tage in Montenmedio lang und warm sind – im Juli und August ist es bis etwa 22 Uhr noch hell, und die Temperaturen liegen im Mittel bei maximal 30°C bzw. mindestens 17°C, während Sie in den kältesten Wintermonaten 16° bis 11°C betragen. Des weiteren umfasst das Kulturprogramm Vorträge, Dichterlesungen und Open-Air-Konzerte – alles mit dem Ziel eines herzlicheren und respektvolleren Dialoges zwischen Kunst und Umwelt. Auch die Veröffentlichungen sind diesem Ziel verpflichtet – vgl. die Bibliographie.

campus escultórico upv

Im Norden der Stadt Valencia, Camino de Vera, zwischen der Ausfahrt der Autobahn A7 Richtung Katalonien (V21) und dem Strandviertel Malvarrosa
UPV Universidad Politécnica de Valencia

Nach dem großen Bildhauer Mariano Benlliure (1862–1947) ist Valencia eine Gemeinschaft mit bemerkenswerten zeitgenössischen Bildhauern wie Eusebio Sempere, Andreu Alfaro, Carmen Calvo, Amadeo Gabino und Miquel Navarro. In dieser Strömung betreibt die Universidad Politécnica der Valencia (UPV) in ihrem Campus Vera

Vicerectorado de Extensión Universitaria, Dirección de Arte
http://wis.fuuh.upv.es/campuescultoric/
Anfahrt mit dem Bus: www.upv.es/otros/como-llegar-upv/campus-vera/bus-urbano-es.html
Geführte Touren:
Tel.: + 34 963879098 (morgens)
farteupv@upv.es, vaeu@upv.es

Von oben nach unten, von links nach rechts:
Adolfo Schlosser, *Velero*, 1995
Gerardo Rueda, *Otoño*, 1992
Juan Bordes, *Tres verticales*, 1992
Jorge Oteiza, *Homenaje a Manolo Gil*, 1989
Eusebio Sempere, *Móvil*, 1971
Lorenzo Frechilla, *Obelisco*, 1990

eine Abteilung für Skulpturen und eine aktive Entwicklungs-, Forschungs- und wissenschaftlich-technische Innovationsarbeit. Ihr skulpturaler Campus ist eine unbekannte, aber sehr bemerkenswerte Sammlung von mehr als 70 Stücken von Oteiza, Berrocal, Gabino, Mariscal, Martín Chirino, Miquel Navarro, Frechilla, Manolo Valdés, Alberto Sánchez, Sempere, Cardells, Rueda, Pablo Serrano, Angeles Marco, Schlosser, von Susanne Bayer bis zum irischen Künstler Michael Warren.

finland / suomi

303 899 km², 5,4 Millionen Einwohner, Mitglied der Europäischen Union seit 1995, Hauptstadt: Helsinki (612 000 Einw.),

POAM Penttilä Open Air Museum
Lucien den Arend
Seppäläntie 860
51200 Kangasniemi
Suomi / Finnland

Anfahrt:
Mit dem Auto: 180 km nordöstlich von Helsinki über die E18 und die Straße 6, Seendistrikt
www.poam.ws
Tel.: +358 0442641212
lucien@denarend.com

Finnland bildet das nördlichste Ende der europäischen Skulpturen-Parks, die Natur spielt hier eine wichtige Rolle. Das Land grenzt seit mehr als 700 Jahren an Schweden, wurde 1809 in das russische Reich eingegliedert und ist seit 1917 unabhängig. Seine Tradition in Literatur und Musik ist bekannt und in der Architektur durch Eliel Saarinen und seinen Sohn Eero Saarinen vertreten, letzterer sehr plastisch mit dem TWA-Terminal New York sowie dem Gateway Arch of St. Louis, Missouri.

Alvar Aalto ist in Finnland mit seinem Meisterwerk der globalen Architektur, der Bibliothek Viipuri – Welldach des Auditoriums, seinen unverwechselbaren Möbeln – und seinen Glaswaren-Designs bezüglich Skulpturen der wohl nächste Bezugspunkt, den der im Bildhauerischen bekanntere Künstler Wäinö Aaltonen (1894–1966) hatte.
Besonderes Interesse fordert das POAM Penttilä Open Air Museum des

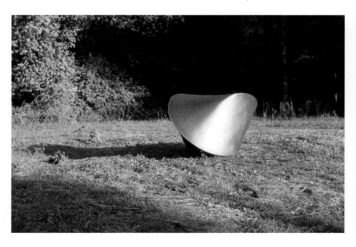

in Penttilä ansässigen niederländischen Bildhauers Lucien den Arend, der sehr aktiv in Environmental Art, Land-Art sowie Site-specific Art tätig ist. Im Park – ein alter, in den 50er Jahren des 20. Jh. geschlossener, von Wald umgebener Bauernhof – steht sein Werk neben demjenigen internationaler Kollegen wie Judd, Kokoschka, Henry Moore, Richard Serra, Di Suvero und den finnischen Künstlern Niermeijer, Blaauw, Höweler, Huhtamo. Parikkala Skulpturen-Park: Völlig anders und auf den ersten Blick „komisch" und suggestiv erscheinen die Skulpturen von Veijo Rönkkönen im Südosten Finnlands, weniger als 1 km von Russland entfernt. Ronkkonen (1944–2010) war ein finnischer Künstler und Bildhauer, lebte und schuf sein Werk während eines halben Jahrhunderts in Einsamkeit, ohne das Haus seiner Eltern zu verlassen. In diesem Garten oder Park sind die Skulpturen streng nach ihrer Beschaffenheit und Funktion platziert, sie werden Teil des Geländes, der Bäume und Vegetation, der Räume und Wege. Mehr als 450 menschli-

Parikkala Skulpturen-Park, oder Veijo Rönkkönen Skulpturen Gemeinde Parikkala, (5300 Einw.) in Süd-Karelien, Im Auto 325 km nordöstlich von Helsinki über die Straße 6, ca. 4 Std. Fahrt

che oder humanoide Figuren, oft skulpturale und szenografische Gruppen bildend, keinesfalls statisch oder hieratisch, mit vitaler, eingefrorener Dynamik wie das Standbild eines Films. Einige sind provokant und sogar aggressiv, andere ironisch; einige lassen den Zuschauer unbeteiligt, andere sehen ihm direkt in die Augen; viele erwecken eine Spiritualität oder Harmonie... Eine Kreativität gegen den Strom, Outsider Art, außerhalb des hegemonialen Systems der Kunst, wo Leben und Werk ganz verschmolzen waren.

france

Frankreich ein Sechseck mit Hochebenen und Mittelgebirgen, den Hochgebirgen der Alpen und Pyrenäen, den Becken von Paris und Aquitanien und dem Rhonetal zwischen Alpen und Zentralmassiv. Es herrscht zumeist maritimes Klima mit starken Regenfällen und gemäßigten Temperaturen vor und eine Vegetation aus Eichen, Buchen und Apfelbäumen, während das sonnige Mittelmeergebiet von milden Wintern, warmen Sommern, Pinien, Olivenbäumen und Wein geprägt ist. Typisch für den Osten mit langen, harten Wintern und kurzen Sommern sind Nadelwälder. Vor über 20 000 Jahren lebte hier der Cro-Magnon-Mensch und hinterließ die Höhlenmalereien in Lascaux bei Les Eyzies-de-Tayac (900 Einw.), Aquitanien, ein Meilenstein der Kunstgeschichte, wo der Mensch das Relief der Wand nicht nur als Untergrund für seine Zeichnungen, sondern als Formgeber für die abgebildeten Stiere und Pferde nutzte. Im Nordwesten steht die Bretagne für wildes Meer an ausgefransten Küsten und Granit in der Kunst, von den Megalithen bis zu den Kathedralen: der Golf von Morbihan ist ein Touristenziel, ebenso wie die über tausend Menhire in Carnac, die aus der Zeit um 3000 v. Chr. stammen. Mit den gegen 700 v. Chr. eintreffenden Kelten gelangten die pflanzlichen und geometrischen Ornamente an Armreifen, Fibeln und Goldschmuck zu großer Perfektion. Nach der Eroberung Galliens durch Julius Cäsar (52 v. Chr.) beginnt die reiche Geschichte der Romanisierung mit Meilensteinen wie der Christianisierung ab dem späten 1. Jh. bis ins 3.–4. Jh., begleitet von der Ankunft der Franken und ihrer Hegemonie: Königreich und Kunst der Merowinger (481–751), Sieg über die Mauren in Poitiers durch Karl Martell (732); Karl der Große (768–814), Kaiserkrönung in Rom, Gebiete von Deutschland bis Italien und eine Zeit, in der man bereits von Frankreich sprechen kann; die Kapetinger (987–1328) und die Gotik, die in Saint-Denis bei Paris beginnt (1147), nachdem der revolutionäre Abt Suger die undurchlässigen Mauern durch große Öffnungen ersetzte und das Licht in einer bis heute unübertroffenen Verbindung von Kunst und Natur durch Fenster hineinfallen ließ.

Dem Haus Valais (1328–1589) und dem Hundertjährigen Krieg folgten die Bourbonen, mit denen die Renaissance Einzug hielt, die sich im 17. Jh. zum französischen Klassizismus wandelte – Ordnung, Luxus, Prunk –, der dem Absolutismus des Sonnenkönigs Ludwig XIV (1643–1715), der Vorherrschaft Frankreichs in Europa und seiner Expansion in Übersee entsprach. Spiegelbild davon ist der französische Garten Le Notres in Versailles (1662): Blumenbeete, Geometrie, gerade Achsen, Skulpturen, Brunnen – eine beherrschte Natur, die von der Vernunft geordnet wird. Die Revolution von 1789–99 veränderte die Welt, endete aber unter dem Druck Englands und Österreichs mit Napoleon (1804–15). Die Niederlage von 1870 gegen Preußen brachte die Dritte Republik, in der die Eisenarchitektur mit dem Eiffelturm zu einem Höhepunkt geführt wird. Frankreich siegte im Ersten Weltkrieg, wurde 1940 von den Nazis besetzt und 1944 nach der Landung der Alliierten in der Normandie befreit. Die Fünfte Republik von General de Gaulle, die mit der Gründung der EWG (1958) zusammenfällt, schuf das heutige Präsidialsystem und wurde im Mai 1968 Zeuge der Pariser Studentenunruhen und erlebte eine kulturelle Blütezeit unter Mitterrand (1981).

Der Tuileries-Garten Paris, mit Werken von Le Nôtre (Jh. XVII) bis Jacques Wirtz, 1998

Unten:
Bernard Lassus, Autobahn A85 zwischen Angers und Tours

675 417 km², 66,9 Millionen
Einwohner, EU-Gründungsmitglied

Jardin de la Fondation Cartier
Paris
von Lothar Baumgarten
261, boulevard Raspail   75014 París
http://jardin.fondationcartier.com/fr

The UNESCO by Noguchi
Paris
7, place de Fontenoy, 75352 París
http://www.unesco.org/visit/jardin/

Le Cyclop de Tinguely
Milly-la Forêt
bois des Pauvres   www.lecyclop.com

Strasbourg
*Garten des Europäischen
Parlaments*
von Desvigne und Dalnoky
Parc de Pourtalès, von Sarkis,
Gaetano Pesce, Barry Flanagan, Jimmie
Durham, Giulio Paolini, Balkenhol, u. a.

**Die Route der europäischen
Kunst im Elsass** Arbeiten von Venit,
Gloria Friedman, u. a.

Das römische Lutetia ist das Herz von Paris, das zur Wende vom 19. zum 20. Jh. zur weltweiten Hauptstadt der Kunst wurde. Das Genie Rodin befreite die Skulptur von ihren akademischen Zwängen, Bourdelle trat in seine Fußstapfen, und Maillol entwickelte die Schematisierung weiter. Aber erst die Kubisten – Picasso, Braque – führten die Abstraktion ein, und Duchamp, Hans Arp und die Dadaisten ebneten den Weg für neue Kunstformen: das „Fundstück", die „Kontra-Reliefs" – Mischformen zwischen Malerei und Skulptur – und Performances, mit denen sie zu den Ursprüngen der Kunst zurückkehren wollten, zu ihren religiösen Tänzen und Gesängen, die die Mutter Erde, die Fruchtbarkeit und den Frühling feiern – den Glanz der Natur. Nach ihnen kamen Laurens, Brancusi, Lipchitz, Zadkine, Archipenko und der Surrealismus von Breton und Eluard. Nach dem Zweiten Weltkrieg florierte die kinetische Kunst – Soto, Le Parc –, 1958 führte das Werk bzw. die Ausstellung von Yves Klein „Le Vide" die Installation ins radikale Extrem und machte die Neuen Realisten bekannt – er selbst, Cesar –, deren Theoretiker Pierre Restany war. Den Grandes Dames Richier und Bourgeois und der Generation von Buren, Pagès, den Poiriers und Venet folgten in den letzten zwei Jahrzehnten des 20. Jh. unzählige Künstler mit extrem unterschiedlichen Tendenzen, Stilrichtungen, Strömungen, Materialien und Formen, die die Grenzen zwischen den Disziplinen verwischten. In diesem Sinne ist die Entwicklung und das Zusammenfließen von Gartenbau, Architektur, Städteplanung, Landschaftsgestaltung und Umweltkunst beispielhaft: Alphand (Bois de Boulogne 1852), der zusammen mit Baron Haussmann an der Umgestaltung von Paris arbeitete, Forestier und seine Parks (Bois de Vincennes 1887 u.a.), Guévrékian und seine Art Déco Gärten (Weltausstellung von Paris, 1925), und schließlich Theorie und Praxis von Bernard Lassus, der die festgefahrenen Kategorien aufhebt.

Paris ist nach wie vor das Zentrum der französischen Kunst, aber die Peripherie ist mittlerweile in Bereichen wie Kunst in der Natur unabhängig und sucht dabei die Vereinbarkeit mit dem kunsthistorischen Erbe.

bignan domaine de kerguéhennec

Seit 1986
Domaine de Kerguéhennec
Centre d'art contemporaine
56500 Bignan
Tel.: +33 (0)297603184
kerguehennec@morbihan.fr
www.kerguehennec.fr
Dir. Olivier Delavallade

Öffnungszeiten:
Täglich 8–21 Uhr geöffnet
Eintritt: frei

Im Norden und Süden des Schlosses
werden zwei Rundgänge angeboten, um
einen Spaziergang zur Entdeckung der
insgesamt 31 Skulpturen zu machen.
Nördlicher Rundgang (15 Skulpturen):
Dauer 1 Std. 15
Südlicher Rundgang (16 Skulpturen):
ca. 2 Std.
Parkplan erhältlich
Sie können Sitzstöcke für den Park aus-
leihen.
Ein Unterhaltungsprogramm rund um
den Park wird das ganze Jahr über
angeboten.
• Haustiere: Hunde sind angeleint
  erlaubt
• Führungen nur nach Voranmeldung
• Ausstellungsraum mit temporären
  Ausstellungen
• Bildungsprogramm
• Publikationen: Kataloge
• Café
• Picknickbereich
• Parkplatz

Anfahrt:
• Mit dem Auto: RN24 von Rennes nach
  Lorient, Ausfahrt Bignan. Von Vannes
  nach Pontivy, Ausfahrt Locminé,
  Bignan
• Mit der Bahn: TGV von Paris, Rennes,
  oder Nantes nach Vannes
• Flughafen: Lorient (50 km),
  Rennes (90 km), Nantes (140 km)

Das Kunst- und Kulturzentrum Domaine de Kerguéhennec liegt 25 km
nördlich von Vannes und nimmt 175 ha eines Parks ein, der 1872 von
dem Landschaftsarchitekten Denis Bühler angelegt und im 20. Jh. unter
Denkmalschutz gestellt wurde.
Seine Geschichte reicht bis ins 16. Jh. zurück, aber erst die in Paris lebenden Schweizer Bankiersbrüder Hoggeur errichteten 1710 das Schloss, in
dem heute die wechselnden Ausstellungen für zeitgenössische Kunst
untergebracht sind. Das Gut wechselte mehrfach den Besitzer, bis es
1872 vom Grafen von Lanjuinais, Abgeordneter und späterer Präsident
des Generalrats der Region Morbihan, übernommen wurde. Er restaurierte das Schloss umfassend, verlieh dem Park seine persönliche Note
und fügte sogar neue Bereiche wie das Arboretum den Planungen
Bühlers hinzu.
Obwohl der Besitz 1972 vom Generalrat von Morbihan aufgekauft
wurde, blieb er bis 1986 ungenutzt. Erst in jenem Jahr entschloss sich die
dem Kultusministerium untergeordnete Behörde DRAC zusammen mit
der Regionalbehörde der Bretagne FRAC, hier einen Skulpturen-Park

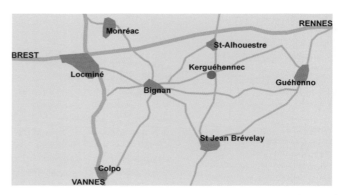

anzulegen. Dazu beauftragten sie französische und ausländische Künstler
wie z. B. Artschwager mit der Umsetzung verschiedener Skulpturenprojekte für den dichten Wald.
Der Wald von Kerguéhennec gehört zu den schönsten der ganzen
Region, und seine jahrhundertealten Bäume ragen teilweise über 10 m
in die Höhe. Viele Arten, wie die riesigen Mammutbäume, wachsen in
der Region nur hier. Die meisten Bäume sind mit einem Schild mit ihrem
Namen, Alter und botanischen Merkmalen für interessierte Besucher
versehen. Hier kann man ganz in das Dickicht, den Gesang der Vögel
und die landschaftliche Vielfalt eintauchen und den Rest der Welt vergessen.
Seit der Eröffnung sind jedes Jahr neue ortspezifisch von den Künstlern
gefertigte Werke dazugekommen. Die Installation der Skulpturen zeichnet sich durch ihre diskrete Anpassung und Platzierung in der Landschaft
in Harmonie mit dem Baumbestand aus.
Die Künstler stehen teilweise in der europäischen Tradition der Land-Art
wie – in der ständigen Sammlung – Richard Long, Ian Hamilton Finlay
oder Ulrich Rückriem (vgl. den Plan des Parks und die Liste der Künstler
und ihrer Werke auf S. 90). Ergänzt wird die Sammlung durch andere
wechselnde Installationen u. a. von Neuhaus, Pat Steir, Calzolari, Franz
West, Mullican oder Niele Toroni. Die Werke sind zumeist poetisch und
übergangslos ohne große Kontraste in die Umgebung eingebunden. Sie

sind subtil, ja fast unscheinbar mit einem beachtlichen Abstand zueinander plaziert, so dass der Spaziergänger in erster Linie die Natur – Wald, Seen, Wiesen – wahrnimmt, die ab und zu von einem Kunstwerk leicht verändert wird.

Der Skulpturen-Park bildete die Grundlage für das Zentrum für Zeitgenössische Kunst von Kerguéhennec. Von Anfang an lag das Augenmerk auf einem internationalen Programm und Publikum. Es gibt vier bis fünf Ausstellungen pro Jahr, die Künstler aller Nationalitäten vorstellen, die ausschließlich im Bereich der zeitgenössischen Kunst aktiv sind und einen ambitioniert-investigativen Ansatz haben.

Ellisabeth Ballet, *Trait pour trait,* 1993

Einzelausstellungen, Retrospektiven und spezifische Projekte wechseln sich ab mit Themenschauen und Gastsammlungen.

Darüber hinaus läuft ein Programm für internationale Künstler, die während der Schaffenszeit hier wohnen und ein Atelier zur Verfügung gestellt bekommen. In dieser Zeit werden in der Regel Treffen mit dem Publikum organisiert, um den Dialog über die künstlerischen Kreationen zu fördern. Einige dieser Werke bleiben später als ständige Ausstellungsstücke hier, wie *Cristal cinéma* von Marina Abramovic. Das Bildungsprogramm richtet sich sowohl an das breite Publikum als auch an Schüler bzw. Studenten und Lehrende.

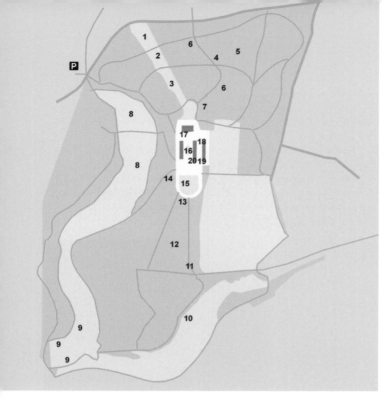

1 Richard Artschwager, *Step to Entropy*, 2003   2 Richard Long, *Un cercle en Bretagne*, 1986   3 Markus Raetz, *Mimi*, 1989   4 Ulrich Rückriem, *Bild Stock*, 1985   5 François Bouillon, *Cène d'exterieur*, 1987   6 Ian Hamilton Finlay, *Noms de plaques, noms d'arbres*, 1986   7 Carel Visser, *L'oiseau Phénix*, 1989   8 Marta Pan, *Parcours flottant n.° 1 & 2*, 1986   9 François Morellet, *Le naufrage de Malévitch*, 1990   10 Elisabeth Ballet, *Trait pour trait*, 1993   11 Etienne Hajdu, *Sept colonnes à Mallarmé*, 1971   12 Giuseppe Penone, *Sentier de Charme*, 1986   13 Tony Cragg, *Gastéropodes*, 1988, collection FRAC Champagne-Ardenne   14 Keith Sonnier, *Porte vue*, 1987   15 Toni Grand, *Sans titre*, 1988   16 Malachi Farrell, *Bubbles*, 1993   17 Harald Klingelhöller, *Mit Buchstaben der Worte: Unrecht schreit*, 1995–2003   18 Maria Nordman, *Fragment pour une cité future*, 1987   19 Jean-Pierre Raynaud, *1000 pots bétonnés peints pour une serre ancienne*, 1986   20 Marina Abramovic, *Cristal cinéma*, 1992

Richard Long,
Un cercle en Bretagne, 1986

Nächste Seite:
François Morellet, *Le naufrage de Malévitch*, 1990
Markus Raetz, *Mimi*, 1989

Digne-les-Bains
Haute-Provence   16 512 Einw. (2013)
Min. 524 m – max. 1731 m ü.M.

Musée Gassendi
64, Boulevard Gassendi
04000 Digne-les-Bains
Tel.: +33 (0)492314529
http://www.musee-gassendi.org
CAIRN Centre d'art informel de
recherche sur la nature
10, montée Bernard Dellacasagrande
Tel.: +33 (0)492621173

Refuges d'art
http://www.refugedart.fr

In den Voralpen der Haute-Provence, 129 km nördlich von Marseille und auf einem Plateau, auf dem sich drei Täler vereinen, ist Digne der Brennpunkt einiger Kunstprojekte in der Natur, „off the beaten track", buchstäblich abgelegen von den abgedroschenen Wegen der etablierten Kunstwelt. Andy Goldsworthy wurde 1996 mit einem Werk beauftragt. Dies war der Beginn einer ungewöhnlichen bildhauerischen Tätigkeit mit der entschlossenen Unterstützung von Nadine Gómez, Konservatorin am Gassendi Museum von 1889, das den Wissenschaften und Künsten gewidmet ist und 2003 komplett renoviert wurde. In ihm wurde Goldsworthys bekannte Skulptur „River of Earth" aufgenommen und ein ganzer Raum seiner Kunst gewidmet. Er und Künstler wie Richard Nonas – Foto unten links – und Herman de Vries u. a. stellen in Europas größtem Naturpark (269 316 ha) in seiner von steilen Felsengebirge geprägten Landschaft Land-Art-Werke auf. Sie laden zur Entdeckung hochgelegener Bergdörfer und ländlicher, verlassener oder zerstörter Gebiete ein, eine im

Wichtig: Besucher werden gebeten, den Besuch dieses *Refuge* beim Musée Gassendi zu beantragen. Gegen Vorlage eines Ausweises erhalten sie an der Rezeption des Museums kostenlos einen Schlüssel.

Verschwinden begriffene bäuerliche Welt. Das Musée Gassendi und der Geopark Haute-Provence gründeten 2000 bei Digne das CAIRN Centre d'art informel de recherche sur la nature. Hauptziel: die Schaffung von vorübergehenden oder dauerhaften Kunstwerken in der Natur, um diesen vom Aussterben bedrohten ländlichen Raum zu erhalten. Das erste der drei Ei-ähnlichen *Sentinels* hat der britische Künstler um 1999 gebaut, jedes ein Steinhügel: ein menschengemachter Haufen aus Steinen, als Wegmarkierungen in verschiedenen Teilen der Welt verwendet. Sie verbinden drei Sentinels, die sich an wichtigen Punkten der Asse-, Bès- und Vançon-Täler befinden: Die Strecke folgt alten Pfaden zwischen den Überresten einer landwirtschaftlichen Lebensart. Pierre Gassendi, ein Wissenschaftler des 17. Jh., Philosoph, Theologe, ein „dignois" des Gebietes, antwortete auf Descartes Maxime „Ich denke, also bin ich!" mit seiner eigenen: „Ich gehe, also bin ich". Vier Jahrhunderte später ist dies das Konzept hier.
Refuges d'art (Schutzhütte der Kunst).
Der Künstler sagte: „Die Skulptur ist nicht nur der Stein, sie ist das Zuhause, sie ist die gesamte Strecke". Die Wiederherstellung der alten Wanderwege gehört zu einem einzigartigen Kunstprojekt unter der Leitung von Goldsworthy, dem Gissendi Museum, dem CAIRN Centre und der Réserve Géologique. Wie The Guardian berichtete, „wollte Goldsworthy den Rundweg mit Schutzhütten in Form von ausgedienten Häusern markieren, die zum nicht geschützten ländlichen Erbe gehörten, einschließlich Kapellen, Bauernhöfen und Schafpferchen. Diese wurden nun restauriert und es wurde jeweils eine speziell gestaltete Skulptur integriert. Sie bieten Schutz für eine Pause auf

dem Weg oder in einigen Fällen die Möglichkeit zu einer „Übernachtung". In einer der von Goldsworthy wieder aufgebauten Ruinen, diesen „Œuvres-Lieux", zu übernachten, ist nichts Gewöhnliches (siehe s. 111). *Refuge d'art* ist ein ganzheitliches, einziges, integriertes Kunstwerk, das über eine Zehn-Tage-Wanderung oder kürzere Touren besucht werden muss. Es ist einzigartig in Europa, eine Strecke von 150 km, die eine Reihe von außergewöhnlichen Landschaften im Naturschutzgebiet durchquert.

Es vereint das Wandern mit zeitgenössischer Kunst und hebt dabei beides – Natur und Kultur – hervor. Bis zum Jahr 2012 wurden sechs Hütten renoviert und zugänglich gemacht. Bis zum Jahr 2016 listet die

offizielle Information folgende auf: Chapelle Sainte-Madeleine, Thoard, 2002. La Forest, St-Geniez, 2008. Vieil Esclangon, La Javie, 2005. Col de l'Escuichière, Le Brusquet, 2004–2010. Thermbäder, Digne, 2002. Und die drei Sentinels: Vallée du Bès, La Robine-sur-Galabre, 1999. Vallée du Vançon, Authon, 2000. Vallée de l'Asse, Tartonne, Plan-de-Chaude, 2000. Die echte ästhetische Entfaltung ist eine „fahrende Landschaft, ein Ort in Bewegung, aber auf einer Zeitskala".

In Goldsworthys eigenen Worten: „Was hier entwickelt wurde, ist ein Projekt, das über die Kunst als ein zu betrachtendes Objekt hinausgeht, zu etwas, das Teil einer Landschaft ist, in dem gelebt werden muss". Das ist wahr. Wo es wirklich interessant wird, ist das subtile Zusammenspiel der Refuge d'art (die Sentinels) und der Wanderwege, die sie verbinden.

Dies ist in gewisser Weise die Entmaterialisierung des Kunstobjekts, wie es John Chandler und Lucy R. Lippard (1968) ausdrückten, aber es sind auch in einer 120 Millionen Jahre alten geologischen Basis verwurzelte Materialien und eine alte bäuerliche Kultur.

Seit 1997
Le Vent des Forêts
Mairie   55260 Fresnes-au-Mont
Tel.: +33 (0)329710195
contact@ventdesforests.org
www.ventdesforets.com
Künstlerischer Leiter: Pascal Yonet

Öffnungszeiten:
1. Mär.–30. Sep.: durchgehend
Eintritt: frei
- Haustiere erlaubt
- Fotografieren erlaubt
- Führungen nur nach Voranmeldung:
  gebührenpflichtig
- Sonderausstellungen
- Publikationen: Kataloge, Broschüre
- Parkplatz

Anfahrt:
- Mit dem Auto: von Paris: Autobahn
  A4 Richtung Metz – Ausfahrt Verdun
  N.30 – N35 Voie Sacrée Richtung
  Bar-le-Duc – Heippes, links nach
  Rambluzin, Benoîte-Vaux, Courouvre
  – Lahaymeix, eine der sechs Städte
  von Vent des Forêts. Von Metz:
  Autobahn A4 Richtung Paris
  – Ausfahrt Verdun N. 31-D964
  Richtung Saint-Mihiel rechts Richtung
  Maizey – dann Dompcevrin eine
  weitere der sechs Städte von Vent
  des Forêts
- Mit dem Zug TGV (Meuse TGV-
  Bahnhof): Vent des Forêts ist
  1 Stunde von Paris, 1 Std. 37 von
  Straßburg, 1 Std. von Luxemburg
  und 5 Std. 10 von Bordeaux entfernt
- Flughafen: Metz, Nancy

Unterkunft:
  4–5 km: Hotelzimmer, Bauernhof Le
  Rupt, Tel.: +33 (0)329750737
  Zimmer Le Clos du Pausa,
  Tel.: +33 (0)329750785
Gastronomie:
  Café de Mme. Simon, Lahaymeix

Das Vereinsprojekt Vent des Forêts entstand 1997 aus dem Wunsch der Bürgermeister von sechs Dörfern heraus – Lahaymeix, Fresnes-au-Mont, Dompcevrin, Nicey-Sur-Aire, Pierrefitte-Sur-Aire, Ville-Devant-Belrain –, zeitgenössische Künstler für kreative Residenzen im Juli jedes Jahres zu begrüßen. Als Produkt dieser Aufenthalte entstanden über 200 Kunstwerke, von denen heute 90 an 45 km ausgeschilderten Waldwegen betrachtet werden können, die sechs Rundgänge von einer bis vier Stunden bilden. Die Kunstwerke sind Wind und Wetter und dem Laufe der Zeit ausgesetzt; flüchtig oder relativ langlebig betonen sie eine direkte Verbindung mit der Umwelt. Sie stehen da und warten darauf, neben dem Pfad durch 5000 ha Wald entdeckt zu werden. Die Mitwirkung der Künstler im Herzen eines sozialen, menschlichen, geographischen und wirtschaftlichen Umfelds

wird ein Teil ihres kreativen Unternehmens: in Vent des Forêts arbeiten die Künstler in direktem Kontakt mit den alltäglichen Realitäten eines kreativen Ausstellungskontextes, der in menschlichen und technischen Aspekten höchst originell ist. Dieser Aufenthaltsort erleichtert die Zusammenarbeit mit den Dorfbewohnern, den Freiwilligen des Vereins und den örtlichen Handwerkern (Tischler, Kupferschmied, Karosseriebauer, Steinmetz, usw.). Die Werke sind daher Produkte der Verbindung, die die Künstler mit der Natur und ihren ausgewählten Partnern weben. Jedes Jahr wagen sich rund 25 000 Menschen auf die Wege von Vent des Forêts, um die Kunstwerke zu entdecken. Das Abenteuer zieht eine sehr abwechslungsreiche soziale und geografische Mischung von Besuchern an. Das Erkunden der Wege erfordert Vorbereitung sowie Studium der Karte und der Beschilderung, Willenskraft und ein verantwortungsbewusstes Verhalten. Es sensibilisiert den Besucher hinsichtlich der Eigenschaften und Werte des Landes. Seit 2010 startete Vent des Forêts eine Reihe an Projekten, die im Rahmen des Prozesses der Kommissionen für öffentliche Kunst des Kultusministeriums sowohl innovativ als auch vorteilhaft für die Orte sind. Teil davon sind die drei Waldhäuser des Industrie-Designers Matali Crasset, die als bewohnbare Kunstwerke im Wald konzipiert wurden, welche es den Besuchern ermöglichen, den Geist des Ortes aufzunehmen und sich darin „einzukuscheln".

Musée de Grenoble
5, place Lavalette
38000 Grenoble

Das Musée de Grenoble entstand im Jahr 1798 mitten in den Revolutionskriegen Frankreichs mit mehreren gegnerischen Ländern. In seinem Besitz befinden sich Beiträge von Champollion nach dem Ägypten-Feldzug und Stücke aus dem 13. Jh. bis zu den unterschiedlichsten Trends aus der zweiten Hälfte des 20. Jh. und dem aktuellen 21. Jh.

Draußen ein elegantes Zusammentreffen, durchzogen von der Tradition zwischen Kunst und Natur der mediterranen Parks kombiniert mit Skulpturen aus dem 16. Jh. Den Albert-Michallon Park erreicht man durch die Tour d'Isère, ein Wehrturm aus dem 14. Jh. am Rande des gleichnamigen Flusses. Hier, im Zentrum der Stadt, gibt es große Bäume – die Libanon-Zeder stammt aus dem Jahre 1847 – und seltene Arten an einem Ort der Qualität und Vornehmheit.

Der Skulpturen-Park wurde seit 1988 schrittweise auf einer Fläche von 16 000 m² eingerichtet und schließt die Ruinen einer der bis zum 19. Jh. bestehenden Stadtmauern ein, welche vom britischen Bildhauer Anthony Caro in seinem Le Chant des Montagnes (1993, im Foto oben) integriert wurde.

Die anderen 14 monumentalen Skulpturen sind Léon-Ernest Drivier und Marcel Gimond (1928, Bronze), George Rickey (1991, Stahlmobile), Eugène Dodeigne (1993, Stein aus Soignies), Marta Pan (1991, 3,3 m hoch, rosa Granit), Robert Wlérick (1936–1942, Bronze Patina), Morice Lipsi (1978, Stein), Gottfried Honegger (1988, Metall, 5 m hoch), Ossip Zadkine (1948, Bronze),

Tel.: +33 (0)476634444
Tiefgarage im Museum
Restaurant
http://www.museedegrenoble.fr

Richard Nonas (1994), Bernar Venet (1992, Cortenstahl) und Eduardo Chillida – Foto über diesen Zeilen: *Zuhaitz* von 1989 in Cortenstahl – zu verdanken.

Auf der François-Mitterrand-Esplanade vor der Fassade des Museums befinden sich weitere drei große Stücke: eine Bronze von Marcel Gimond (1934) an der Mauer des 17. Jh.; „Monsieur Loyal" von Alexander Calder –1967, 9 m hoch und lackierter Stahl: siehe Foto oben links – und der „Etoile Polaire" von Mark di Suvero, von 1972, 23 m hoch und mit 18 m Spannweite, aus lackiertem Stahl.

le muy domaine du muy

Seit 2015
Domaine du Muy
83490 Le Muy (Var), France
Tel.: +33 677047592
http://www.domainedumuy.com
office@domainedumuy.com

Privater Park, geöffnet nach
Voranmeldung von Juli bis Oktober

Eine der Familien aus der hohen französischen Elite des 20. und 21. Jh. der politischen und kulturellen Kreise. Ein Präsident der Republik. Ein Kultusminister. La Galerie Mitterrand, Paris, Jean-Gabriel Mitterrand, der Galerist, Côte d'Azur oder französische Riviera, im 18.–19. Jh. durch die Oberschicht und die britische Aristokratie als Urlaubszentrum eingeweiht. Millionäre, Milliardäre, Berühmtheiten, High Society. Nur 40 Minuten von der Küste entfernt, Cannes oder Saint-Tropez, ca. 1 Stunde von Nizza oder Monaco, liegt die Domaine de Muy im geschützten Tal Bonne Eau, mit wildem und unberührtem

Gründungspräsident: Jean-Gabriel Mitterrand
Künstlerischer Leiter: Edward Mitterrand

mediterranen Wald mit Korkeichen, Kiefern und Gebüsch bedeckt, mildes Klima und 300 Sonnentage im Jahr, auf einem eher rauen Gelände: ein Raum von mehr als 100 ha, ganz das Gegenteil vom traditionellen französischen, rationalistischen Garten mit der starren, linearen Geometrie.

Das Business-Modell ist einzigartig in Europa (siehe S. 230) und von Galeristen aus Paris konzipiert: eine Freiluft-Kunstgalerie mit einem auf Skulpturen und großformatige Außenanlagen spezialisierten Verkaufsangebot, das dem Milieu der Oberschicht entspricht, Superyachten, Persönlichkeiten, Museen und Kunstzentren, Skulpturen-Parks (siehe S. 102) und relevante kulturelle Veranstaltungen.

Das Angebot gliedert sich in Parcours, Strecken von 45 Minuten; bei der Einweihung im Sommer 2015 wurden rund 40 Werke ausgestellt. In der natürlichen Landschaft fügen sich einige Stücke harmonisch, nie dekorativ, in die Umgebung des Waldes ein, während andere einen

Vorherige Seite:
Atelier Van Lieshout, *Dynamo*, 2010
Diese Seite, von oben nach unten:
Carlos Cruz-Diez, *Chromosaturation pour une allée publique*, 1965–2012
Claudia Comte, *128 squares and their demonstration*, 2015
Vidya Gastaldon, *Mini Brothers (Oak)*, 2015
Keith Haring, *Sans titre*, 1985
Yayoi Kusama, *Narcissus Garden*, 1966–2011
David Saltiel, *4 centres délimitant un carré*, 2008
Tomás Saraceno, *Air-Port-City 4 Modules Metal*, 2010–2011

starken Kontrast suchen; einige werden an den für sie geeigneten Orten installiert, andere werden eigens für einen bestimmten Ort in Auftrag gegeben. Es ist das für Skulptur-Parks ungewöhnliche Konzept des in Genf lebenden Schweizer Kurators und Künstlers Simon Lamunière.

Die Werke stammen sowohl von etablierten internationalen als auch von aufstrebenden Künstlern. Der Besuch ist exklusiv, nur nach Vereinbarung. Welche Werke der Besucher in der Ausstellung vorfindet, hängt davon ab, welche verkauft oder beim jährlichen Parcours demontiert wurden, einige bleiben mehr als ein Jahr, andere sind neu aufgenommene Anlagen, wie in einer städtischen Kunstgalerie.

saint-paul de vence **fondation maeght**

Seit 1964
Fondation Aimé et Marguerite Maeght
623, chemin des Gardettes
06570 Saint-Paul-de-Vence
Tel.: +33 (0)493328163
contact@fondation-maeght.com
info@fondation-maeght.com
www.fondation-maeght.com

Öffnungszeiten:
Okt.–Jun.: 10–18 Uhr
Jul.–Sep.: 10–19 Uhr
Am 24. und 31. Dez. ab 16 Uhr
geschlossen
Eintritt:
Erwachsene: gebührenpflichtig
Studenten und Gruppen: reduziert
Kinder unter 10: frei
• Haustiere nicht erlaubt
• Fotografieren erlaubt:
  gebührenpflichtig
• Führungen: gebührenpflichtig
  (nur Französisch)
• Sonderausstellungen
• Bibliothek
• Publikationen: Kataloge, Führer
• Buchhandlung
• Café
• Restaurant
• Parkplatz

Anfahrt:
• Mit dem Auto: Autobahn Ausfahrt 48
  von Nizza oder 47 von Cannes
• Mit dem Bus: Linie 410 von Nizza
  oder Cagnes sur Mer
• Mit der Bahn: Bahnhof Cagnes sur
  Mer
• Flughafen: Nizza

Unterkunft:
  In Saint Paul de Vence: Colombe
  d'Or, Mas d'Artigny, Vergers de
  Saint-Paul
Gastronomie:
  In Saint Paul de Vence:
  Colombe d'Or, Café de la Place

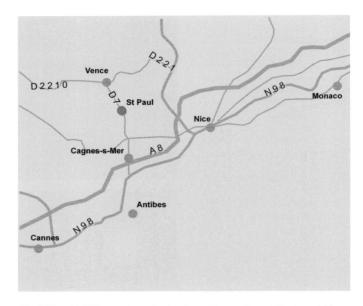

Aimé Maeght, Lithograph, und seine Frau Marguerite eröffneten 1930 eine Druckerei in Cannes und sechs Jahre später eine Galerie. 1946 folgte die Pariser Galerie, in der u. a. Bonnard, Matisse, Braque, Leger, Kandinsky, Miró, Calder, Giacometti, Bacon sowie jüngere Künstler wie Ellsworth Kelly, Tàpies oder Chillida gezeigt werden. Zusammen mit ihrem Sohn Adrien betätigte sich das Paar als Herausgeber von Kunstbüchern und Magazinen, Sammler und Mäzene; nach dem Tod ihres zweiten Sohnes entschieden sie sich, eine Stiftung ins Leben zu rufen. Die Idee dieser ersten privaten Kunststiftung Frankreichs stammte wohl von Braque. Auf den 9285 m² eines Hügels in Saint-Paul de Vence, einem hübschen Provence-Dörfchen 12 km von Nizza, 16 km von Antibes und 26 km von Cannes entfernt, auf einer pinienbewachsenen Felsanhöhe inmitten mediterraner Landschaft mit herrlicher Aussicht schuf der rationalistische spanische Architekt Josep Lluis Sert 1956 ein hervorragendes Werk der Moderne. Der vollendete, innovative Bau nimmt im Inneren und außen einen Teil der persönlichen Maeght-Sammlung auf und bietet Raum für wechselnde Ausstellungen, eine beachtliche Bibliothek mit 40 000 Bänden, einen Buchladen, Archive, Büros u.a.

Das Gebäude ist eine Mischung aus Avantgarde-Architektur und traditioneller Raumanordnung der mediterranen Wohnkultur, integriert in seine natürliche Umgebung. So passt es sich der geschwungenen, ungleichmäßigen Topographie an, indem die Säle auf verschiedenen Höhen angeordnet werden, wodurch jegliche optische Monotonie vermieden wird. Die Innen- und Außenräume sind samt Gärten und Innenhöfen so angelegt, dass die Ausstellungsräume großzügig vom steil einfallenden Sonnenlicht durchflutet werden. Sert baute mit Ziegeln, Stein und Zement nach der örtlichen Tradition, ohne auf eigene Ausdrucksformen – nie ohne Funktionalität – zu verzichten, wie die charakteristisch ziegelförmig geschwungenen Dächer zeigen.

Die Stiftung wurde 1964 vom legendären Kultusminister André Malraux mit folgenden Worten eingeweiht: „Hier wurde etwas nie zuvor unter-

nommenes versucht; eine Welt zu schaffen, in der die moderne
Kunst neben jener anderen, der sogenannten übernatürlichen, ihren Platz
finden kann''.

Im Garten befindet sich links hinter dem Haupteingang das Mosaik von
Pierre Tal-Coat, rechts *Pepin Geant* von Jean Arp, ein paar Meter weiter
vorne ein ,,Stabile'' von Calder, *Les Renforts*, rechts davon das Mosaik von
Marc Chagall, *Les amoureux*, in der Nähe, Richtung Eingang des
Gebäudes, *Saint-Bernard* von Eugene Dodeigne und unweit davon ein
Brunnen von Pol Bury. Im Innenhof eine von Joan Miró bemalte
Bronzefigur, daneben *Les poissons*, ein Mosaikbrunnen von Braque. Im
Glacometti-Hof stehen mehrere seiner Figuren. Zwischen Giacometti-
Hof und der Bibliothek liegt Mirós Labyrinth mit herrlichen
Aussichtsterrassen und Pinienbäumen, bevölkert von den träumerischen
Keramikkreationen des mallorquinischen Genies: vier Brunnen, die *Mauer
der Stiftung*, eine Keramikwand, die Eisen- und Bronzeskulptur *La Fourche*
(vgl. Foto unten), Marmorfguren – *Oiseou solaire* und *Oiseau lunaire* –
und weitere. Für die Maeght-Stiftung ist Kunst mehr als Objekte, sie ist
leidenschaftliche Lebensaufgabe.

Joan Miró, *La Fourche*, 1963
Cerámique ronde, 1973

île de vassivière **centre d'art contemporain**

Seit 1983
Centre National d'Art et du Paysage de l'Île
de Vassivière 87120 Beaumont-du-Lac
Tel.: +33 (0)555692727
www.ciapiledevassiviere.com
Dir. Marianne Lanavère
directrice@ciapiledevassiviere.com

Öffnungszeiten:
Di.–So.: 14–18 Uhr und nach
Vereinbarung
Jul.–Aug.: täglich von 11–19 Uhr
An allen Feiertagen geöffnet, außer
25. Dez. und 1. Jan.
Eintritt:
Skulpturen-Park: frei
• Behindertengerecht
• Haustiere erlaubt
• Fotografieren erlaubt
• Führungen nur nach
  Voranmeldung: gebührenpflichtig
• Ausstellungsraum mit temporären
  Ausstellungen
• Bildungsprogramm
• Bibliothek
• Brochüre mit Landkarten
• Buchhandlung
• Café, Bar und Restaurant:
  Apr.-Sept.: 10–19 Uhr, Mo. geschlossen
• Picknickbereich
• Parkplatz

Anfahrt:
• Mit dem Auto: Von Paris: Autobahn
  A20 Richtung Limoges, Ausfahrt
  35 Richtung Feytiat / Eymoutiers,
  dann Beaumont-du-Lac, Lac de
  Vassivière. Von Toulouse: Autobahn
  A20, Uzerche 42 Richtung Lac de
  Vassivière nach Eymoutiers, dann
  Beaumont-du-Lac, Lac de Vassivière
• Mit der Bahn: Von Limoges nach
  Eymotiers, dann mit dem Taxi
• Flughafen: Limoges

Unterkunft:
  Limoges: Hotels: Peyrat-le Château:
  Jugendherberge Bois de l'Etang;
  Auphelle: La Caravelle und Le Golf du
  Limousin; Eymoutiers: Le St. Psalmet,
  La Tour d'Ayen, Les Cavaliers
  (Beaumont du Lac, 4 km), Le Château
  de la Villeneuve (Rempnat, 12 km),
  La ferme des nautas (Pigerolles, 8 km)

Das Landgut Vassivière – der Name bedeutet „Land zum Schafe
Häuten" – geht auf das 17. Jh. zurück. Bis 1930 wurde es immer wieder
umgebaut und erweitert. Das Haus ist umgeben von ausgedehnten
Ländereien mit Wäldern und Getreidefeldern. Der Bau eines
Wasserkraftwerks an der Mauld schuf 1949 einen 1000 ha großen See
mit 45 km Uferland, in dessen Mitte sich Vassivière mit seinen 70 ha
nunmehr als Insel befindet.
Dieses aus Historie und Ingenieurtechnik hervorgegangene Territorium
zwischen Paris und Toulouse, in 60 km Entfernung von Limoges, ist ein
Schutzgebiet hauptsächlich für Fußgänger, in dem sich geschaffene
Landschaft und zeitgenössische Kunst ergänzen. Seit den 1970er Jahren
ist die Insel ein Touristen- und Freizeitgebiet.
1983 hinterließen zwölf Künstler eines Granitskulpturensymposiums hier
ihre Werke und legten damit den Grundstein zum späteren Skulpturen-
Park. Zwei Jahre später begann man mit dem Aufstellen weiterer
Skulpturen teilweise international bekannter Bildhauer. Die meisten der
über dreißig Künstler dieser Periode sind Franzosen. David Nash hat
zwei Werke beigetragen, Michelangelo Pistoletto und Ilya und Emilia
Kabakov jeweils eins, und kürzlich Koo Jeong. David Jones schuf ein

Vorherige Seite:
Andy Golsworthy, *Ohne Titel*, 1992
Fabien Lerat, *Ohne Titel*, 1993
Spielende Kinder in einem *Dubuffet*

Diese Seite:
Aldo Rossi / Xavier Fabre, Centre d'art
contemporaine

Werk voller Anspielungen auf Schlangen und Ameisen und Andy
Goldsworthy ein anderes ortsspezifisches Werk (vgl. nebenstehendes
Foto), über das er sagte: „Ich habe die Grenze zwischen See und Wald
mit einer Mauer erforscht, die selbst eine Grenze bildet. Sie ruft die
nostalgische Erinnerung an acht im See versunkene Dörfer hervor: Ihre
Präsenz ist der Schlüssel zum Verständnis der wahren Natur von
Vassivière."

Wasser, Wald, Wiese, Sand, Architektur, Kunstzentrum und drei ausge-
schilderte Wanderwege, darunter ein Kunst- und Naturpfad.
1986–87 errichteten Aldo Rossi und Xavier Fabre das Zentrum für zeitgenössische Kunst, das mittlerweile zum Markenzeichen der Insel geworden ist. Rossi setzte hier abseits des städtischen Kontexts einige seiner
Theorien um (Anpassung an den Geist des Ortes, Neorationalismus,
Gebäudemorphologien), kehrte zurück zu seinen ästhetischen Wurzeln
(Anspielungen auf De Chirico) und verwirklichte auch hier seine architektonische Praxis: Einsatz lokalen Materials (Granit, Ziegelstein, Holz). In
dem Zentrum befinden sich Ausstellungsräume, ein Künstleratelier und
verschiedene Räumlichkeiten für das Kultur- und Bildungsprogramm.

villars-santenoge *le carré rouge*

Route de Santenoge
52160 Villars-Santenoge

Fondation de France
40, avenue Hoche   75008 Paris
Tel.: +33 (0)25842210
fondation@fdf.org

Buchungen im Hotel Carré Rouge:
Tel.: +33 (0)325842210

Fondation de France ist eine private Einrichtung zur Unterstützung geförderter kultureller, wissenschaftlicher oder sozialer Projekte. Dieses Werk ist einem seiner Programme und Hubert Génin, einem Bürger von Villars-Santenoge, zu verdanken, der sich so ausdrückt: „Anstatt das Dorf auf der Suche nach der Moderne verlassen zu müssen, lassen wir sie zu uns kommen". Es handelt sich um eine ganz und gar nicht traditionelle Landherberge, ein „Wohn-Bild", eine begehbare Skulptur, plastische Architektur, eine Kunst-Installation zum Übernachten. Das *rote Quadrat* von Gloria Friedman erinnert an seinen Namensvetter von Malevich und baut ein Spannungsfeld zwischen Kunst und Natur ohne Nostalgie nach dem Einswerden mit einem minimalistischen Erlebnis für den Benutzer auf.

Gloria Friedmann, *Le Carré Rouge-Tableau refuge,* 1997

ireland

70 282 km², 4,6 Millionen Einwohner,
EU-Mitglied seit 1973

**The Lough Mc Nean Sculpture
Trail** 45 km von Sligo entfernt
Ein Skulpturenpfad für den Frieden
zwischen Gemeinden, die sich lange
Jahre feindlich gesinnt waren. Auf einer
23 km langen Strecke verbinden zwölf
Kunstwerke die Orte am Seeufer und
die beiden Seiten einer Grenze, die
lange für Fahrzeuge und Fußgänger
gesperrt war.
Stonelea Belcoo, County Fermanagh
BT93 5EX Tel.: +353 (0)2866386247

Louise Walsh, *Imagine*, 1999

Die Insel im Nordwesten Europas ist Teil des britischen Archipels. In der Bronzezeit brachte die blühende Megalithkultur Steinstelen mit Spiralen und Kreisen hervor, bis im 6. Jh. v. Chr. die Kelten neben ihren Göttern, ihrer Sprache und Eisenarbeiten auch dekorative Kunstformen aus Gold mit abstrakten Motiven wie Kurven, Zickzack-Mustern und Dreiecken auf Goldstücken einführten. Fast tausend Jahre später wurden diese Stämme von St. Patrick christianisiert, der hier eine Kirche gründete, die bis heute für ihre Klöster, ihre gelehrten Mönche, die Verbreitung des Evangeliums in Europa und ihren festen katholischen Glauben bekannt ist. Die Mischung mediterraner, koptischer und syrischer Elemente mit den keltischen ergab die große irische Kunst des 6. bis 9. Jh., zu deren Skulpturen die riesigen Kreuze, deren Arme durch einen Kreis verbunden sind, und die außerordentlichen Miniatur-Kodizes – Keils – sowie eine abstrakte Kunst mit verschlängelten Spiralen zählen. Im 12. Jh. fiel Irland an die englische Krone, und mit der protestantischen Reform des 16. Jh. begannen Ausschreitungen und Kämpfe, die bis 1998 anhielten. Mitte des 19. Jh. führten das Ende der Industrialisierung und eine schreckliche Hungersnot zu massiven Auswanderungen und einem Aufflammen des Nationalismus, der zum Bürgerkrieg und schließlich, Anfang des 20. Jh., zu terroristischen Bewegungen führte. Nach einem langen Weg zur Autonomie (1800–1921) wurde der Großteil der Insel 1948 als Republik Irland, Eire, mit der Hauptstadt Dublin (1,2 Mio. Einw.) unabhängig, während der Rest als Nordirland weiterhin dem Vereinigten Königreich angehört. Im Gegensatz zur mündlichen und gesungenen Tradition und der charaktervollen Literatur des 19. und 20. Jh. – Wilde, Shaw, Yeats, Joyce, Beckett, Heaney – erreichten die zeitgenössischen Strömungen der visuellen Künste Irland erst mit Verspätung. Drei Frauen, Mary Swanzy, Evie Hone und Mainie Jellet, führten nach ihrem Studium in Paris in den 20er Jahren den Kubismus in die irische Malerei ein. Die abstrakte Skulptur fand erst nach dem Zweiten Weltkrieg in Oisin Kelly einen herausragenden Vertreter. Um die Jahrtausendwende machten sich Michael Bulfin, Kathy Prendergast und Michael Warren einen Namen, sowie James Coleman, dessen Installationen und Fotoprojektionen die herkömmlichen Grenzen zwischen den verschiedenen Kunstformen überschreiten.

Dublin mit dem aktiven IMMA Irish Museum of Modern Art, den prächtigen Gärten aus dem 18. Jh. und dem 14 km südlich gelegenen Powerscourt ist seit dem Wirtschaftsboom am Ende des 20. Jh. Zentrum des irischen Kulturlebens mit Musik, Film und Tanz. Dank innovativer Industriezweige wie der IT belebt ein Erneuerungsgeist Kunstinitiativen im ganzen Land. Überdauernde, wie Woodland in der Grafschaft Wicklow (dem „Garten Irlands" mit 115 000 Einw.) im Süden Dublins (vgl. S. 104), sowie temporäre, wie die Skulpturensymposien der Sculptor's Society of Ireland SSI, die seit 1980 Plastiken in Auftrag gibt und Tagungen veranstaltet. Dazu kommt die Künstlerresidenz in Lough Boora – mit Werken von Jørn Ronnau u. a. – oder die zwölf für den Ort geschaffenen Werke von Peter Hynes, Michael Bulfin u. a. (1993) auf dem North Mayo Sculpture Trail in der gleichnamigen Grafschaft (118 000 Einw.) von Ballina nach Blacksod entlang der Atlantikküste.

Seit 1994
Coillte
Newtownmountkennedy, Co Wicklow
Tel.: +35 312011111
info@coillte.ie

Öffnungszeiten: Täglich 9–19 Uhr
Eintritt: frei
• Behindertengerecht
• Haustiere erlaubt
• Fotografieren erlaubt
• Führungen nur nach Voranmeldung:
  gebührenpflichtig
• Bildungsprogramm
• Publikationen: Broschüre, Führer
• Picknickbereich
• Parkplatz

Anfahrt:
• Mit dem Auto: An der Kreuzung von
  Ashford Village nach links
  (von Wicklow kommend) oder die
  rechte Ausfahrt, wenn man von
  der N11 aus Dublin kommt.
  Der Beschilderung nach Devil's Glen
  Equestrian and Holiday Village folgen,
  dann geradeaus und die nächste
  Kreuzung rechts Richtung Tiglin.
  Devil's Glen befindet sich ca. 800 m
  weiter auf der rechten Seite, 4 km von
  Ashford, Co Wicklow
• Mit dem Fahrrad
• Flughafen: Dublin

Unterkunft:
  An Oige – Jugendherberge, Devil's
  Glen (2 km)
  Chester Beatty Inn, Ashford (5 km)
  Devil's Glen Holiday & Equestrian
  Centre, Ashford (3 km)
Gastronomie:
  Chester Beatty Inn, Ashford (5 km)

Der Park Sculpture in Woodland liegt im Wald Devil's Glen. Die 218 ha des staatlichen Forstunternehmens Coillte wurden aufgrund ihrer reichen natürlichen, historischen und kulturellen Schätze ausgewählt. Hier gibt es ein schmales Tal (Glen) aus der Eiszeit, einen Fluss, einen Wasserfall, Buchen, Tannen, spanische Kastanien, Eschen, norwegische Fichten, Eichen und Unterholz mit Moos, Lorbeeren, Rhododendron, Flechten, Efeu, Lebensraum für Füchse, Otter, Dachse und Eichhörnchen. Der Wald besteht aus heimischen und eingeführten Arten. Das Skulpturenprojekt wurde seinen Förderern zufolge ins Leben gerufen, um „zu einem stärkeren Bewusstsein des Waldes und des Holzes als künstlerisches und funktionales Medium beizutragen. Dies geschieht über den Auftrag an die Künstler, zeitgenössische Werke künstlerischer Exzellenz zu schaffen und auszustellen". Die Organisation ermöglicht den Künstlern das Kreieren ortsspezifischer Arbeiten, und bietet dem Publikum freien und kostenlosen Zugang zu zeitgenössischer Kunst. Der eng mit Irland verbundene Dichter und Nobelpreisträger Seamus Heaney beschreibt diese Zusammenarbeit als einen „Akt des Vertrauens in die Bedeutung der Kunst an sich, der Verpflichtung gegenüber den positiven Werten von Form und Ordnung und zurückgezogener Kontemplation". Die Auswahl der Künstler erfolgt per Einladung und Wettbewerb. Seit 1999 werden jedes Jahr drei Aufträge erteilt: an einen irischen Gastkünstler, an einen ausländischen Gastkünstler und an einen Künstler, der per öffentlicher Ausschreibung ausgewählt wird. Die installierten Kunstwerke und die Umgebung, in der sie sich befinden, lassen sich über zwei markierte Forstwege betrachten und genießen. Beide Wege nehmen ihren Ausgang am Parkplatz und erfordern geeignetes Schuhwerk. Jeder führt über eine andere Route, und die Besucher

von Sculpture Woodland werden gebeten, „nur Fußabdrücke zu hinterlassen und nur Erinnerungen mitzunehmen". Der erste, kürzere Wanderweg ist 2,6 km lang und lässt sich in etwa 40 Minuten erlaufen.
Der zweite dauert mit rund 6 km Länge 1,5 bis 2 Stunden, je nachdem, ob

man den Wasserfall mit einschließt – in beiden Fällen läuft der Besucher auf eigene Verantwortung.

Daneben wird ein Bildungsprogramm angeboten, das die lokale Gemeinde mit einbezieht: Workshops und Aktionen in Zusammenarbeit mit den Schulen sollen die Kinder in Kunst und Natur einführen; so schaffen sie z. B. ihre eigenen kleinen Kunstwerke aus Materialien, die sie zuvor im Wald gesammelt haben.

Jae-Hyo Lee, *0121-1110=10210, 2002*

Irische Künstler Maurice MacDonagh, Michael Warren, Michael Bulfin, Eileen McDonagh, Janet Mullarney, Greenmantle, Michael Kane, Cathy Carman, Deirdre Donoghue, Michael Quane **Internationale Künstler** Jorge de Bon (Mex.), Naomi Seki (J.), Kat O'Brien (Kan.), Derek Whitticase (VK) Jacques Bosser (FR), Alberto Carneiro (Port.), Max Eastley (VK), Kristaps Gulbis (Let.), Nicos Nicolaou (VK) Lee Jae-Hyo (Kor.)

italia

301 318 km², 60,7 Millionen
Einwohner, EU-Mitglied seit 1957

„... Herzklopfen, Schwindel, Verwirrung bis hin zu Halluzinationen" stellten sich ein, „wenn das Individuum einer Überdosis schöner Kunst ausgesetzt wird". Das „Stendahl-Syndrom", jene psychosomatische Erscheinung, die der französische Schriftsteller auf seiner Italienreise von 1817 beschrieb, war Ausdruck davon, dass er sich im Herzen der westlichen Kunst und Kultur befand. Italien liegt im Mittelmeerraum, mit den Alpen im Norden und regenreichem Kontinentalklima an ihren Südhängen, wo sich die Po-Ebene von Mailand bis nach Venedig erstreckt; weiter südlich die Achse der Apenninen, mit Mittelmeerklima an den Küsten und grünen Hügellandschaften mit Zypressen, Olivenbäumen und Weinhängen. Richtung Toskana über die römischen Gefilde des Lazio wird es immer sonniger und trockener, bis man in den Mezzogiorno gelangt, später Kampanien (Neapel) und ganz im Süden Sizilien mit seiner bemerkenswerten Naturvielfalt.

Im 8. Jh. v. Chr. breiteten sich die Etrusker in der Po-Ebene, der Toskana und Kampanien aus, während die Griechen sich in Sizilien niederließen. Mit der Gründung Roms 753 v. Chr. begann ein Prozess, der die zwei Völker vereinte. Nach der Zeit der Republik (509–27 v. Chr.) erreichte das Imperium im 2. Jh. seine größte Macht und Ausbreitung, es reichte vom Euphrat bis nach England, von der Sahara bis zur Donau und hinterließ seine Errungenschaften in den Ingenieurwissenschaften, dem Rechtswesen und der Kunst und Architektur von Paestum, Rom, Pompeji, Segesta, Agrigent, Syrakus und Taormina. Im 5. Jh. endete das Weströmische Reich wieder. Die folgenden 1000 Jahre waren voller Krisen und Kämpfe, es herrschten Lombarden, Franken, Spanier und Österreicher. Die mittelalterlichen Städte mit ihrem internationalen Handel und Bankenwesen bildeten die Grundlage für eine blühende Renaissance und für die nationalistischen Bestrebungen, die zum Risorgimento, den Kämpfen von Cavour, Garibaldi und Viktor Manuel II führten bis schließlich 1861 ein vereinigtes Königreich mit einem Parlament gegründet wurde. Die Niederlage im Ersten Weltkrieg und die große Armut führten zu einem radikalen Sozialismus und der Gründung der Kommunistischen Partei (1921). Es folgten ab 1922 Mussolinis Aufstieg, die Niederlage im Zweiten Weltkrieg, eine von der Korruption der alten Parteien untergrabene Republik und ein monopolistisches Imperium der Massenmedien.

Lukullus führte im 1. Jh. v. Chr. den persischen Paradiesgarten ein und die Hügel Roms füllten sich mit Parks und Skulpturen. Zwei Jahrhunderte später beschrieb Plinius der Jüngere seine Gärten. Der Höhepunkt wurde mit der Villa Adriana erreicht, eine Einheit aus Architektur, See, Wasser, Garten, Kolonnaden und Skulpturen, die sich noch heute in Tivoli erahnen lässt. Die erste Renaissance kommt mit der Villa Medicis in Fiesol (1458) von Michelozzo auf, Schüler Brunelleschis, während Donatello neue Skulpturenformen entwickelt. Im 16. Jh. beeinflusste Michelangelo Kunst und Architektur maßgeblich, und der italienische Garten wurde geprägt durch die überragende Villa d'Este mit ihren zahlreichen Skulpturen, Brunnen von Ligario und Bernini und einer hydraulischen Orgel (Tivoli, 1550), durch den Manierismus des Architekten und Theoretikers Vignola und seines Schülers G. della Porta. Ein weiteres

Verzegnis

Varenne
Tremezzo Bellagio   Venezia
Varese Cernobbio
Milano
                Pistoia
        Santomato
    Montecatini Terme   Ponte di Ronca
        Carrara   Firenze San Gimignano
    La Spezia   Prato
Montemarcello   Pievasciata
    Lucca Pisa   Serre di Rapolano
        Siena   Tuoro di Trasimeno
    Montalcino   Seggiano
    Grosseto
        Capalbio Viterbo   Tivoli
                Roma

                    Ravello
                    Paestum

        Palermo   Castel di Tusa
    Segesta   Taormina
    Gibellina   Agrigento
                        Siracusa

200 Km

Auswahl bestehender historischer Gärten:
Kampanien: Villa Rofulo und Villa
Cimbrone, Ravello, 13. Jh.
Lazio: Terrassengärten der Villa
Aldobrandini, von G. della Porta,
Frascati, 1598–1603; Villa Giulia, von
Vignola, Rom, 1550; Villa Lante
Bagnala, von Vignola und mit allegori-
schem Programm, Viterbo.
Comer See, Lombardei: Villa Serbelloni
und Villa Melzi, Bellagio; Villa Carlotta,
18. Jh., Tremezzo; Villa Monastero,
Varenna, 16. Jh.
Toskana: Boboli Gärten des Bildhauers
Tribolo, 1549, Florenz; Villen der Medici
in den Ebenen um Florenz:
3 km im Norden, Villa della Petraia;
5 km im Norden, Villa de Castello, in
diesem Ort; Garten der Villa Reale de
Marlia, 8 km nördlich von Lucca, 16. Jh.
mit Änderungen von Elisa Bonaparte im
19. Jh.; Barockgarten der Villa Garzoni,
Montecatini Terme, 17. Jh.

außergewöhnliches Beispiel stellt der Garten der Villa d'Orsini in Bomarzo
(20 km von Viterbo entfernt) dar. Heiliger Wald, dichte Vegetation mit
surrealen erzählerischen Skulpturen, die menschliche Figuren, Tiere und
Monster darstellen und Inschriften von Dante und Petrarca tragen.
Das 19. Jh. begann mit den neoklassischen Skulpturen von Canova und
endete mit der ersten Biennale von Venedig (1895), dem weltweit wich-
tigsten Ereignis für zeitgenössische Kunst (Juni–November), mit
Medardo Rosso, der der Skulptur neue Wege eröffnete und die
Futuristen beeinflusste, die zu Beginn des 20. Jh. zur Revolution der
abstrakten Kunst beitrugen. In ihrer Folge wurden der Archaismus
Martinis, der volumetrische Sinn Marinis und die mehrdeutige
Gestaltung von Manzús „Kardinälen" formprägend. Nach dem Zweiten
Weltkrieg wurde die abstrakte Kunst wesentlich vorangetrieben durch
Fontana (z.B. die Neon-Environments), Consagra (seine großformatigen
Metallplastiken) und Alberto Burri, der als einer der ersten Abfall als
Material verwendete und die Arte Povera beeinflusste – ein Begriff
Germano Celants von 1967 für die Arbeiten von Mario Merz, Zorio und
Kounellis. Auf die Generation Luciano Fabros und Pistolettos, Vertreter
der Konzeptkunst und der Minimal Art, folgten die Vertreter der
„Transavanguardia" (Begriff von Achille Bonito Oliva) wie Sandro Chia,
Enzo Cucchi und Mimmo Paladino.

Ca' la Ghironda, Ponte Ronca di Zola Predosa, Emilia Romagna

9 km von Bologna entfernt liegt in den Hügeln der 10 ha große Park mit einem botanischen Garten und etwa 150 Pflanzenarten und einer Sammlung von über 200 modernen und zeitgenössischen Skulpturen von Künstlern wie Pietro Cascella, Manzu, Luciano Minguzzi, Mitoraj, Pomodoro, Zorio u. a. Via Leonardo da Vinci 19
Tel.: +39 051757419

Gibellina, Sicilia

Gibellina liegt im Westen der großen Mittelmeerinsel, in der Küstenprovinz Trapani, die über die A29 nur wenige Kilometer vom dorischen Tempel in Segesta (430 v. Chr.) entfernt ist, einer außerordentlich eleganten und gelungenen Anlage auf einem einsamen Hügel. 1968 wurde das Dorf (6000 Einw.) von einem Erdbeben zerstört und an einem anderen Ort wieder aufgebaut.

Bürgermeister Ludovico Corrao, der seitdem gegen das Vergessen kämpft, traf auf den Maler Alberto Burri. Es entstand die gemeinsame Idee des **Grande Cretto**. In den 1970er Jahren schuf Burri das Werk aus den etwa 1,7 m hohen Trümmerblöcken, die er mit weißem Zement, Kaolin, Klebstoff und Pigment bedeckte. Das Ergebnis ist ein aufregendes und großflächiges Land-Art-Werk, für das Gibellina in jeden Reiseführer aufgenommen wurde.

Außerdem lohnt sich ein Besuch der Orts wegen Ludovico Quaronis und Vittorio Gregottis angelegten Städtebauplans; Rathaus, Gemeindezentrum, Bibliothek, Theater und Markt (1971) stammen von Giuseppe Samoná und Gregotti. Später entwarfen Aprile / Collová / La Rocca das neue „historische Zentrum" (1981); ein Promenierviertel mit Esplanade und Galerien. Pietro Consagra fertigte u. a. die *Porta del Belice*. Francesco Venezia ist der Autor des minimalistischen Stadtgartens (1984–87) und des Museums – allesamt auf den Ort bezogene Anlagen und feinfühlige Schöpfungen, die sich der herkömmlichen Einteilung in die traditionellen Disziplinen entziehen.

Alberto Burri, *Grande Cretto*
Francesco Venezia, Giardino di Gibellina

Teilblick von Campo del Sole

Toscana: I Sentieri dell'Arte

Neben den toskanischen Werken und Parks dieser und der folgenden Seiten führen die Kunstpfade hier – gemäß dem Programm der Region Toskana zeitgenössische Kunst in öffentlichen Räumen zu verbreiten – zu einer Anzahl und Dichte an Installationen, die in Europa ihresgleichen sucht. Einige Beispiele für die große Vielfalt an Typen und Künstlern sind das **Virginia Art Theatrum – Museo della catastrofe** mit Werken von Vettor Pisani, **Serre di Rapolano**, Siena, die nach telefoni-

scher Vereinbarung unter der Tel. +39 05777704105 zu besichtigen sind. Dani Karavan, der 1978 im Forte Belvedere in Florenz *Two Environments for Peace* installierte, hat zudem in der Altstadt von **Pistoia** den kunstvollen Gartenplatz *Vivaio per la Pace* (1999) geschaffen, während in der gleichen Provinz in **Montecatini Terme** ein **Brunnen,** von Susumu Shingu (1998) und ein zweiter plastischer von Pol Bury (2004) im Pinienhain des Kurbads stehen. In **Pratolino**, Florenz, verwirklichten Anne und Patrick Poirier *Petite mise*

en scène au bord de l'eau des Sees der Gärten der Villa Demidof, ein Werk Buontalentis für Francesco I de Medici (zweite Hälfte des 16. Jh.), in dessen Zentrum das Wasser steht (Tel.: +39 055409427). Auf den Hügeln der **Romitorio-Burg** in Montalcino ist der Künstler Sandro Chia Weinbauer und Kellermeister. Er selbst sagt „Ich habe Wein geschaffen, wie ich ein Bild schaffe". mystudio@sandrochia.com, www.castelloromitorio.com

Carrara

Carrara ist seit der Antike für seinen weißen Marmor berühmt. Das Innere von Mutter Erde steht seit 2500 Jahren als Synonym für Skulptur und bezeugt beispielhaft das enge Verhältnis von Kunst und Natur, bei dem Letztere weit mehr als den Hintergrund stellt. Wem können die Marmorbrüche gleichgültig sein, aus denen schon Michelangelo höchstpersönlich das Material der Schönheit aussuchte? Seit 1957 hat die in unterschiedlichen Abständen abgehaltene Biennale Internazionale di Scultura Werke hervorgebracht, die jetzt im **Parco della Padula**, in der Via Provinciale Gragnana, zu bewundern sind. In diesem englischen Garten, der mit Bäumen und aromatisch duftenden Pflanzen auf einem Hügel angelegt ist, stehen Werke von Robert Morris, Karavan, Parmiggiani, LeWitt, Ian Hamilton Finlay, Luigi Mainolfi und Mario Merz (vgl. Foto). Tel +39 0585641394, www.labiennaledicarrara.it

Istituto Universitario Olandese, Firenze

Garten mit Skulpturen von Willem de Kooning, Karel Appel, Volten, Tajiri. Via Torricelli 5. Tel.: +39 055221612

Campo del Sole, Tuoro di Trasimeno, Umbria

Tuoro (3700 Einw.) war Austragungsort der Schlacht am Trasimener See, bei der Hannibal am 24. Juni 217 v. Chr. die Römer besiegte und 16 000 Tote hinterließ. Heute erstreckt sich am Ufer des Sees in wunderschöner Natur, die für ihre Sumpflandschaft und die Jagdvögel bekannt ist, dieser Skulpturengarten, in dem Werke zeitgenössischer internationa-

Centro per l'Arte Contemporanea Luigi Pecci, Prato

Ein Dutzend Werke im begrünten Außenbereich des Museums u. a. von Bizhan Bassiri, Enzo Cucchi, LeWitt, Eliseo

ler Künstler wie Nagasawa, Staccioli, Azuma, Pietro Gascella, dem das Projekt (1985–89) zu verdanken ist, ausgestellt werden. Sie alle verwenden den charakteristischen grauschwarzen „Pietra serena" der hiesigen Steinbrüche, der besonders in der Renaissance beliebt war.
Tel.: +39 0758259911
www.trasinet.it

Mattiacci, Anne / Patrick Poirier, Staccioli, Fausto Melotti (vgl. Foto). Viale della Repubblica 277, 591 00 Prato
Tel.: +39 05745317
www.centropecci.it

Nasher Sculpture Garden Peggy Guggenheim Collection, Venezia

Dieser mitten in der Stadt versteckte Garten am Canal Grande stellt Werke von Arp, Max Ernst, Duchamp-Villon, Giacometti, Moore, Di Suvero, Morris und wechselnde Leihgaben der Nasher-Sammlung aus Dallas, Texas, aus.
Tel.: +39 0415206288

Seit 1998
Giardino dei Tarocchi
Pescia Fiorentina
Capalbio, 58100 Grosseto
Tel.: +39 0564895122
www.giardinodeitarocchi.it
www.ilgiardinodeitarocchi.it
tarotg@tin.it

Öffnungszeiten:
1. Mai–16. Okt.: 14:30–22 Uhr
Eintritt:
Erwachsene: gebührenpflichtig.
Kinder (7 bis 16), Studenten,
Senioren: reduziert. Kinder unter 7
und Behinderte: frei

Anfahrt:
• Mit dem Auto: von Siena, S223
  Richtung Grosseto, dann Via Aurelia
  (S1/A12) Richtung Rom, Ausfahrt
  Pescia Fiorentina nach links, nehmen
  Sie die zweite Straße links.

„1955 kam ich nach Barcelona. Dort sah ich den wunderschönen Parque Güell von Gaudí. Ich fand meinen Meister und meine Bestimmung. Ich wusste, dass ich eines Tages meinen eigenen Garten der Freude anlegen würde. Ein Eckchen Paradies. Einen Ort der Begegnung zwischen Mensch und Natur." (Niki de Saint Phalle)

1979 begannen die Arbeiten auf dem Gelände und es wurden Modelle der Figuren, die auf dem Gut eines Freundes in der Toskana installiert werden sollten, angefertigt. Mit dem Ziel, einen magischen Raum zu schaffen, vergrößerte sie ihre Modelle ins Riesenhafte und schuf mit Hilfe anderer Künstler wie ihres Ehemannes Jean Tinguely einen Park voller Formen und Farben.

Alle Arbeiten sind von Tarot-Karten inspiriert oder bilden ihre Figuren und Motive ab: Sonne, Drachen, Lebensbaum, der Gehängte und die Sphinx. Von Beginn an wollte man eine Traumwelt voller Licht schaffen mit Raum für grenzenlose Phantasie. Die Kunstwerke sollten gleichzeitig die Flora hervorheben und Besucher sollten sich vergnügen.

Mit der Unterstützung von Freunden, Technikern und Künstlern schuf sie in der ersten Phase die Figuren der Päpstin, der Sphinx, der Prinzessin und des Zauberers. Zunächst wurden mitten im Garten die Körper aufgestellt und später wurden sie wie Mosaike mit strahlend bunten Glas- und Keramikstückchen dekoriert. Bei der Herstellung ignorierte man alle modernen Techniken des 20. Jh. und ging wie die alten Ägypter vor, indem die Keramik direkt auf der Skulptur geformt und anschließend im Ofen gebrannt wurde.

In der zweiten Phase entstanden Kaiser, Drachen, Lebensbaum und Gehängter, wiederum in Zusammenarbeit mit Freunden, welche außerdem Wege, Bänke und Brunnen rund um die Plastiken gestalteten. Einige von ihnen boten darüber hinaus auch eigene Werke an, wie Pierre Marie Lejeune, der einige Keramikbänke und die Sitze der Sphinx-Figur geschaffen hat. Manna Karella gestaltete die Skulptur im Inneren der Prinzessin, Jackie Matisse die Glasbehälter, die als Papierkorb dienen, und Jean Tinguely eine seiner kinetischen Schöpfungen in der Turm-Figur sowie das Glücksrad in Form eines Brunnens.

1998 wurde der Giardino dei Tarocchi eröffnet; sein Tor wurde von dem Architekten Mario Botta gestaltet.

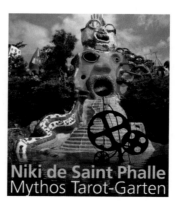

Niki de Saint Phalle,
Mythos Tarot-Garten,
mit einem Essay von Jill Johnston
und Bildern von Giulio Pietromarchi,
Benteli Verlag, Bern 2005

Seit 1986
Parco Scultoreo Fiumara d'Arte
Via Cesare Battisti 4
98079 Castel di Tusa, Mesina, Sicilia
Tel.: +39 0921334295
info@ateliersulmare.it
www.ateliersulmare.it
www.ateliersulmare.com
Dir. Antonio Presti

Öffnungszeiten: durchgehend
Eintritt: frei
• Behindertengerecht
• Führungen nur nach Voranmeldung
• Bildungsprogramm
• Bibliothek
• Buchhandlung
• Café
• Restaurant
• Picknickbereich
• Parkplatz
• Flughafen: Palermo

Unterkunft:
  Albergo–Museo Atelier sul Mare

Oben:
Tano Festa, *Monumento per un poeta morto*, 1990

Unten:
Mauro Staccioli, *Piramide 38° parallelo*, 2010

Zwischen Messina und Palermo liegt Fiumara – auf Sizilianisch „Flusslauf" oder „Flussbett, das die längste Zeit des Jahres trocken ist und nur während der kurzen Regenzeit gefüllt ist". Der Ort inspirierte den begeisterten Kunstliebhaber Antonio Presti, hier einen Fluss der Kunst zu schaffen. Das erste Werk ist ein abstraktes, riesiges Monument aus Stahlzement von Pietro Consagra, das den Skulpturen-Park Fiumara d'Arte eröffnete. Ihm folgten sechs weitere riesige Skulpturen-Installationen, die alle an einem 30 km langen, mit dem Auto zu erfahrenen Rundweg liegen und dem Staat geschenkt wurden. Sie stammen zumeist von italienischen Bildhauern wie Piero Dorazio. An der *Keramikmauer* waren auch mehrere Ausländer beteiligt. Nach nunmehr 20 Jahren befinden sich die Werke, die fast zerstört werden sollten und dann von den Politikern ihrem Schicksal überlassen wurden, in schlechtem Zustand. Es gab Prozesse um sie, eine regionale Debatte über ihren verwaltungstechnischen Status,

Angriffe von vermeintlichen Umweltschützern, lokale, nationale und internationale Unterstützungsaktionen von Menschen, die sich für sie einsetzten. Die Skulptur von Tano Festa am Strand von Villa Margi wurde sogar mit einem großen Tuch bedeckt und einem Schild „Geschlossen" versehen, um somit ein System anzuklagen, das Kunst, die zum Nachdenken anregt, für gefährlich hält. Mit den Argumenten „Verehrung der Schönheit; Kunst missbraucht nicht und Schönheit ist kein Verbrechen", verteidigte Presti dieses „Anti-Museum" und Zeugnis des „künstlerischen Widerstands gegen die Tötung der Kultur". Am 30. Dezember 2005 schließlich erklärte die Region Sizilien den Ort zum Regionalpark. Ein politischer Sieg, der den Wert der Kultur würdigt.
Fiumara d'Arte ist über die Jahre mit dem Museum-Hotel Atelier am Meer vorangekommen, eine Möglichkeit zu einem außergewöhnlichen Aufenthalt, wo Gäste in Zimmern des Autors wohnen und zum „Werk" werden, und die monumentale Porta Bellezza im Stadtteil Librino von Catania, eine mit Terrakotta-Installationen von elf Künstlern und 2000 Studenten des Bezirks bedeckte, 500 m lange und 10 m hohe Betonwand.

gallio **sentiero del silenzio**

Seit 2008
Rifugio Campomuletto
via Roma 2 – 36032 Gallio (Vicenza)
Tel.: +39 0424445594
　　　+39 3483162529
www.rifugiocampomuletto.it
www.sentierodelsilenzio.it
Realisiert durch die Gemeinde Gallio
Projekt: Diego Morlin
Verwaltung: Alpini di Gallio

Öffnungszeiten: durchgehend geöffnet

Anfahrt:
- Mit dem Auto: Von Venedig in
  Richtung Vicenza, Sandrigo,
  Breganze, Luisiana, Asiago, Gallio
  Oder: Venezia, Padua, Bassano,
  Asiago, Gallio
- Mit dem Bus: Von Vicenza oder
  Bassano del Grappa nach Asiago
  und Gallio
- Flughafen Marco Polo Venedig,
  Il Catullo Verona. Keine Zugverbindung

Der Sentiero del Silenzio (Pfad der Stille) verläuft durch ein geschichtsträchtiges Gebiet, das während des Ersten Weltkriegs Schauplatz blutiger Kämpfe war. Der ca. 3 km lange Wanderweg ist für jedermann geeignet. Die meditative Strecke soll den Besucher dazu anregen, die Schrecken des Krieges anhand einer neuen Sprache zu überdenken: die der Kunst.

Die Besucher erfahren anhand der Begegnung mit den Zeitzeugen der Geschichte, welche Gräueltaten die Menschen einander antun können, erhalten jedoch gleichzeitig eine Botschaft der Hoffnung und Versöhnung für die künftigen Generationen.

Das 2008 von dem Architekten Diego Morlin entwickelte innovative Konzept sollte sich von anderen Skulpturen-Parks unterscheiden und ist zu einer Pflichtstation für all jene geworden, die dem Ersten Weltkrieg gewidmete Orte besuchen.

Das Areal umfasst zehn große Installationen aus unterschiedlichen Materialien mit vielsagenden Titeln: Wiedergefundener Frieden, Frömmigkeit, Hoffnung, Briefe, Zeugen, Armeen, Lebendige Blumen, Schwarzes Labyrinth, Die Unsterblichen und Glorreiche Früchte.

Jeder Installation ist ein Text oder Gedicht zugeordnet. Das Projekt ist so wenig invasiv wie nur möglich: Jegliche Erdbewegungen, die die Grasdecke zerstören könnten, wurden auf ein Minimum beschränkt, kein Baum wurde gefällt, und sogar die Steine wurden bewahrt und für neue Projekte wiederverwendet.

lusiana parco del sojo arte e natura

Seit 2000
Parco del Sojo Arte e Natura
Via Covolo 36046 – Lusiana, Vicenza
Tel.: +39 0424503173
+39 3393124946
info@parcodelsojo.it
www.http://parcodelsojo.wix.com/parcodelsojo
Arch. Dir. Diego Morlin

Öffnungszeiten:
An Sonn- und Feiertagen geöffnet.
Mit Voranmeldung durchgehend geöffnet.
Eintritt: gebührenpflichtig

Anfahrt:
• Mit dem Auto: von Venedig in
  Richtung Padua, Bassano del Grappa,
  Maristica, Luisiana
• Mit dem Bus: von Venedig direkt nach
  Marostica und Lusiana
• Flughafen Marco Polo Venedig,
  Il Catullo Verona. Bus-Service zu den
  Bahnhöfen, obwohl wir dringend von
  Reisen mit dem Zug wegen der
  Entfernung und den Zeiten abraten

Sojo Kunst und Natur ist ein innovatives Projekt, das einem 10 ha großen Bereich von außergewöhnlichem ökologischen, historischen und künstlerischen Interesse einen erheblichen Mehrwert verleiht. Die Aufstellung zeitgenössischer Skulpturen und ihre Wechselbeziehungen mit der natürlichen Umgebung führen zu einer neuartigen Wahrnehmung von Raum und Zeit.

Die Idee ging im Jahr 2000 von dem Architekten Diego Morlin aus und wurde in diesem ständig wachsenden und sich entwickelnden Park umgesetzt, der die Natur langsam, aber sicher mit einbezieht und ihr gleichzeitig neue Kraft und Vitalität verleiht. Auf diese Weise wurde das Areal der fortschreitenden Vernachlässigung entrissen.

Die Kunstwerke stehen in einem mittlerweile perfekten Dialog mit der Umgebung, in die sie integriert sind. Oft dominiert die Harmonie, zuweilen sind die Gegensätze aber auch schrill bis fast an die Schmerzgrenze und schaffen eine Art von subtil erzwungener Koexistenz.

Beim Durchstreifen der Pfade entfaltet sich die Magie des Ortes, und der Besucher erlebt die Wandlung seiner Gefühle mit jeder neuen Überraschung, die hinter der nächsten Biegung auftaucht.

Die Skulptur-Installationen sind aus Stein, Holz, Eisen, Bronze und Ton gefertigt, einige außerhalb des Parks und andere vor Ort auch aus dort vorgefundenen Naturmaterialien. Im Jahr 2016 beherbergt der Park 80 Skulpturen von Künstlern aus Italien sowie aus anderen Ländern.

Seit 1997
La Marrana arteambientale
Via della Marrana 2
19031 Montemarcello,
Ameglia – La Spezia
Tel.: +39 0286463673
　　　+39 3356328606
info@lamarrana.it www.lamarrana.it
Dir. Grazia Bolongaro

Öffnungszeiten:
Geöffnet von Mai bis September
(ausgenommen August)
Mit Reservierung für Gruppen und
Schulklassen ab 10 Personen
Information:
• Haustiere sind nicht erlaubt.
• Führungen nur nach
　Voranmeldung: gebührenpflichtig
• Publikationen: Broschüre, Kataloge
• Parkplatz

Anfahrt:
• Mit dem Auto: Ausfahrt Sarzana über
　die Autobahn A12 oder A15; fahren
　Sie in Richtung Carrara und halten
　Sie sich im Kreisverkehr in Richtung
　Marina di Carrara.
　Über die Brücke den Fluss
　überqueren und sofort links in
　Richtung Montemarcello abbiegen.
　In Montemarcello auf dem ersten
　Parkplatz rechts auf die Via Marana
　abbiegen. Nach 700 m erreichen Sie
　den Parco di Arte Ambientale
• Mit der Bahn: Bahnhof La Spezia
　(17 km), dann mit dem Taxi
• Flughafen: Pisa (80 km), Genua (120 km)

Unterkunft:
　Montemarcello, Relais Golfo dei Poeti
　(Tel.: 0187601216); Bocca di Magra
　(Ameglia) 3 km, Albergo i Sette archi
　(Tel.: 0187609017); Fiumaretta
　(Ameglia) 4 km, River Park Hotel
　(Tel.: 0187648154)
Gastronomie:
　Montemarcello, Relais Golfo dei Poeti
　(Tel.: 0187601216); Bocca di Magra,
　3 km: Da Ciccio La Capannina
　(Tel.: 018765568), La Lucerna di Ferro
　(Tel.: 0187601206); Zanego (Ameglia)
　3 km: La Brace (Tel.: 0187966952)

1996 gründeten Grazia und Gianni Bolongaro in Mailand den Verein La Marrana mit dem Ziel, „einen Beitrag zur Verbreitung zeitgenössischer Kunst zu leisten und neue Räume der Reflexion zu schaffen". Ein Jahr später eröffneten sie 225 km weiter südlich im gemäßigten Urlaubsklima der Küste einen Land-Art-Park. Dieses 17 km von La Spezia entfernte, 30 000 m^2 große hügelige Gelände, direkt am Meer gelegen in der Region von La Marrana, einem Teil des Naturschutzgebiets Montemarcello della Magra, ist weder eine kommerzielle Galerie noch ein

Museum. Es handelt sich vielmehr um ein privates Haus, das zu bestimmten Zeiten und bei bestimmten Anlässen für die Öffentlichkeit geöffnet ist und ein Programm von Skulpturen und künstlerischen Installationen präsentiert, die eigens für den Park in Auftrag gegeben wurden.
Jedes Jahr wird eine Show mit Events organisiert, die Künstler von internationalem Format präsentiert. Die Künstler können eine bestimmte Stelle im Park auswählen und dort, inspiriert durch die Flora, Topographie und den historischen und sozialen Kontext, ein dauerhaftes

Werk errichten. Dabei können sie die künstlerische Ausdrucksform von der traditionellen Skulptur bis hin zur Videokunst frei wählen. Bis heute (2016) sind auf diesem Gelände mit Olivenbäumen, Zypressen und üppiger Vegetation bereits 35 Kunstwerke entstanden. Die Besucher werden in akustische Werke wie die von Ottonella Mocellin und Nicola Pellegrini oder Magdalena Campos-Pons einbezogen, ebenso wie in den *Battle Seat* des Duos Vedovamazzei, der von der siegreichen Schlacht des Konsuls Marcellus gegen die ligurischen Apuaner 155 v. Chr. inspi-

Ottonella Mocellin und Nicola Pellegrini, *Things aren't what they appear to be,* 2005
Jannis Kounellis, *Ohne Titel*, 2004

riert ist. Es gibt auch konzeptuelle Arbeiten wie die Installation von Kosuth, *Located World La Marrana* (2004), aus 193 m Steinen mit Städtenamen aus aller Welt. Es ist die einzige derartige Installation in Italien und die dritte der Reihe *Located World* nach Singen (Deutschland) und Sapporo (Japan). Mit gut 4,5 Tonnen Bronze-Glocken füllte Jannis Kounellis seine Quelle, die als neuer Mittelpunkt eines Geländes fungiert, das etwas abseits vom Park gelegen ist. Ebenfalls der Konzeptkunst zuzurechnen ist *The Shelter – For the Grave of the Unknown Computer*, eine Installation (2005) von Jan Fabre.

La Marrana, Kegiro Azuma und Jan Fabre (unten)

Seit 2004
Parco Sculture del Chianti
La Fornace, 48/49
53010 Pievasciata, Siena
Tel.: +39 0577357151
info@chiantisculpturepark.it
www.chiantisculpturepark.it
Dir. Piero Giadrossi

Öffnungszeiten:
Apr.–Okt.: 10 Uhr–Sonnenuntergang,
Nov.–Mär.: nur nach Voranmeldung
Eintritt:
Erwachsene: gebührenpflichtig.
Kinder unter 16: reduziert
• Behindertengerecht
• Haustiere erlaubt
• Fotografieren erlaubt
• Führungen nur nach Voranmeldung
  (max.15 Personen): gebührenpflichtig
• Ausstellungsraum mit temporären
  Ausstellungen
• Publikationen: Broschüre, Führer,
• Picknickbereich
• Parkplatz
• Es wird empfohlen, die App
  Chiantipark (gratis) für Smartphones
  herunterzuladen

Anfahrt:
• Mit dem Auto: Autobahn Milan–Rom,
  Ausfahrt Firenze Certosa.
  Superstrada nach Siena, Ausfahrt
  Siena Nord. Links auf die 222
  Richtung Castellina; nach ca. 1,5 km
  rechts Richtung Vagliagli. Nach
  ca. 8 km rechts Richtung Pievasciata,
  4 km auf der Schotterstraße
  geradeaus.
  Von Rom: Siena auf der Superstrada
  umfahren, Ausfahrt Siena Nord, dann
  der obigen Beschreibung folgen.
• Flughafen:
  Pisa (100 km), Florenz (70 km)

Unterkunft:
  Gaiole in Chianti (10 km): 4 Hotels;
  Agritourismus in Aiolina, Hotel
  Borgo Escopeto und Fontanelle
Gastronomie:
  Michelin 1* Antica Osteria Bottega-
  nova. Traditionelle Küche aus der
  Toskana

Der Chianti Skulpturen-Park in der Toskana, 11 km nördlich von Siena, geht auf die persönlichen Initiativen des Reisenden und Sammlers zeitgenössischer Skulpturenkunst Dr. Piero Giandrossi und seiner Frau Resalba zurück. Sie hatten drei Ziele vor Augen: die Integration von Kunst in Natur, die Internationalität der Künstler und die Vielfalt der Ausdrucksmittel. Mithilfe eines Kunstkomitees wurden Künstler aus über 20 Ländern aller fünf Kontinente ausgewählt; das Grundkriterium bestand darin, Künstlern Raum zu geben, die zwar in ihrer Heimat, jedoch

Adriano Visintin, *Xaris*

kaum in Europa bekannt waren; vielversprechende Talente, die sonst wenig Zugang zu internationalem Publikum hatten.
Die Gastkünstler fertigen ein Originalwerk für einen Platz, den sie selbst wählten, an. So sind die Stücke ortsgebunden, fügen sich also ideal in ihre Umgebung ein und werden zu einer einzigartigen Präsenz am jeweils gewählten Ort.
Das Projekt des Ehepaars Giadrossi wurde in nur drei Jahren mit einem beachtlichen Ergebnis in die Tat umgesetzt.

san gimignano **arte all'arte**

Via del Castello, 11
Associazione Arte Continua
Via del Castello 11
53037 San Gimignano, Siena
Tel.: +39 0577907157
info@arteallarte.org
www.arteallarte.org
Dir. Mario Cristiani

Öffnungszeiten:
Sep.–Dez.: Außenbereich durchge-
hend geöffnet; Innenbereich gesonderte
Öffnungszeiten
Eintritt: frei

Anfahrt:
• Mit dem Auto: Autobahn A1 Ausfahrt
  Florenz Certosa, dann Autobahn
  Florenz – Siena, Ausfahrt Poggibonsi,
  und folgen Sie der Beschilderung
  nach San Gimignano
• Flughafen: Florenz

Unterkunft:
Associazione Strutture Extralberghiere
Tel.: +39 3498821565
maurizio@temainf.it
San Gimignano Pro Loco
www.sangimignano.com

Inmitten der toskanischen Weinberge und Olivenhaine ragen die schö-
nen, minimalistischen mittelalterlichen Türme von San Gimignano in die
Höhe. Die Stadt ist seit 900 Jahren Freistadt und heute mit 7000
Einwohnern eine der kunsthistorisch interessantesten ganz Italiens.
Hier wurde der Kulturverein Arte Continua als Ausrichter von
Museumsführungen und Messen zeitgenössischer Kunst gegründet. 1994
begann man mit dem Projekt Arte all'Arte mit dem Ziel, „die Lokalkultur
mit Entwicklungen der weltweit entstehenden Kultur zu verbinden".
Seit 1996 werden jedes Jahr vier bis sechs „international bekannte
Künstler unterschiedlicher Nationalität eingeladen, um Projekte umzuset-
zen, die ausdrücklich für die jeweilige der sechs beteiligten Kommunen
(San Gimignano, Poggibonsi, Colle di Val d'Eisa, Siena, Buonconveto,
Montalcino) konzipiert sind. Die Werke der Künstler entstehen im
Anschluss an einen Aufenthalt in der Stadt und sind für die Aufstellung
in öffentlichen Räumen gedacht".
Der Untertitel des Programms, „Arte Architettura Paesaggio" (Kunst
Architektur Landschaft), bringt die Ziele klar zum Ausdruck: „Ein
Gleichgewicht zwischen Stadt und Land schaffen, neue Bande zwischen
diesen drei Domänen knüpfen und der Kunst damit wieder eine zentra-
le Rolle beim Strukturieren von Stadt und Landschaft geben". In den
ersten Jahren waren rund 70 Künstler von beachtlichem Rang und
Namen beteiligt – eine Auswahl ist unten aufgeführt. Jeder von ihnen
arbeitete in einer anderen Umgebung und fertigte sein Werk in einem
Format an, das so variabel war wie die zeitgenössische Kunst an der
Wende zum 21. Jh. und formal von der Skulptur über die Kunstinstal-
lation bis hin zur Video-Performance reicht.
Rund 70% der Projekte sind temporär und dauern solange an wie die
Ausstellungszeit, in der Regel drei Monate von September bis
Dezember. Die anderen etwa 20 Werke und Installationen (Stand: 2006)
bleiben dauerhaft hier und bereichern so das historisch kulturelle Erbe
dieser Toskana-Ortschaften mit Kunst des 20.-21. Jh. – eine Liste der
Autoren und Werke findet sich auf Seite 130.
Für die zehnte Ausgabe 2005/06 wurden unter allen bisher teilnehmen-
den Künstlern Cai Guo-Quiang, Olafur Eliasson, Alberto Garutti, Anish
Kapoor, Tobias Rehberger und Sislej Xhafa eingeladen, ein neues Projekt
umzusetzen, weil sie den Grundgedanken von Arte all'Arte am prägnan-
testen verstanden und umgesetzt haben.
Außerdem Gilberto Zorio (*Fontana arbitraria*, 2006), Mimmo Paladino
(*Una piazza per Leonardo*, 2006), Cai Guo-Quiang / Kiki Smith
(*UMoCA*, 2010), u. a.

Marina Abramovic Mario Airò Getulio Alviani Giovanni Anselmo Miroslaw Balka
Per Barclay Lothar Baungartem Louise Bourgeois Tania Bruguera Daniel Buren
Loris Cecchini Marco Cingolari A Constructed World Martin Creed Tacita Dean
Wim Delvoye Jessica Diamond Wang Du Jimmie Durham Olafur Eliasson
Eyse Erkman Alberto Garutti Kendell Geers Antony Gormley Cai Guo-Quiang
José A. Hernández Díez Ilya Kabakov Anish Kapoor Tadashi Kawamata
Joseph Kosuth Jannis Kounellis Surasi Kusolwong Sol LeWitt Atelier van Lieshout
Cildo Meireles Marisa Merz Ottonella Mocellin Gianni Motti Lucy Orta
Mimmo Paladino Panamarenko Giulio Paolini Michelangelo Pistoletto
Marjetica Potrc Emilio Prini Tobias Rehberger Nari Ward Sislej Xhafa Gilberto Zorio

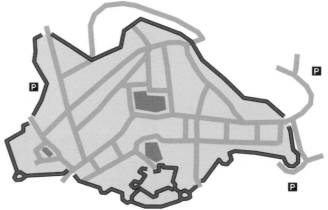

Ständige Werke

Sol LeWitt, *Ohne Titel*, 1997, Colle di Val d'Elsa   Ilya Kabakov, *The weakening voice*, 1998, Colle di Val d'Elsa   Mimmo Paladino, *I Dormienti*, 1998, Poggibonsi   Alberto Garutti, *Premiata società corale V, Bellini*, 2000, Colle di Val d'Elsa   Loris Cecchini, *La casa della musica – Sonar*, 2001, Loc. Molinuzzo – Gracciano   Nari Ward, *Illuminated Sanctuary of Empty Sins*, 2001, Loc. Fosci – Poggibonsi   Sislej Xhafa, *Gatti*, 2000, Casole d'Elsa   Jannis Kounellis, *Ohne Titel*, 2001, Montalcino   Marisa Merz, *Ohne Titel*, 2002, Colle di Val d'Elsa   Mario Airò, *Progetto per il Teatro de' Leggieri*, 2002, San Gimignano   Cildo Meireles, *Viagem ao centro do ceu e da terra*, 2002, Siena   Jimmie Durham, *Elsa*, 2003, Colle di Val d'Elsa   Sarkis, *La fontana all'acquerello*, 2003, Poggibonsi   Erminia De Luca, *Progetto speciale per Arte all'Arte 8*, Buonconvento   Marjetica Potrc, *Siena: Urban Agricolture*, 2003, Siena   Joseph Kosuth, *La sedia davanti alla porta*, 1999–2004, San Gimignano   Antony Gormley, *Fai spazio, prendi posto – Making Space, Taking Place*, 2004, Poggibonsi   Tadashi Kawamata, *Porta Nuova*, 2004, Colle di Val d'Elsa   Moataz Nasr, *Lacrime / Tears*, 2004, Siena   Luisa Rabbia, *Il riposo del Tempo*, 2004, San Gimignano   Cai Guo-Qiang, *UMoCA (Under Museum of Contemporary Art)*, 2000–05, Cai Guo-Qiang / Jennifer Wen Ma, *Aeolian Garden*, 2005, Colle di Val d'Elsa

Vorherige Seite:
Antony Gormley, *Fai spazio, Prendi Posto – Making Space, Taking Place*, 2004, Poggibonsi

Unten:
Cai Guo-Qiang, *UMoCA (Under Museum of Contemporary Art)*, mit Kiki Smith, 2010, Colle di Val d Elsa

Mimmo Paladino, *I Dormienti*, 1998,
Fonte delle Fate

Nari Ward, *Illuminated Sanctuary of
Empty Sins,* 2001, Poggibonsi

Seit 1982
Fattoria di Celle, Collezione Gori
Via Montalese, 7
51030 Santomato, Pistoia
Tel.: +39 0573479907
goricoll@tin.it
www.goricoll.it
Dir. Giuliano Gori

Öffnungszeiten: Zur Voranmeldung
gehen sie bitte auf der Website auf
„Visitare". Dies ist notwendig, weil die
Familie Gori die Besuchszeiten oft
ändert.
Eintritt: frei
• Haustiere nicht erlaubt
• Fotografieren nur mit Genehmigung
• Führungen: individuell und in kleinen
  Gruppen (max. 15 Personen): gratis
• Ausstellungsraum mit temporären
  Ausstellungen
• Bildungsprogramm
• Publikationen: Broschüre, Bücher,
  Kataloge
• Buchhandlung
• Parkplatz

Anfahrt:
Für weitere Informationen gehen Sie auf
„Come arrivare" auf der Seite
www.goricoll.it
• Mit dem Auto: Autobahn A11 Florenz-
  Pisa, Ausfahrt Pistoia. Nach der
  dritten Ampel Ausfahrt links nach
  Montale, folgen Sie der Beschilderung
  nach Montale. Nach 5 km erkennen
  Sie auf der linken Seite die rote
  Skulptur von Alberto Burri, gegenüber
  dem Celle-Eingang.
• Mit dem Bus: „Copit" Linie 19 nach
  Montale, Haltstelle Villa Celle
• Mit der Bahn: Pistoia Bahnhof, dann
  mit dem Taxi oder Bus
• Flughafen: Pisa, Florenz

Unterkunft und Gastronomie:
  Touristeninformation in Pistoia
  Tel.: +39 057321622

Nur 35 km von Florenz entfernt befindet sich eine Kultureinrichtung, die sich aller Massenbanalität entzieht. Ihrer sorgsamen eigenen Erklärung nach „birgt die Fattoria di Celle eine wichtige Sammlung ortsgebundener Kunst". Tatsächlich handelt es sich um eine der relevantesten Sammlungen Europas, die Giuliano Gori und seine Familie Anfang der 1980er Jahre anlegte.

Beverly Pepper, Spazio teatro celle, 1992

Auf den 35 ha „dieses Guts, das sich auf einem Hügel mit Blick über die Toskanische Ebene erstreckt […], wurden ausgewählte internationale Künstler eingeladen, in den beachtlichen Außenbereichen des romantischen Parks und Ackerlandes sowie im Inneren der historischen Villa und den gehöften Installationen zu schaffen […].
Heute gibt es in Celle über 70 Installationen und weitere sind in Arbeit,

[es] ist ein kreatives Atelier geworden, das ständig neues Vokabular in den verschiedenen Disziplinen der zeitgenössischen Kunst hervorbringt und ausprobiert".

„Wenngleich Dokumente und einige Funde darauf hindeuten, dass hier bereits im Jahr 1000 ein Gebäude existierte, stammen die Villa Celle und die anliegende Kapelle in ihrer heutigen Form aus dem späten 17. Jh. und sind dem bedeutenden Kunstpatron Kardinal Carlo Agostino Fabroni aus Pistoia zu verdanken". 1800 wurde der „hiesige Architekt Giovanni Gambini mit der Errichtung eines englischen Parks hinter der Villa beauftragt, der sich über rund 20 ha erstrecken sollte, und der mit seinen Follies aus dem 19. Jh., wie dem Teehaus, dem Ägyptischen Denkmal, den zwei Seen mit ihren Brücken und dem rauschenden Wasserfall heute ein außerordentliches Beispiel für das Natur-Ideal der Romantik darstellt". Der Rest des Parks ist ein Olivenhain.

Die Sammlung für zeitgenössische Kunst wird wie folgt beschrieben: „Über 40 Jahre lang entwickelte sich Guiliano Goris Sammlung dank seiner Bekanntschaft und Freundschaft mit Künstlern. [...] Im März 1970 kam die sich ständig vergrößernde Sammlung auf das Gut Celle, den neuen Sitz der Goris. [Dies] ermöglichte ein neues Projekt, das Gori bereits seit einiger Zeit durchdacht hatte: Er wollte wissen, wie zeitgenössische Künstler mit einer neuen Auftragsstellung umgingen, in der der Ort einen wesentlichen Bestandteil des Kunstwerkes darstellte und nicht nur dessen Gefäß wäre. [...] Die ersten neun ortsgebundenen Stücke im Park und die sechs Installationen im Obergeschoss der Villa wurden am 12. Juni 1982 eingeweiht".

Emilio Vedova,
Non dove, 1985–88

Für das spezifisch Ortsgebundene, wie Heidegger sagen würde, gilt in diesem Park: „Der Gedanke des Ortsgebundenen ist grundlegend für

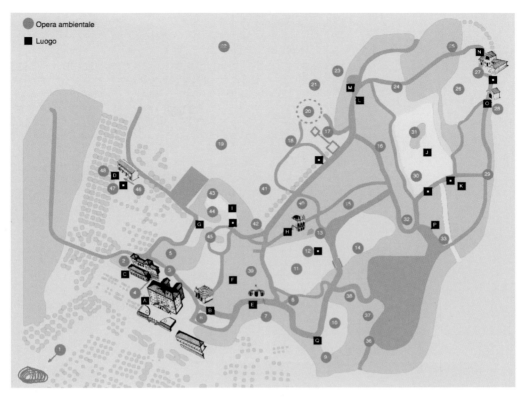

Opera ambientale

Luogo

1 Alberto Burri, *Grande ferro Celle*, 1986

2 Stephen Cox, *Wizard*, 1993

3 Roberto Barni, *Mute Servants*, 1988

4 Fabrizio Comeli, *Sun Dial*, 1997

5 Luigi Mainolfi, *For those who fly*, 2011

6 Robert Morris, *Venus*, 2012

7 Jean-Michel Folon, *The tree of golden fruit*, 2002

8 Ulrich Rückriem, *Untitled*, 1982

9 Robert Morris, *Labyrinth*, 1982

10 Alice Aycock, *The nets of Solomon*, 1982

11 Dennis Oppenheim, *Formula Compound (A Combustion Chamber, And Exorcism)*, 1982

12 Hossein Golba, *The Fountains of Love*, 1993

13 Dani Karavan, *Tea Ceremony*, 1999

14 Beverly Pepper, *Spazio teatro Celle – Omaggio a Pietro Porcinai*, 1992

15 Mauro Staccioli, *Celle Sculpture*, 1982

16 Loris Cecchini, *The Hand, the Creatures, the Singing Garden*, 2012

17 Bukichi Inoue, *My Sky Hole*, 1985–89

18 Ian Hamilton Finlay, *The Virgilian Wood*, 1985

19 Jaume Plensa, *Twins*, 1998

20 Alan Sonfist, *Circles of Time*, 1985

21 Frank Breidenbruch & A.R. Penck, *Spiritual Center*, 1995–97

22 Aiko Miyawaki, *Utsurohi*, 1996

23 Giuseppe Spagnulo, *Daphne*, 1987–88

24 Dani Karavan, *Line I-II-III + IV*, 1982

25 Michel Gerard, *Cellsmic*, 1992

26 Richard Serra, *Open Field Vertical Elevations*, 1982

27 Costas Tsoclis, *Genesis*, 1991

28 Robert Morris, *The Fallen and the Saved*, 2000

29 Hidetoshi Nagasawa, *Iperuranio*, 1996

30 Marta Pan, *Celle Floating Sculpture*, 1990

31 Joseph Kosuth, *Modus Operandi Celle*, 1987

32 Olavi Lanu, *The Three Stones*, 1985

33 Anne und Patrick Poirier, *La morte di Ephialthe*, 1982

34 George Trakas, *The Pathway of Love*, 1982

35 Sol LeWitt, The *Cube Without a Cube*, 1986–88

36 Marco Tirelli, *Excelle*, 2009

37 Susana Solano, *Acotación*, 1990

38 Robert Morris / Claudio Parmiggiani, *Melencolia II*, 2002

39 Richard Long, *Grass Circle*, 1985

40 Fabrizio Corneli, *Grande estruso*, 1987–88,

41 Magdalena Abakanowicz, *Katarsis*, 1985

42 Daniel Buren, *Cabane éclatée aux 4 salles*, 2004–05

43 Luciano Massari, *The Island of Identity*, 2005

44 Fausto Melotti, *Theme and Variations II*, 1981

45 Enrico Castellani, *Enfiteusi II*, 1987

46 Sol Lewitt, *1-2-3-2-1*, 2000

47 Menashe Kadishman, *Morning Light (sheep and sheep)*, 1993–94

48 Alessandro Mendini, *Albero Meccanico*, 2012

alle in Celle umgesetzten Projekte. Als Erstes wählen die Gastkünstler den Platz aus, an dem sie ihr Kunstwerk schaffen wollen. Dann analysieren sie sorgfältig alle Elemente, die den Ort bedingen [...]: Außerdem müssen sie den romantischen Geist, der dem Park innewohnt, einbeziehen. [...] Somit ist jedes Werk untrennbar mit seinem spezifischen Ort verbunden. Das Werk könnte nicht von seinem Platz bewegt werden, ohne dass seine Bedeutung sich dadurch verändern würde. Das unterscheidet ortsgebundene Kunst von Freiluftskulpturen, die im Atelier des Künstlers entstehen und an allen möglichen Plätzen aufgestellt werden können. Die Kunstwerke der Gori-Sammlung werden exklusiv für Celle konzipiert".

Vorherige Seite:
Daniel Buren, *La cabane èclatèe aux 4 salles*, 2005

Oben:
Michel Gerard, *Cellsmic*, 1990
Unten:
Joseph Kosuth, *Modus Operandi Celle*, 1987

Angesichts dieser Vorgaben (zu denen auch gehört, dass keine Spenden angenommen werden) verwundert die wahrhaft schillernde Liste der Künstler in der Sammlung Gori nicht. Über 200 000 Liebhaber zeitgenössischer Kunst haben den Park bereits besichtigt, der nur wochentags während fünf Monaten im Jahr im Rahmen von 3–4 Stunden dauernden Führungen zu besuchen ist. Die Anmeldung zu den Führungen, spätestens 6 Wochen im Voraus ist notwendig; pünktliches Erscheinen ist unerlässlich. Zu seinem Erfolg tragen auch die wechselnden Ausstellungen, die Sommerschauspiele im Freilufttheater Beverly Pepper (1992), der Videosaal, die Vorträge und Konzerte sowie das innovative Bildungsprogramm Arte in Erba für Schüler und Lehrer bei.

il giardino di daniel spoerri

Seit 1997
Il Giardino di Daniel Spoerri
Il Giardino – Seggiano   58038 Grosseto
Tel.: +39 0564950457
ilgiardino@ilsilene.it
www.danielspoerri.org
www.ilsilene.it
Künst. Dir. Daniel Spoerri
Pr. Barbara Räderscheidt

Öffnungszeiten:
24. Mär.–6. Nov.: 10:30–19:30 Uhr
Mo. geschlossen
15. Jul. bis 15. Sep. täglich geöffnet
Eintritt: gebührenpflichtig
• Behindertengerecht
• Haustiere erlaubt
• Fotografieren erlaubt
• Führungen: individuell und in kleinen
  Gruppen (max. 15 Personen): gratis
• Ausstellungsraum mit temporären
  Ausstellungen
• Bildungsprogramm
• Bibliothek nur nach
  Voranmeldung
• Publikationen
• Buchhandlung
• Café
• Restaurant
• Parkplatz

Anfahrt:
• Mit dem Auto: Cassia-Autobahn
  (Siena–Rom), Ausfahrt Bagno Vignoni
  Richtung Castiglion d'Orcia-Seggiano
  (SS 323) 10 km. Nach 500 m links
  abbiegen Richtung Pescina-Campo
  Sportivo-il Giardino di Daniel
  Spoerri. Autobahn Siena Grosseto:
  Ausfahrt Paganico, Richtung
  Castel del Piano, dann Richtung
  Seggiano. Kurz vor Seggiano
  rechts Richtung Pescina-Campo.
  S.oben.
• Mit der Bahn: nur bis Siena und
  Grosseto, dann mit dem Auto
• Flughafen: Pisa, Florenz, Rom

Unterkunft und Gastronomie:
  Drei Apartements mit Küche im Park.
  Siehe: www.danielspoerri.org

1960 lancierte der Kritiker und Historiker Pierre Restany in Paris die Gruppe Nouveaux Realistes: Yves Klein, Jean Tinguely, Daniel Spoerri, u.a. Letzterer führte ein abenteuerliches Leben, in dem er u. a. als Schriftsteller, Herausgeber, Vervielfältiger von Bildern – so von Calder oder Duchamp – Tänzer, Choreograph und Bühnenbildner arbeitete. Er eröffnete sogar ein Restaurant mit einer Galerie im Obergeschoss, wo er Kunst aus essbaren Materialien ausstellte, z. B. von Cesar und Beuys. Von einigen wurde er als unermüdlicher Geschäftsmann bezeichnet, Chilvers nannte ihn einen der führenden „Showmen der zeitgenössischen Kunst".

1989 erwarb er Il Giardino, ein 16 ha großes Anwesen an den Hängen des Monte Amiata, des höchsten Bergs der Toskana gelegen, in 80 km Entfernung von Siena, inmitten einer kraftstrotzenden Landschaft mit dichten Wäldern mit verschiedenen Baumarten, kalten und schneereichen Wintern einerseits und trockenen, heißen Sommern andererseits, ganz anders als die Toskana der Kalenderbilder.

Seit 1991 stellt Spoerri Werke, die befreundete Künstler gestiftet haben,

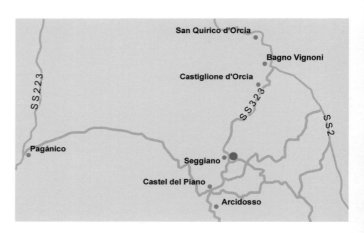

im Park aus. Sie waren zumeist Zeitgenossen, Deutsche oder Schweizer, geboren um 1930. Aber auch Arbeiten älterer Künstler befanden sich unter ihnen, z. B. Werke der Surrealistin Meret Oppenheim oder des Kinetikers Jesus Rafael Soto. Mit dem Kunstwerk *Recinto degli Unicorni*, dessen Umgebung fester Bestandteil desselben war, nahm die Idee des Skulpturen- und Installations-Parks allmählich Formen an. 1997 wurde der Garten von Daniel Spoerri für das Publikum geöffnet Eine private gemeinnützige Stiftung wurde gegründet, die Open-Air-Sammlung wurde erweitert, junge Künstler wurden gefördert und Begegnungen zwischen den Künsten und Wissenschaften angeregt.

Der Park zählt rund 110 Skulpturen und Installationen – eine Liste der Künstler, Werke und Standorte befindet sich auf S. 140–141. 40% der Arbeiten stammen von Spoerri selbst. Sie sind leicht zu erkennen: Es sind Gruppen von Elementen und Figuren, die jeweils aus funktionalen Alltagsgegenständen bestehen. Dabei handelt es sich um speziell für diesen Ort geschaffene Werke, teils um hinzugefügte. Die Anziehungskraft des Garten-Gründers und des *Giardino* selbst haben ein Dutzend Künstler und Freunde zur Schenkung eines ihrer Werke veranlasst, Eva

Aeppli sogar mehrerer. Mehr als 20 weitere Werke stammen von bisher weniger bekannten Autoren.

Der lateinische Leitsatz „Hic Terminus Haeret", der über dem Eingang steht, bedeutet, „Hier haftet das Ende" – ein Zitat aus Vergils Aeneas. Mit dem Ausspruch will Dido Aeneas zum Einhalten bringen, „Terminus" lässt sich hier aber auch im Sinne Spoerris mit „Grenze" oder „Übergang" übersetzen, und „haeret" kann auch für „anheften" oder „verbinden" stehen; der vieldeutige symbolische Leitsatz steht für die verschiedenen poetischen Intentionen des Künstlers in Bezug auf den schöpferischen Bereich. Vom Besucher wird mehr als bloßes passives Betrachten

Eva Aeppli, *I pianeti,* 1975/76–1999

der Werke erwartet. Tatsächlich spielen diese auch mit den existenziellen Fragen von Leben und Tod, der überwältigenden Natur des Monte Amiata, deren ständige Herausforderungen dem Besucher auf Schritt und Tritt vor Augen geführt werden. Das Spielerische und die wilde Natur des Berges hatten auf Spoerri eine kathartische Wirkung, die sich auch in den Skulpturen ausdrückt, welche Spoerris komplizierte und teilweise schmerzvolle persönliche Lebensgeschichte wieder aufkommen lassen. Und so begegnet der Besucher auf seinem Gang durch den Park auch Figuren gegen den Schmerz oder zur Bekämpfung der Angst.

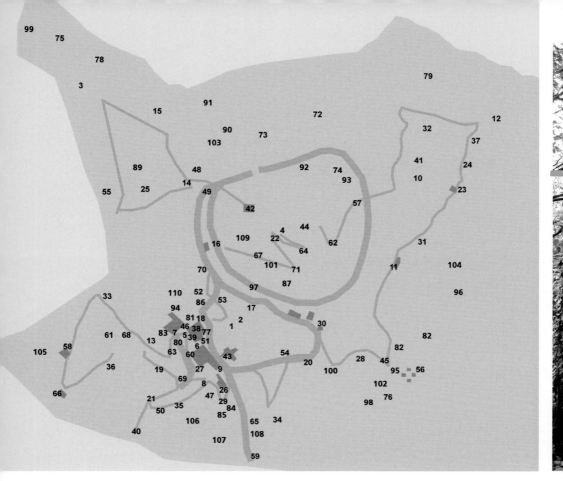

1 Spoerri, *Colonna del Ri-nascimenio*, 1987/91

2 Spoerri, *Tavola di marmo*, 1992

3 Spoerri, *Unicorni, Omphalos, l'ombelico del mondo*, 1991

4 Spoerri, *Idolo*, 1990

5 Spoerri, *Ingresso vietato senzapanfole*, Huldingung Joseph Beuys, 1986

6 Spoerri, *Colazione eterna Fallenbild: blockierter Augenblick*, 1994

7 Spoerri, *Pranzo eterno Fallenbild: blockierter Augenblick*, 1994

8 Spoerri, *Il gocciolatoio dei tritacarne*, 1961/91

9 Spoerri, *La tazza*, 1991

10 Spoerri, *I giocolieri*, 1985

11 Spoerri, *I giurati*, 1985

12 Spoerri, *I manichini*, 1992

13 Spoerri, *Guerrieri della notte*, 1982

14 Eva Aeppli, *Alcune Debolezze umane, I sette vizzi capitali*, 1994

15 Eva Aeppli, *L'altro lato*, 1974/80

16 Spoerri, *Tintin l'elefante*, 1993

17 Spoerri, *L'albero dei crani*, 1993

18 Spoerri, *Mazzo di fiori*, 1994

19 Spoerri, *La bella e la bestia*, 1985/96

20 Spoerri, *Il Diavolo e la Donna Impudica*, 1985/97

21 Pavel Schmidt, *Non aprire prima che il treno sia fermo*, Venus und David unter den Züruckweisenden, 1996/97

22 Spoerri, *Santo Grappa*, 1970

23 J.R.Soto, *Pénétrable sonore*, durchdringbare Klangskulptur, 1997

24 Spoerri, *Il Licantropino*, 1997

25 Katharina Duwen, *Rifiuti dell'età del bronzo*, 1997

26 Spoerri, *Cappella dei crani*, Caput Ipse Homo, 1997

27 Spoerri, *La lettrice sarta*, 1997

28 Spoerri, *La tomba del poeta*, 1997

29 Spoerri, *La voliera degli uccelli addormentati*, 1997

30 Spoerri, *La serra dei fiori elettrici*, 1997

31 Spoerri, *Il galletto e la mantide irreligiosa*, 1997

32 Esther Seidel – Patrick Steiner, *Il Veggente*, 1996/97

33 Alfonso Hüppi, *La torre degli amanti*, 1997

34 Bernhard Luginbühl, *Monumento al contadino (Monte Amiata Stengel)*, 1998

35 Spoerri, *Divano d'erba*, 1985/93

36 Spoerri, *Sentiero murato labirintiforme*, 1996/98

37 Spoerri, *Il guardone*, 1996/98

38 Jean Tinguely, *Grande lampadario per D.S.*, 1985

39 Eva Aeppli / Jean Tinguely, *Otello e Desdemona*, 1991

40 Karl Gerstner, *Il bosco di Platone*, 1998

41 Erik Dietmann, *Les nains diaboliques protègent les oliviers et Dadaníer*, 1997/98

42 Spoerri, *Chambre n. 13 de l'hôtel Carcassonne Paris 1959–65*, 1998

43 André Thomkins, *Palindromi*, 1968

44 Paul Talman, *Cattedrale n. 6*, 1987/98

45 Paul Wiedmer, *Drago*, 1998

46 Dieter Roth, *Fax scampanellante*, ca.1970 / 1998

47 Luciano Ghersi, *Il ritrovo dei fachiri*, 1998

48 Eva Aeppli, *Erinni (Furie)*, 1977/78–1999

49 Eva Aeppli, *I Pianeti*, 1975/76–1999

50 Johann Wolfgang Goethe, *Pietra della buona fortuna*, 1999

51 Eva Aeppli, *Lo Zodiaco*, 1979/80–1999

52 Meret Oppenheim, *Fontana di Hermes*, 1966–1999, Spoerri, *Bibendum*, 1998

Daniel Spoerri, *Idolo*, 1990. Olivier Estoppey, *Dies irae (il giorno del giudizio)*, 2002. Daniel Spoerri, *Guerrieri della notte*, 1982

Valsugana **arte sella**

Seit 1986
Arte Sella – The contemporary
Mountain
Malga Costa Val di Sella
38051 Borgo Valsugana (TN)
Tel.: +39 0461751251
artesella@yahoo.it
www.artesella.it
Präs. Giacomo Bianchi
Dir. Emanuele Montibeller

Öffnungszeiten:
Nov.–Feb.: täglich 10–17 Uhr
Mär., Apr., Mai, Okt.: täglich 10–18 Uhr
Jun.–Sep.: täglich 10–19 Uhr
25. Dez. geschlossen
Eintritt: gebührenpflichtig
• Behindertengerecht
• Haustiere erlaubt, Hunde an der Leine
  führen
• Fotografieren erlaubt für private
  Zwecke
• Führungen gebührenpflichtig
• Ausstellungs- und Konzerträume,
  Festsäle
• Veröffentlichungen: Kataloge, Führer,
  Broschüren
• Picknickbereich
• Parkplatz
• Bus-Shuttle im Sommer
• Einen Kalender zu Veranstaltungen
  und Konzerten finden Sie auf der
  Webseite
• Die Rundgänge ArteNatura und Area
  di Malga Costa befinden sich im Val
  di Sella. Zugang von Borgo
  Valsugana, die SP40 von Val di Malga
  Costa durchquerend. Der Rundgang
  startet 10 km vom Dorfzentrum,
  während Area Malga Costa ca. 13 km
  entfernt liegt.

Anfahrt:
Stadt Borgo / Valsugana; Richtung
Malga Costa
• Flughafen: Treviso (110 km), Verona
  (150 km), Venedig (150 km)

Unterkunft: www.artesella.it
Gastronomie: Dall'Ersilia – Essen und
Trinken (Malga Costa); Ristorante Al
Legno (Loc. Val di Sella 16)

Arte Sella: der zeitgenössische Berg. In einem einzigartigen kreativen Prozess entwickelte sich hier über einen Zeitraum von 30 Jahren (bis 2016) eine vielfältig inspirierte, einfühlsam gestaltete Kunstlandschaft mit dem Anliegen, einen reichen, kontinuierlichen Dialog zwi-schen Kreativität und natürlicher Umgebung hervorzubringen. Arte Sella wurde 1986 gegründet und lädt jedes Jahr Künstler von internationa-lem Format zum Dialog mit der Natur und zur Schaffung neuer Werke ein. Diese werden der Natur überlassen, die sie sich im Laufe der Jahre aneignet, sie verändert und vervollständigt. So erlebt der Besucher sie im Zuge einer spannenden Entdeckungsreise in verwandelter Weise immer wieder neu und jedes Mal anders.

Arte Sella liegt etwa 10 km südlich von Borgo Valsugana in der

Provinz Trentino und umfasst zwei Routen: Die Route ArteNatura verläuft ca. 2 km auf einem Waldweg abseits der Landstraße SP40 im Sellatal. Der Zugang ist kostenlos. Die zweite Route ist ein Rundweg von 1 km Länge um die Almhütte Malga Costa mit einer bemerkenswerten Anzahl von Arte-Sella-Werken und zahlreichen Veranstaltungen im Jahreslauf. „Malga" bezeichnet die typische Sennhütte der Alpen. Früher waren dort im Sommer Kühe untergebracht, aus deren Milch Käse erzeugt wurde.

Von Mai bis Dezember bietet die Costa-Alm Performances, Seminare, zeitgenössische Tanzaufführungen und klassische Konzerte in Zusammenarbeit mit dem Cellisten Mario Brunello.

2016 werden alle Aktivitäten in der Sennhütte veranstaltet. Für diesen Kunstpfad ist ein Eintrittsgeld zu entrichten. Das Gelände ist kinderwagen- und rollstuhlgeeignet. Die Associazione Arte Sella wählt jedes Jahr einige Künstler für einen längeren Aufenthalt in der

Giuliano Mauri, *Cattedrale vegetale*, 2001

Oben:
Will Beckers, *Attraversare l'anima*

Unten:
Rainer Goss, *Il Quarato*

Costa-Alm aus, damit sie diesen besonderen Ort im Einklang mit der Natur kennenlernen. Die Stipendiaten schlagen ein künstlerisches Projekt vor, das gründlich diskutiert und schließlich vollkommen ortsspezifisch ausgeführt wird: Jedes Werk wird genau dort und für den Platz konzipiert, wo es stehen soll. Neben Künstlern von internationalem Rang nehmen an Arte Sella auch Land-Art-Nachwuchstalente teil.

Unter anderem sind folgende Künstler vertreten: Giuliano Mauri, Chris Drury, Rainer Gross, Will Beckers, François Lelong, Sally Matthews, Jaehyo Lee, Peter Randall-Page, Nils-Udo, Luc Schuiten, Alfio Bonanno, Patrick Dougherty, Aeneas Wilder und Stuart Ian Frost.

villa di verzegnis **art park**

Seit 1989
Art Park
Frazione di Villa di Verzegnis
In der Nähe der Kirche Verzegnis, Udine
Tel.: +39 0433487779
masicortim@libero.it
www.comunitamontanacarnia.it
www.carniamusei.org
Dir. Egidio Marzona

Öffnungszeiten: durchgehend
Eintritt: frei
Kunstausstellung und Performances

Anfahrt:
• Mit dem Auto: Autobahn A23 Udine –
  Tarvisio, Ausfahrt Carnia, dann bis
  Tolmezzo, weiter in Richtung
  Verzegnis und Frazione Villa di
  Verzegnis
• Mit dem Bus: von Tolmezzo
• Mit der Bahn: Carnia Bahnhof, Vienna
  Linie
• Flughafen: Trieste (80 km),
  Klagenfurt (Österreich, 75 km)

Unterkunft:
• Villa Santina, Residence Cimenti,
  mit gutem Restaurant
  Tel.: +39 0433750491
• Tolmezzo, Hotel Roma,
  Tel.: +39 0433468031

Villa di Verzegnis ist ein abgelegenes kleines Dorf (943 Einw.) in den Bergen der Carnia in der Alpenregion Friaul, 42 km von Udine entfernt Hier lädt der aus der Gegend stammende deutsche Sammler Egidio Marzona abseits des Medienrummels seit den 1980er Jahren internationale Künstler ein, großformatige Werke auf dem Gelände seines Besitzes zu schaffen, wie die Architektin Elena Carlini berichtet. Das Ergebnis ist eine „Wiese zeitgenössischer Kunst", die zwar weniger bekannt ist als manch andere weniger bedeutsame Einrichtung, aber Installationen der Land-Art, des Minimalismus und der Conceptual Art von LeWitt, Nauman, Lang, Weiner, Dan Graham, Bernd Lohaus u. a. präsentiert, die vor dem Hintergrund der dreieckigen Bergsilhouette mit der grünen Hügel- und Seenlandschaft im Dialog stehen. 2016 besteht die Sammlung aus 13 Außenwerken und einigen Arbeiten, die im Innenbereich ausgestellt werden. Die Skulpturen zeichnen sich durch eine geometrische Grundsprache, den Einsatz primärer Materialien und die besondere Berücksichtigung ihrer örtlichen Anordnung aus. Die Künstler haben mit den Werken, die sich gleichzeitig vom Ort inspirieren und mit ihm in Beziehung treten, auf die Umgebung reagiert. Dies gilt z. B. für den Steinkreis von Richard Lang mit Kieseln aus dem Tagliamento oder die Zementpyramide von Bruce Nauman, die überraschende Aussichten auf die Tallandschaft hervorbringt. Am Anfang untersagten die Vorschriften das Errichten von „Bauten" auf den Wiesen. Aber schließlich vereinbarten Kommune und Städtebaubehörde angesichts der Bedeutung dieses mehrjährigen Projektes, hier – zum ersten Mal in Italien – eine „Freiluftmuseumszone" einzurichten und diese im neuen Städteplan als Sondergebiet für zeitgenössische Kunst einzuschreiben.

Richard Long,
Tagliamento river stone ring, 1996

latvija & lietuva

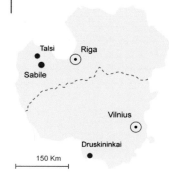

Talsi Riga
Sabile
Vilnius
Druskininkai
150 Km

Lettland
64 589 km², 2,1 Millionen Einw.,
EU-Mitglied seit 2004, Hauptstadt: Riga
(800 000 Einw.), Währung: EUR

Litauen
65 303 km², 2,9 Millionen Einw.,
EU-Mitglied seit 2004, Hauptstadt:
Vilnius (542 000 Einw.), Währung: EUR

Das derzeit rege kulturelle Leben in den baltischen Ländern zieht die Aufmerksamkeit vieler auf sich, die sich besonders für die Kunst des beginnenden 21. Jh. interessieren. Hier schaffen junge Künstler in den Bereichen Performance, Video und Installation Werke von großer Intensität und mit deutlich gesellschaftlichem Bezug.

Entlang der Ostsee erstrecken sich Ebenen, Seen und Flüsse aus der Gletscherzeit, gesprenkelt von kleinen, kaum 250 m hohen Hügeln. Eine nahezu unberührte Landschaft mit Wiesen und oftmals schneebedeckten Kiefern- und Tannenwäldern. Die dünn besiedelten Landstriche waren in der Prähistorie von finnisch-ugrischen und baltischen Stämmen bevölkert. Nach der Eroberung und Christianisierung durch deutsche Ritter im 12.–13. Jh. befand sich Lettland seit dem 16. Jh. unter russischer und schwedischer Hegemonie. Litauen stand lange Zeit zwischen Polen und Russland und stellte z. B. im 14.–15. Jh. mehrere polnische Könige. Diese Verbindung dauerte bis zum 18. Jh. an, als Litauen unter russische Vorherrschaft geriet. Beide Länder wurden in den Weltkriegen von Deutschland eingenommen; 1918 wurde Litauen unabhängig, um 1940 als föderierte Republik in die UdSSR einzugehen. Mit deren Zerfall wurden die beiden Länder 1991 wieder unabhängig und blicken nunmehr als parlamentarische Demokratien mit freier Marktwirtschaft nach Westen.

Die Amulette von 3000 v. Chr. und die einzigartige *Piliakalniai* oder die Zitadellen aus Erde, Holz und Steinen aus der Eisenzeit (1000 v.Chr.) in Litauen weisen keine weitere historische Kontinuität auf. In beiden Ländern hatten das Kunsthandwerk und die volkstümlichen Künste bis ins 20. Jh. einen hohen Stellenwert, wobei die Skulptur mit beiden eng verbunden war. In Lettland verbreitete sich die Architektur aus Stein seit dem 13. Jh., und das größte kulturelle Erbe ist mündlich überliefert; das enorme Volksliedgut umfasste Anfang des 20. Jh. rund 60 000 Lieder. Vor und nach dem Zweiten Weltkrieg fanden zwei Auswanderungswellen litauischer Künstler statt, darunter befand sich auch der Begründer der Neo-Dada-Gruppe Fluxus, George Maciunas.

Die bildenden Künste wurden vom sozialistischen Realismus unterdrückt – stalinistische Sowjetstatuen befinden sich heute im Grutas-Park in der Nähe von Druskininkai, 130 km südöstlich von Vilnius. In Lettland florierte in den 1960er Jahren die Freiluftskulptur. 1972 fand zum ersten Mal die Sculpture Quadrennial in Riga statt 2004 nahmen Künstler teil, die von Abakanowicz bis Solveiga Vasiljeva reichten. Mit dem Generationswechsel der 1980er Jahre – u. a. Ojars Feldbergs, Autor des Pedvale-Parks – stellte sich eine zunehmende Orientierung an den westlichen Bewegungen ein. In Litauen war in den 1960er Jahren bereits eine Eingliederung in die internationalen Tendenzen zu bemerken. Dies wurde seit der Jahrtausendwende noch deutlicher, wie es das Beispiel des privaten Museums des Bildhauers Gintaras Karosas, das bedeutsamerweise „Europa-Park" heißt, belegt. Auch das CAC Zentrum für Zeitgenössische Kunst in Vilnius, das seit 1992 unter Leitung des Kulturministeriums neue internationale Tendenzen zeigt, ist wichtig für die künstlerische Entwicklung hin zu neuen, eigenen Ausdrucksformen der Künstler wie Gediminas Urbonas.

Seit 1991
Pedvales Brivdabas Makslas Muzejs
Open-Air Art Museum at Pedvale
Pedvale 3294 Sabile
Tel.: +371 22401165
pedvale@pedvale.lv
www.pedvale.lv
Dir. Ojars Feldbergs

Öffnungszeiten:
Mai (letzter Sa.)–Okt.: 9–18 Uhr
Eintritt:
Erwachsene: gebührenpflichtig
Kinder, Senioren: reduziert
• Behindertengerecht: in bestimmten
  Bereichen
• Haustiere erlaubt
• Fotografieren erlaubt
• Führungen nur nach
  Voranmeldung: gebührenpflichtig
  (Englisch)
• Ausstellungsraum
• Bildungsprogramm
• Publikationen: Broschüre, etc.
• Café
• Restaurant: im Museum und in Sabile
• Picknickbereich
• Parkplatz

Anfahrt:
• Mit dem Auto: von Riga zur Ventspils-
  Straße, halten Sie sich in Richtung
  Kuldiga bis Sabile Stadt, dann folgen
  Sie der Beschilderung nach Pedvale
• Mit dem Bus: von Riga Busbahnhof
  bis Sabile Busbahnhof
• Flughafen: Riga

Unterkunft
  Hotel Pedvale im Museumsgebäude
  Saule, Talsi, Tel.: +371 9177071
  Talsi Hotel, Talsi, Tel.: +371 3232020

Die Anfänge dieses Parks, der 120 km im Westen von Riga und 1,5 km hinter Sabile in der Region Kurzeme liegt, stehen in engem Zusammenhang mit der Wiederentdeckung des kulturellen, historischen und natürlichen Erbes der Region. Die Sammlung, die unter der Leitung des Bildhauers Ojars Feldbergs auf 100 ha zusammengekommen ist, ist dank der an den Symposien, Workshops, Ausstellungen und Programmen teilnehmenden

Hanna Jubran, *The Rim of Fire*, 2004.

Künstler jedes Jahr angewachsen. Die Künstler werden angehalten, ihre Werke an besonderen Stellen der Natur einzufügen.
Pedvale basiert auf der natürlichen Landschaft; die Künstler verwenden umweltfreundliche Materialien und experimentieren mit neuen Medien und Technologien. 1999 wurde das Programm, zu dem auch Festivals und Konzerte gehören, von der UNESCO mit dem Melina-Mercouri-Preis ausgezeichnet. Die rund 150 Werke für die Bewahrung von Kulturlandschaften umfassende Sammlung beinhaltet Skulpturen, Landschaftskunst und spezifische Kunst laut den Figuren von 2005. Sie stammen zum Großteil von lettischen Künstlern – mehrere Werke von Feldbergs selbst – aber auch von Künstlern aus den USA, Finnland, Holland, Israel und Portugal. Zum Museum gehören zum einen die Umgebung mit malerischen Schluchten und schmalen Wegen und Hügeln, Hochebenen und Hängen – mit Sehenswürdigkeiten wie einem Kultbaum, einer Gedenkstätte der Dichterin Getrude von den Brinken, der Biberkolonie – und zum anderen mehrere historische Bauten, die teilweise als rustikale Säle für verschiedene Aktivitäten dienen.

Seit 1991
Europos Parkas
Joneikiskiu k.   LT–15148 Vilnius
Tel.: +370 52377077
      +370 52377070
hq@europosparkas.lt
www.europosparkas.lt
Dir. Gintaras Karosas

Öffnungszeiten:
Täglich von 10 Uhr bis Sonnenuntergang
Eintritt:
Eintritt frei für: Kinder (bis 6 Jahre) in
Beleitung von Eltern; Schulklassen
mit Lehrer (10 Kinder und 1 Lehrer);
Angestellte des Museums der
Republik Litauen
• Behindertengerecht
• Fotografieren erlaubt: gebührenpflichtig
• Führungen nur nach Voranmeldung:
  gebührenpflichtig
• Ausstellungsraum mit temporären
  Ausstellungen
• Bildungsprogramm
• Konferenzsaal
• Publikationen
• Buchhandlung
• Café
• Restaurant: Außen- und Innenbereich,
  auch für Gruppen
• Picknickbereich
• Parkplatz

Anfahrt:
• Mit dem Auto: Von Vilnius Zentrum
  durch Kalvariju oder Gelezinio Vilko
  Straße bis Santariskes, dann rechts
  Richtung Zalieji Ezerai (grüner See).
  Beschilderung Europos Parkas 11 km
• Mit dem Bus: von Žalgirio kommend
  nehmen Sie ab Kalvariju-Straße einen
  Bus Richtung Žalgirio-Europos
  Parkas-Skirgiskes
  Info: www.europosparkas.lt
• Mit der Bahn: bis Vilnius, dann mit
  dem Bus oder Taxi
• Mit dem Taxi: von Vilnius
• Flughafen: Vilnius

Unterkunft:
  In Vilnius (12–19 km), von Luxus-Hotels
  bis hin zu Studentenunterkünften

Das „Europos Parkas, Museum des Europazentrums unter freiem Himmel" wurde 1991 von dem litauischen Bildhauer Gintaras Karosas angelegt, um der genau hier befindlichen geographischen Mitte des europäischen Kontinents – wie zwei Jahre zuvor vom französischen geographischen Nationalinstitut festgelegt – besondere künstlerische Bedeutung zu verleihen und die besten Exemplare litauischer und internationaler zeitgenössischer Kunst zu zeigen.

Der 25 Autominuten vom Zentrum von Vilnius entfernte Park bietet auf 55 ha Fläche über 100 Werke von Künstlern aus 31 Ländern Europas, Nord- und Iberoamerikas, Asiens und Afrikas. Die Sammlung umfasst

großformatige Werke berühmter zeitgenössischer Künstler wie Magdalena Abakanowicz – ihr *Space of Unknown Growth* mit 22 unterschiedlich großen Zementstücken erstreckt sich über eindrucksvolle 2012 m² –, Dennis Oppenheim – das Wasser ist wesentliches Element seiner riesigen Skulpturen *Chair I Pool*, von 1996, und *Drinking Structure with Exposed Kidney Pool*, von 1998 –, Sol LeWitt und Kintaras selbst – sein *LNK Infotree* nimmt einschließlich Fernseher 3125 m² in Anspruch. Das Museum versteht sich als Einheit von Natur und Kunstwerken. Die ausdrucksvolle Parklandschaft mit Wäldern und Wiesen und Landschaftsarchitektur von Karosas bietet einen perfekten Hintergrund für die Skulpturen.

Das Gründungsjahr des Museums fiel mit dem Ende der Sowjet-Ära und dem Beginn neuer Möglichkeiten für die Verwirklichung innovativer Projekte zusammen. Gintaras Karosas hatte den Wald viele Jahre vor der ersten Skulptur von Reisig und Gestrüpp befreit und dann vergessen. Das *Europos Parkas Symbol* (1991), das den Beginn des Parks markierte, wurde mit der Zeit zum Sinnbild des Museums. In seinem *Landschaftsprojekt Europazentrum-Monument* wird der Abstand vom geographischen Zentrum Europas bis zu jeder europäischen Hauptstadt und die Richtung, in der sie liegt, angegeben.

Seit der Gründung der öffentlichen gemeinnützigen Einrichtung Europos

Oben:
Magdalena Abakanowicz, *Space of Unknown Growth*, 1998

Rechts:
Gintaras Karosas, *LNK Infotree*, 2000
Gintaras Karosas, *The Culture*

Parkas 1993 wurden hier internationale Skulpturensymposien organisiert und Künstlerresidenzen eingerichtet Das Zentrum wird von rund 60 000 Personen im Jahr besucht und bietet in mehreren Bauten verschiedene Angebote und Aktivitäten an. Der Park führt Bildungsaktivitäten wie Führungen, Gemeinschaftsprojekte mit Schulen, Workshops und Seminare durch. 2005 wurde ein neues Bildungs- und Informationszentrum eröffnet in dessen singulär geformtem Bau Seminare, Treffen, Workshops und Kunstvorträge abgehalten werden. Wie es der Kritiker Michael Brenson ausdrückt: „Europos Parkas ist eine Brücke zwischen verschiedenen Kulturen". Er will dabei aber auch ein Breitenpublikum erreichen.

luxembourg

Der kleine Staat Luxemburg wird oft als „Grundpfeiler Europas" bezeichnet. Das Großherzogtum ist Gründungsmitglied der UNO (1945), des Benelux (1947) und der EU und seine Hauptstadt Luxemburg (81 800 Einw.) Sitz mehrerer Institutionen des vereinten Europas. 963 wurde es mit dem Bau eines Schlosses als Fürstentum gegründet, bis es im 14. Jh. von Karl IV. zum Herzogtum erhoben wurde. Unter Karl V. war es vom 16. Jh. bis 1714 Teil des spanischen Reichs. Die Eisenminen brachten in der zweiten Hälfte des 19. Jh. einen beachtlichen Aufschwung. 1867 wurde Luxemburg zum unabhängigen Staat ausgerufen und die noch heute geltende Verfassung und die parlamentarische Demokratie gehen auf das Jahr 1868 zurück. Heute hat sein Wohlstand neue Gründer – Telekommunikation, Banken, Finanzen – und Zeichen: Architektur, Landschaftsgestaltung, moderne Kunst.

Der Staat liegt im Flussbett der Mosel, ist geprägt vom mit Wald

Bert Thels, *European Pentagon, Safe and Sorry Pavilion*, 2005
Mudam Luxembourg

Casino Luxembourg –
Forum d'art contemporain
41 rue Notre-Dame
L–2013 Luxembourg
Tel.: +352 225045
info@casino-luxembourg.lu
www.casino-luxembourg.lu
Öffnungszeiten:
Mi.–Mo. 11–18 Uhr, Do. 11–20 Uhr
Temporäre Ausstellungen und Projekte

Musée d'Art Moderne
Grand-Duc Jean
Place de l'Europe
Fondation Musée d'Art Moderne
Grand-Duc Jean
10, avenue Guillaume
L–1650 Luxembourg
Tel.: +352 4537851
info@mudam.lu
www.mudam.lu/Museedartmoderne/

2586 km², 562 958 Millionen
Einwohner, EU-Gründungsmitglied

bewachsenen Hochland im Norden und vom durch Bergkämme und Geländeeinschnitte durchzogenen Land im Süden. Die Natur ist von starker Präsenz in der Hauptstadt, deren Topographie geprägt ist von den sich schlängelnden Flüssen und den flachen Hochebenen (Plateaus), deren Seiten bis runter in die Täler reichen. Das Musee d'Art Moderne Grand-Duc Jean liegt auf einem der Plateaus, dem Kirchberg-Plateau, ursprünglich Ackerland, heute von Bürogebäuden der EU und Neubauten umgeben.

Es befindet sich auf der archäologischen Fundstätte Les Trois Glands auf einem über das Flusstal der Alzette ragenden Felsausläufer. Das 1989 ins Leben gerufene Projekt, dessen Bau von I.M. Pei entworfen wurde, um eine Kunstsammlung mit Werken ab 1980 bis ins 21. Jh. aufzunehmen, – zu ihnen gehören Arbeiten von Abramovic, Badiola, Kuitca, Juan Uslé, Chalayan, Margiela – ist umgeben von einem baumreichen Garten, der

Wim Delvoye, *Trophy*, 1999
Mudam Luxembourg
Max Mertens, *Swings*, 2016
Mudam Luxembourg

von den Landschaftsarchitekten Desvigne / Dalnoky, die bereits die Umgebung des Middelheimmuseums in Antwerpen (1999) gestalteten, zum Dräi Eechelen Park gemacht wurde. In und quer durch Kirchberg begann Peter Latz 1994, ein Arboretum und einen 65 ha großen Park anzulegen. Christian de Portzamparc stellte 2005 das neue Auditorium fertig, das ursprünglich von einer Ulmenreihe umringt sein sollte. Schließlich gestaltete er einen abstrakten Wald aus 847 hohen Säulen. Bis zu seiner Eröffnung 2006 hat sich das Museum und Casino Luxembourg – ein Ausstellungszentrum zeitgenössischer Kunst und Nachfolger des Casino Bourgeois aus dem 19. Jh., das 1994 vom Künstler und Architekten Urs Raussmüller umgebaut wurde – an Projekten beteiligt, die Außeninstallationen im Dialog mit dem Fluss einbezogen. 2001, z. B. Werke von Daniel Buren, Ian Hamilton Finlay, Wim Delvoye, Jan Fabre u. a. sowie 2005 von Alexandre Ponomarev, Fernando Sánchez Castillo u. a.

nederland

Keine andere Naturlandschaft ist eine so direkte Schöpfung des Menschen und kein anderes Land gab sich einen so ausdrücklich auf seine Landschaft anspielenden Namen wie die „Niederlande". Nahezu die Hälfte des Landes zwischen den 100 m hohen, durch Flüsse und Gletscher entstandenen Terrassen im Osten und dem Delta mit Inseln unter Meeresspiegel und Schwemmlandgebieten entlang der Westküste wäre ohne die Leistungen der Ingenieure überflutet. Die trockengelegten Ebenen wurden dem Meer in mehrhundertjähriger Anstrengung mithilfe von Deichen und Poldern abgewonnen – Ost-Schelde-Deich (1976–87), Haringvliet-Deich (1955–71), Afsluitdijk, die Flevoland-Polder (1950) – sie alle sind Beispiele dafür, wie Technik Natur und bewohnbare Erde schafft. Die Hälfte des Landes gehört zum nordeuropäischen Flachland und die andere Hälfte – das Zentralgebiet und Rhein- und Maasdelta – ist durchzogen von Flussarmen und Kanälen. Es herrscht feuchtes Ozeanklima an der Küste bzw. Kontinentalklima im Inland, mit wolkenbehangenen Himmeln und mehr als 200 Regentagen im Jahr, mit Schneefall, Nebel und Westwinden, die von den typischen Mühlen genutzt werden. Das (neben Malta) dichtbesiedeltste Land Europas ist eine fortschrittliche Demokratie mit hochentwickelter Ökonomie und ertragreicher Landwirtschaft.

Megalithanlagen, die hier Hunebed heißen, bilden alte Reihen wie die Gruppe bei Emmen, wo Smithson 4000 Jahre später aus einer Grube ein Kunstwerk machen sollte (vgl. Foto unten). Da es in Holland keine Steine gibt, entwickelten die Ziegelbauten höchste Finesse, während die Skulptur erst im 20. Jh. zum Blühen kam.

Als Rom die Region 57 v. Chr. eroberte, traf es auf Stämme, die südlich des Rheins Wolle verarbeiteten und im Norden auf Kelten, die im 3. Jh. von den Germanen vertrieben worden waren. Nach der Teilung des Karolinger Reiches folgten mehrere Regierungsdynastien aufeinander, um schließlich unter die Herrschaft Karls V. zu fallen (16. Jh.). Reform, Religionskonflikte und der Westfälische Frieden (1648) mündeten in der Unabhängigkeit der Vereinten Provinzen, der die Vorherrschaft des Bürgertums, die Entwicklung der Schifffahrt, Kolonien in Übersee, internationaler Handel und wirtschaftliches Wohlergehen folgten. Napoleon machte die heutige konstitutionelle Monarchie zum Königreich; im Ersten Weltkrieg blieb sie neutral, 1940 wurde sie von den Nazis besetzt und 1957 schloss sie sich dem Benelux an.

In der Provinz, in der sich auch der Nationalpark De Hogue Veluwe und das Kröller-Müller-Museum (vgl. S. 158) befinden, liegen die vier Gärten (6,5 ha) des Het Loo Palasts, die 1698 von dem Franzosen Daniel Marot angelegt worden waren. Die Parks und Gärten des 20. Jh. sind beeinflusst von der Architektur und den Städtebauplänen der städtisch geförderten Arbeiterwohnungen des Pioniers H.P. Berlage – z. B. die südliche Stadterweiterung von Amsterdam (765 000 Einw.) –, dem Anführer der expressionistischen Schule von Amsterdam, Michel de Klerk, und J.J.P Oud, der als Wegbereiter der Bewegung De Stijl (1915) zusammen mit Mondrian, Van Doesburg und G. Rietveld entscheidend die internationale Entwicklung der Abstraktion geprägt hat.

Die bekannteste Figur der Bildhauerei war Mari Adriessen, der Aufbruch

41 526 km², 17 Millionen
Einwohner, Benelux-Mitglied,
EU-Mitglied

Caldic Collection, Blaak 22,
3011 TA Rotterdam,
Tel.: +31 (0)104136420
(nur nach Voranmeldung)

Emmen

Amsterdam   Zeewolde

Otterloo

Utrecht   Arnhem

Den Haag

Rotterdam

Zwijndrecht

Tilburg

75 Km

ergab sich jedoch 1948 mit der Gruppe CoBrA: Appels expressionistische Stücke aus Holz und später Aluminium, Constants konstruktivisti-
sche Skulpturen und das radikal-utopische Projekt *Neues Babylonien*,
während Carel Visser Skulpturen-Collagen aus Metall und Fundstücken
und Jan Schoonhoven (Gruppe Nul, 1960) monochrome Reliefs schufen. Der Generation der 1970er Jahre gehören der früh verstorbene van
Bakel und der Konzeptkünstler Jan Dibbets an, der die Fotografie auf
die Landschaft anwendete und als Vorgänger der Land-Art in Europa
gilt. Später fertigte Henk Visch gegenständliche Werke und Irene Fortuyn-
O'Brien Objekte und Installationen an, bis mit der Jahrtausendwende
das Atelier van Lieshout beginnt, die Grenzen zwischen Architektur,
Städtebau und Landschaftsgestaltung zu verwischen. Es entstehen die
Gärten des Stedelijkmuseums (Amsterdam 1992) und der Weiße Garten
(1994) von Petra Blaisse im Museumspark von Rotterdam, wo außerdem Yves Brunier einen seiner „mentalen Räume" (1993), die Gärten
des VSB (Utrecht 1995) und Interpolis (Tilburg 1998) von Adriaan Geuze
I West 8, oder alternative Konzepte wie die biomorphe „textile Techtonik"
von Lars Spuybroek Schufen.

Linke Seite:
NEXT architects, *Elastic Perspective*,
2014, Rotterdam

Unten:
Teilansicht des Parks mit *Blessed*,
2001, Anya Gallaccio
Robert Smithson, *Broken Circle –
Spiral Hill*, 1971, Emmen

Gemeentemuseum Den Haag
Stadhouderslaan 41
2517 HV Den Haag
Tel.: +31 703381111
www.gemeentemuseum.nl

Celestial Vault
Machiel Vrijenhoeklaan 175
Kijkduin
2555 NA Den Haag
Hinter dem Restaurant De Haagsche
Beek

In der Hauptstadt gibt es ca. 300 vor allem zeitgenössische Skulpturen, Statuen und Denkmäler des 19. Jh. Das Beeldenpark Gemeentemuseum Den Haag ist ein Skulpturengarten neben dem Städtischen Museum. Eine kleine Sammlung im Freien mit Stücken internationaler zeitgenössischer Künstler der vordersten Reihe wie das *Large Locking Piece* (1965) von Henry Moore, *Untitled Object* (1983) von Donald Judd [1], *Model voor het reliëf met geometrische figuren* (1988–90) von Sol LeWit. Und auch Werke aus den Jahren 1949 bis 2006 von niederländischen Künstlern wie Fransje Carbasius, Piet Esser, Carel Kneulman, Jan Maaskant, Charlotte van Pallandt, David Bade, die sogenannten sechs Skulpturen, *Zes skulpturen* (1985), von Carel Visser [2],, Bildhau-

1

2

er und studierter Architekt sowie eins von Jürgen Partenheimer, einem einzigartigen und geschätzten deutschen Künstler des 21. Jh. Ein Viertel im Osten der Stadt, Kijkduin, bekannter für seinen langen Sandstrand und Dünen, weniger überlaufen als der der Hauptstadt, Scheveningen (vgl. S. 163) im Norden. Auf einer dieser Dünen steht das *Celestial Vault* (Himmlisches Gewölbe, 2010) von James Turrell, eine elliptische Schale von 40 × 30 m, umgeben von einer 5 m hohen Erdmauer. Zu diesem Krater führt eine Holztreppe auf die Düne und durchläuft eine Zementpassage. Im Inneren sind die Hänge der Schüssel aus Rasen, und in der Mitte liegt ein großer Stein, der Platz für zwei Personen bietet, um auf dem Rücken liegend den Himmel wie eine Kuppel betrachten zu können. Auf einer höheren Düne befindet sich ein weiterer Stein, von dem aus sich ein Panorama über Strand und Meer zu einem zunehmend flacheren Horizont eröffnet. Licht und Raum in einem Earthwork, in dem der Besucher nicht mehr passiv zuschaut, sondern performt, und wo das Werk nur Werk ist, wenn der Beobachter von dort aus beobachtet — fotografie nach unten.

Vom Meer zum Land, von Zuiderzee nach Flevoland: die jüngste Provinz der Niederlande, gegründet 1986 und Ergebnis einer enormen 60-jährigen Arbeit, Werk des Geistes und menschlicher Anstrengung, aber auch der Intelligenz, der Technik, des großen Cornelis Lely, 1854–1929, daher die Hauptstadt, Lelystad, und die Ästhetik. Man könnte sagen, dass diese vom Menschen erschaffene Natur als Ganzes ein Kunstwerk ist, die vollständige Verschmelzung von Technik, Architektur, Städteplanung, Raumordnung, Landschaftskunst, bildender Kunst, usw. In dieser Landschaft Mondrians zeigen einige besondere Interventionen den Zeitgeist und den *Genius Loci* Flevolands. Alle sind Land-Art, Earthworks, Site-specific Works, Environmental Art, die Avantgarde des letzten Drittels des

20. Jh., minimalistische Ästhetik am immensen und wilden Meer, aber nicht weniger fest und solide wie die Bemühungen der Menschheit, wenn sie sich auf utopische Ziele in der Zukunft richtet. Pionier war das Observatorium (1971) von Robert Morris nahe Lelystad (vgl. S. 16). Die Pflanzen-Kathedrale von Marinus Boezem hat den Grundriss der gotischen Notre-Dame von Paris: De Groene Kathedraal (1987–99) befindet sich im Turuluurweg, in der Nähe von Almere [1, 2], und auch in der Nähe dieses Ortes, in Pampeshout, der Polderland Garten der Liebe und des Feuers (1997) von Daniel Libeskind [3, 4]. *Sea Level* (1996) in Zeewolde [5] ist von Richard Serra. Im östl. Teil der Provinz befin-

det sich noch eine bemerkenswerte Kreation: das *Observatorium* von Morris. Die *Exposure* von Gormley, seit 2010 ein visuelles Wahrzeichen mit seinen sehr wechselhaften Maßstäben, entsprechend dem nackten Anblick dieser Gewässer und des niedrigen, flachen Landes. Gormley selbst sagt: „Meine Auffassung davon, wie Skulptur in der Landschaft arbeitet, besteht darin, dass sie ein unbeweglicher Punkt in einer sich bewegenden Welt ist". Der hockende Mann ist eine 25 m hohe und 60 t schwere Metallstruktur, die gut zu der niederländischen Vorstellung von „Landschapskunst" und „Landschapskunstwerk" passt. Es ist das komplexeste Werk des Briten, das er mit der Cambridge University und anderen Zentren digital entworfen hat, 547 Knoten und 14000 Bolzen. Es befindet sich 1 km von der Küste Lelystads, auf dem Deich nach Friesland. Flevoland ist mit diesem Meilenstein nicht ausgeschöpft. Neben anderen Land-Art-Werken gibt es etwa die 50 000 m² von Aardzee (1982) in Vogelweg, Zeewol, des Niederländers Piet Slegers, der ein weiteres Werk in Lelystad hat, sowie der Skulpturen-Park des Kröller-Müller Museums in Otterloo (vgl. S. 158). Abschließend wurde für Ende 2016 Pier + Horizon von Paul de Kort geplant.

Seit 1938 (Museum), 1961 (Park)
Kröller-Müller Museum
Houtkampweg 6 6731 AW Otterlo
Tel.: +31 (0) 318591241
info@krollermuller.nl
www.krollermuller.nl
Dir. Lisette Pelsers

Öffnungszeiten:
Di.–So.: 10–16:30 Uhr
Geöffnet in den Ferien. Mo. und
1. Jan. geschlossen
Eintritt:
Gebührenpflichtig (Park + Museum)
Kinder (unter 12): reduziert
• Behindertengerecht
• Haustiere nicht erlaubt
• Fotografieren erlaubt
• Führungen nur nach Voranmeldung
• Ausstellungsraum mit temporären
  Ausstellungen
• Bildungsprogramm
• Bibliothek
• Publikationen: Kataloge,
  Broschüren, Bücher
• Buchhandlung
• Café
• Restaurant

Anfahrt:
• Mit dem Auto: von den Autobahnen
  A1, A50 und A12 folgen Sie der
  Beschilderung nach Park Hoge
  Veluwe / Kröller-Müller Museum
• Mit dem Bus: von Apeldoorn und
  Ede / Wageningen Bahnhof / Arnhem
• Flughafen: Amsterdam

Unterkunft:
  Zahlreiche Hotels in Otterlo

Das Kröller-Müller Museum umfasst eine der weltweit wichtigsten Sammlungen moderner Kunst. Zu ihm gehört auf 25 ha Garten und unberührtem Wald der wohl erste Skulpturengarten eines europäischen Museums.
Helene Müller, Tochter eines deutschen Reeders, heiratete 1888 den holländischen Unternehmer Anton Kröller, der Leiter eines internationalen Konzerns mit Kohlebergwerken und Eisenerzdepots in Nordafrika, Spanien, Schweden, Russland und Südamerika war. Sie widmete ihr Leben als Sammlerin, Förderin und Mäzenin ganz der Kunst. Die Kröller-Müllers kauften 6000 ha ehemaliges Jagdgelände mit Wäldern, Heiden und Moränen auf und begannen damit eine Sammlung mit Meistern aus dem 19. und 20. Jh. aufzubauen, eine herausragende Stellung mit 93 Gemälden und 183 Zeichnungen nahm Vincent van Gogh ein. 1935 ging das Gelände in den Nationalpark Hoge Veluwe ein, und die Sammlung wurde dem holländischen Staat unter der Bedingung geschenkt, ein Museum im Park zu errichten. Der belgische Architekt und Designer Henry van de Velde, der stark von Morris, Ruskin und der Arts und Crafts Bewegung geprägt war und der die Kunst Vincent van Goghs

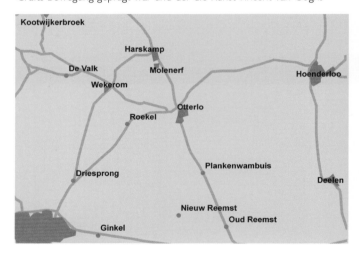

besonders schätze, entwarf und baute schließlich 1938–54 den beeindruckenden Museumsbau.
Helene Kröller-Müller legte stets Wert auf die Beziehungen zwischen Architektur, Kunst und Natur und sie war es, die die Möglichkeiten eines Freiluftskulpturen-Parks voraussah. Aber erst Jahre nach ihrem Tod, in den 1950er Jahren, wurde der Skulpturengarten geplant Ein erster Abschnitt – ein Bereich mit sanften Böschungen, Wiesen und Baumbestand – öffnete 1961 und wurde 1965 erweitert. Anlässlich des 50-jährigen Jubiläums des Museums kam 1988 ein weiterer Teil, der „Skulpturenwald", in unberührter, wilder Natur hinzu.
Die Exponate wurden im Hinblick auf die Umgebung gekauft, wobei der Aufstellungsort stets zur optimalen Wirkung des Werks beitragen sollte. Nach Möglichkeit „werden die Künstler eingeladen, um die Stelle zu besehen und zu diskutieren, so dass sie ein ortsgebundenes Werk schaffen können", erklärte das Museum.
Das Ergebnis sind über 100 Werke – darunter zwölf japanische

Steinstücke aus dem 16.–18. Jh. – Skulpturen, die im ausgehenden 19. Jh. mit August Rodin beginnen, gefolgt von Werken herausragender Künstler der zweiten Hälfte des 20. Jh. – Carl Andre, Arp, Fabro, Flavin, Fontana, Dan Graham, LeWitt, Mario Merz, Noguchi – und Arbeiten junger internationaler Künstler des frühen 21. Jh. wie Balka oder Kapoor. Eine Auswahl von ihnen ist auf dem Plan auf S. 143 eingezeichnet.

Die Anordnung der Exponate folgt zumeist der visuellen Ähnlichkeit, ohne eine Route vorzugeben, was die Überraschungen des Besuchers beim Spaziergang durch den Park verstärkt.

Nach dem Eintritt in den Park durch das Schaarsbergen-Tor sieht man als erstes an einem vom Künstler gewählten Ort ein Ensemble von Henry Moore. In der Nähe steht das *K-piece* von Mark Di Suvero.

Joep van Lieshout, *Mobile home for Kröller-Müller,* 1995

Neben einem Skulpturenpavillon von Rietveld – den er 1954 für einen Park in Arnhem entworfen hatte und der schließlich 1965 hier installiert wurde – sind 14 Bronzestatuen von Barbara Hepworth zu bewundern. *Two vertical, three horizontal lines,* von Rickey, bewegt sich mit dem Wind. Das beachtliche *Spin Out* von Serra liegt in einer halb verborgenen Ecke des Parks, in einem kleinen, engen Tal. In dem wildbelassenen Skulpturenwald pflanzte Penone einen Bronzebaum; die Ziegelskulptur von Kirkeby reagiert auf das Dunkle unter den Zweigen…und die Sammlung wächst weiter an.

Richard Serra, *Spin Out (for Robert Smithson)*, 1972–73
Jean Dubuffet, *Jardin d'émail*, 1974

Nächste Seite:
Marta Pan, *Floating sculpture "Otterlo"*, 1960–61

1 Ulrich Rückriem, *Ohne Titel*, 1988
2 Carel Visser, *Ohne Titel*, 1988
3 Piet Hein Eek, *Portiershuis (Pförtnerhaus)*, 2002
4 Jan van Munster, *+ -*, 1987
5 Lee Ufan, *Relatum*, 1979–80
6 Per Kirkeby, *Baksteensculptuur voor Kröller-Müller (Backsteinskulptur für Kröller-Müller)*, 1988
7 Richard Serra, *One*, 1987–88
8 Sol LeWitt, *Six-sided tower*, 1993
9 Isamu Wakabayashi, *Otterlo Mist*, 2001
10 Tom Claasen, *18 Liggende houten mannen (18 Menschen im Wald)*, 2000
11 John Rädecker, *Gewei (Geweih)*, 1923–28
12 Giuseppe Penone, *Faggio di Otterlo*, 1987–88
13 Luciano Fabro, *La doppia fàccia del cielo*, 1986
14 Joep van Lieshout, *Mobile Home for Kröller-Müller*, 1995
15 Chris Booth, *Ohne Titel*, 2005
16 Hermann Maier Neustadt, *WD-Spiral Part One CINEMA*, 2001
17 Arno van der Mark, *The library*, 1988
18 Evert Strobos, *Palissade*, 1973–91
19 Lucio Fontana, *Concetto spaziale natura*, 1959–60
20 Eugène Dodeigne, *Sept*, 1993
21 Jean Dubuffet, *Jardin d'email*, 1974
22 Ian Hamilton Finlay, *Five Columns for the Kröller-Müller: or a Fifth Column for the Kröller-Müller: or Corot-Saint-Just*, 1980–82
23 Mario Merz, *Igloo di pietra*, 1982
24 Henry Moore, *Two-piece reclining figure II*, 1960
25 Gerrit Rietveld, *Rietveld paviljoen (Rietveld Pavillon)*, 1955–65
26 Aristide Maillol, *L'air*, 1939
27 Jacques Lipchitz, *Le Chant des voyelles (Gesang der Vokale)*, 1931–32
28 Christo, *56 vaten (56 Tonnen)*, 1966/1977
29 Marta Pan, *Sculpture flottante "Otterlo"*, 1960–61
30 Kenneth Snelson, *Needle tower*, 1968
31 Aziatisch Laantje (Asiatischer Weg)
32 Richard Serra, *Spin out (for Robert Smithson)*, 1972–73
33 R.W. van de Wint, *View*, 2001

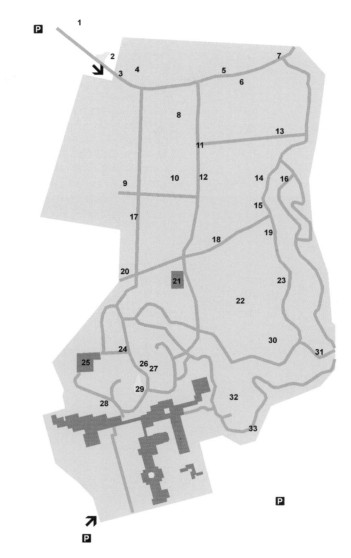

R.W. van de Wint, *View*, 2001

Seit 1994
Museum Beelden aan Zee
Harteveltstraat 1
2586 Den Haag – Scheveningen
Tel.: +31 (0)703585857
info@beeldenaanzee.nl
www.beeldenaanzee.nl
Dir. J.J. Teenwisse

Öffnungszeiten:
Di.–So.: 11–17 Uhr. Mo. geschlossen
Das Museum ist an Weihnachten,
Neujahr und am Dreikönigstag
geschlossen.
Eintritt:
Erwachsene: gebührenpflichtig.
Kinder (0–5): gratis. Kinder (5–12)
und Studenten: reduziert
• Behindertengerecht
• Haustiere nicht erlaubt
• Fotografieren erlaubt
• Führungen nur nach Voranmeldung:
  gebührenpflichtig
• Ausstellungsraum mit temporären
  Ausstellungen
• Bildungsprogramm
• Bibliothek
• Publikationen: Broschüre, Führer,
  Bücher
• Buchhandlung
• Café
• Parkplatz

Anfahrt:
• Mit dem Auto: Wenn Sie von Nieuwe
  Parklaan, Badhuisweg oder
  Zwolsestraat kommen, folgen Sie
  Gevers Deynootweg vom Kurhaus
  Richtung Süden.
• Mit dem Bus: Busbahnhof Linien 8,
  14, 22 oder 23. Steigen Sie an der
  Haltestelle Kurhaus / Circus theatre
  oder Scheveningse Slag / Beelden
  aan Zee aus.
• Mit der Straßenbahn: Linien 1, 9
• Mit der Bahn: Den Haag
  Hauptbahnhof
• Flughafen: Rotterdam, Amsterdam

Unterkunft: Zahlreiche Möglichkeiten in
  Scheveningen und Den Haag
Gastronomie: Mehr als 45 Restaurants

Das einstige malerische Fischerdorf Scheveningen mit seinem langen
Sandstrand war seit dem 17. Jh. immer wieder ein Motiv holländischer
Maler. Im 19. Jh. wurde es zum Touristenziel und heute ist es bekannt
für seinen Kai, sein Seemuseum und für dieses Skulpturenmuseum.
Dank der Privatinitiative der Kunstliebhaber Lida und Theo Scholten
vereint die Sammlung über 780 Werke des 19.–21. Jh. 1983 entwarf
der auf Museen spezialisierte Architekt Wim Quist – er schuf auch
1969 die Erweiterung des Kröller-Müller Museums – die Anlagen für
die Skulpturen. Er integrierte dabei einen neoklassischen Bau, der
1826 von König Willhelm I. auf den Dünen mit Blick über den Atlantik
errichtet worden war. Die vier Säle, zwei großzügigen Gänge, drei
Innenhöfe und drei Terrassen wurden als Verlängerung des Sandstrands
konzipiert; sie nehmen den gleichen Farbton auf, der die Intensität des
Lichts wiedergibt. Die Skulpturen werden in den Innenräumen, auf den
Terrassen und in den Außenbereichen, die zum Meer zeigen,
ausgestellt. In einer Erweiterung aus dem Jahr 2005 werden die
„Märchenfiguren am Meer'' gezeigt. Die meisten der Exponate sind
aus Eisen und Stahl und stammen von holländischen und internationalen Künstlern wie Alfaro, Zadkine, Balkenhol, Chadwick, Manzu und
Tajiri.
Obwohl es keine konkreten Bezüge zwischen der Dünenlandschaft
und den Kunstwerken gibt, spielen sie und das Meer doch eine
wichtige Rolle bei der Platzierung der Skulpturen.

Tom Otterness, *The Crying Giant and
the Herring Eater,* 2004

wijk aan zee beeldenpark een zee van staal

Seit 1999
Wijk aan Zee
Beverwijk
http://www.eenzeevanstaal.nl

„Ein Meer aus Stahl", so heißt dieser Skulpturen-Park sehr treffend, denn es ist das wichtigste Material, aus dem die Werke hier geschaffen wurden. Wijk aan Zee ist ein kleines Fischerdorf und seit dem 19. Jh. ein Urlaubsstrand an den Ufern des Atlantiks mit großzügigen Sanddünen, im Norden der Niederlande gelegen.

Der Park geht aus der Patenschaft des indobritisch-niederländischen Stahlerzeugers Tata Steel hervor. Er liegt seitlich in den Dünen unter dem Rauch der Fabrikschornsteine der hiesigen Niederlassung, der Corus Group. Es begann 1999 mit mehreren Werken. In den Folgejahren, einschließlich 2009, wurden neue Stücke hinzugefügt. Highlight ist die Skulptur *White Rythm* (1999) des Briten Robert Erskine (vgl. Bild unten). Aus dem selben Jahr stammt *The Messenger* des Tschechen Aleš Veselý. Die Niederländer sind durch Herbert Nouwens, *Beeldengroep Corus: Arie, Piet, Loes, Henk en Ludwig* (2003), Niko de Wit, *Zonder titel* (2003) und den Architekten und Bildhauer Rudi van de Wint, *De Poort* (2009) vertreten, der auch ein interessantes Werk in Flavoland (vgl. S. 155) hat. Weitere über ein Dutzend Skulpturen sind von Künstlern verschiedener Nationalitäten signiert: dem Italiener Luciano Dionisi, dem Griechen Apostolos Fanakidis, dem Briten Colin Foster, dem Deutschen Karl-Heinz Langowsky, dem Franzosen José Rault, den Spaniern Mercedes Cano-Redondo & Antonio Sobrino-Sampedro, aus Estland Jaak Soans und wieder Niederländer: Nico Betjes und Paul Schabel.

beeldenpark drechtoevers

Seit 1996
Beeldenpark drechtoevers
Noordpark, Zwijndrecht
Tel.: +31 (0)786933070
info@beeldenparkdrechtoevers.nl
www.beeldenparkdrechtoevers.nl

Öffnungszeiten: durchgehend
Eintritt: frei
• Behindertengerecht
• Haustiere erlaubt
• Fotografieren erlaubt
• Führungen nur nach Voranmeldung:
  gebührenpflichtig
• Sonderausstellungen
• Bildungsprogramm
• Picknickbereich
• Parkplatz

Anfahrt:
• Mit dem Auto, Bus, Wasserbus oder
  Fährschiff
• Flughafen: Rotterdam
Unterkunft:
Hotel Ara, Tel.: +31 (0)786231780

Die Stadt Dordrecht bildet einen Stadtkreis mit Zwijndrecht (45 000 Einw.), und zusammen mit dem gegenüberliegenden Papendrecht (30 000 Einw.) umfassen sie den Skulpturen-Park am Ufer der Drecht. Es handelt sich um eine Initiative von Künstlern und Mitgliedern des Kring van Beeldhouwers Kreises, einem Verein holländischer Bildhauer, und ist der Zusammenarbeit mit der Gemeinde Zwijndrecht und dem Projektteam Drecht-Flussufer zu verdanken.

Während der Anfangsphase schenkten verschiedene Künstler des Vereins Werke für den Park und andere holländische Bildhauer wurden eingeladen, dem Beispiel zu folgen. 1996 wurde der Park von Königin Beatrix eingeweiht. Er wurde für die 35 km lange Strecke entlang des Flusses angelegt und soll als Verbindungselement zwischen den sechs Ortschaften in der Umgebung fungieren. Eines seiner besonderen Merkmale ist die Tatsache, dass er den zumeist holländischen Künstlern gehört und von ihnen selbst geleitet wird. Wenngleich die Werke in der Regel nicht ortsspezifisch konzipiert sind, wurden sie alle von den Bildhauern persönlich an einem Ort ihrer Wahl – stets vor dem Hintergrund des Flusses – aufgestellt. Die Skulpturen und damit ihre Autoren – von Lucien den Arend bis Margot Zanstra – wechseln regelmäßig. Die meisten von ihnen befinden sich im Noordpark von Zwijndrecht, einige in Papendrecht, einem typisch holländischen Deichort aus dem 13. Jh., der das Museum für Moderne Kunst De Rietgors aufzuweisen hat, mit dem der Park manche Ausstellung zusammen ausgerichtet hat.

Niko de Wit, *Ohne Titel*, 1985

norge

Norwegen umfasst den Westen der Skandinavischen Halbinsel und grenzt an den Atlantik. Ein Teil des Landes (sowie die nördlichste Stadt Europas) liegt nördlich des Polarkreises. Norwegens Landschaft wurde während der Eiszeit geformt als der harte Fels den Gletschern nachgab, die die berühmten Fjorde schufen. Die Senke von Trondheim mit ihren sanft ansteigenden Fjorden teilt das Land in zwei Teile: Nördlich davon erheben sich bis zu 2000 m hohe Granitberge, die dann wie in Nordland zu schmalen, durch zahlreiche Fjorde gegliederten Küstengebieten abfallen, vor denen zahllose Inseln liegen; nach Süden erstreckt sich die Atlantikküste mit Berggipfeln zwischen 1400 und 2500 m Höhe. Die breiten Täler Ostnorwegens sind meist in kahle Hochebenen eingesenkt. Nach Süden geht dieser Bereich in das tiefer liegende Gebiet um den Oslofjord und den Skagerrak über. Das Land ist mit 13 Einwohnern/km² nur dünn besiedelt; die Mehrzahl der Einwohner konzentriert sich hier, wo auch die Hauptstadt Oslo liegt (510 000 Einw.).

71% der Fläche ist ungenutzt; der Nadelwald nimmt 26% des Landes ein; bewirtschaftet werden nur 3%. Mit insgesamt 21 Nationalparks und Naturreservaten werden ökologisch wertvolle Gegenden in diesem Land geschützt, in dem eine unberührte Natur mit fünf aktiven Gletschern neben einem Straßennetz besteht, das durch 17 300 Brücken verbunden ist. Dank des milden Golfstromes sind die Häfen am Atlantik, anders als die an der Ostsee, das ganze Jahr über eisfrei – die mittleren Temperaturen reichen in Nordland von 4°C im Januar bis 13°C im Juli – was zur langen und reichen Fischfangtradition in Norwegen beigetragen hat. Das Meer ist auch die Quelle eines anderen, jüngeren Reichtums: Öl und Erdgas.

Nach der Eiszeit wurde Norwegen im Norden von Lappen, im Süden von Dänen und Schweden besiedelt und betritt erstmals im 8. bis 10. Jh. die Bühne der Geschichte, als die Wikinger Schottland, England, Irland, Island und Grönland erobern, plündern und besiedeln. Harald I. Schönhaar (875) vereinigte das Land und im 11. Jh. wurde es vom Dänen Knut dem Großen christianisiert, erreichte seinen Höhepunkt im 13. Jh. unter Haakon IV. und wurde 1397 Dänemark und Schweden angeschlossen. 1905 wurde es unabhängig, 1913 führte es das Frauenwahlrecht ein. Im Ersten Weltkrieg blieb es neutral, erlebte in den 1930er Jahren eine wirtschaftliche Blütezeit und wurde im Zweiten Weltkrieg von Deutschland besetzt.

Die zahlreichen Höhlenmalereien in Alta, im Norden des Landes, sind rund 6000 Jahre alt. Die nördlich des Polarkreises gelegene Provinz Nordland umfasst 38 237 km² und ist durch eine wilde Landschaft charakterisiert, die im Sommer von der Mitternachtssonne, im Winter von Nordlichtern erhellt wird. Nahe der Stadt Bodø (1215 km von Oslo entfernt) liegt der Svartisen, der zweitlängste norwegische Gletscher; nordwestlich liegen die Lofoten mit ihrer strengen Schönheit und den roten Fischerhütten, die noch wie vor 900 Jahren gebaut sind. 30 km vom Stadtzentrum entfernt befindet sich der größte Wasserstrudel (maelstrom) des Landes, der Saltstraumen. Auch hier finden sich interessante Höhlenmalereien, außerdem ein bemerkenswertes Landschafts-Kunstprojekt (vgl. S. 152).

385 156 km² (außer Svalbard
Archipel im Nordpolarmeer),
5,2 Millionen Einwohner,
1972 Ablehnung des Beitritts zur
EU, Währung: Norwegische Krone

Norwegen ist für südeuropäische Begriffe eine junge Kultur; so begann man erst im 12. Jh. mit Stein zu bauen. Originell sind die Holzkirchen (Stavkirker, 12.–13. Jh.). Das raffinierte architektonische Werk Sverre Fehns erfuhr in den 1970er Jahren internationale Anerkennung. Lange nach den Holzschnitzereien der Wikingerschiffe entwickelte Gustav Vigeland seinen monumentalen skandinavischen Stil, wie er in seinen 227 Skulpturen im Vigelandparken zum Ausdruck kommt, der vom Künstler mitten im riesigen und äußerst beliebten Frogner Park in Oslo konzipiert und umgesetzt wurde. Zu Beginn des 21. Jh. sind norwegische Künstler wie Per Barclay, Sissel Talaas oder das junge dänisch-norwegische Paar Elmgreen & Dragset hervorzuheben.

skulpturlandskap nordland

Seit 1992
Skulpturlandskap Nordland
Prinsensgt, 100   8048 Bodø
Tel.: +47 75650000
skulpturlandskap@nfk.no
www.skulpturlandskap.no
Dir. Maaretta Jaukkuri

Öffnungszeiten: durchgehend
Eintritt: frei
• Haustiere erlaubt
• Fotografieren erlaubt
• Sonderausstellungen
• Publikationen
• Buchhandlung
• Restaurants
• Picknickbereich
• Parkplatz

Anfahrt:
• Mit Flugzeug, Bus, Auto, Bahn
• Flughafen: Bodø

Zu Ende des 20. Jh. rief die Provinz Nordland in Zusammenarbeit mit Kunst in Norwegen innovative Kulturprojekte ins Leben, die besonders auf die zeitgenössische Kunst ausgerichtet sind. Eines davon ist die Sammlung von Freiluftskulpturen, *Artscape Nordland*, die nach einer Idee der norwegischen Künstlerin Anne Katrine Dolven zwischen 1992 und 1998 angelegt wurde. Ein zweites Programm, das 2006 umgesetzt wurde, *Artistic Interruptions*, besteht aus einer Reihe ortsgebundener Werke in Außen-und Innenräumen. Es knüpft gewissermaßen an Artscape Nordland an und geht einen Schritt weiter im Konzept, Werke

Skulpturlandskap Nordland: Künstler, Werke und Orte – vgl. Landkarte Seite 167
1 Raffael Rheinsberg, *Island Museum*, Andøy   2 Inghild Karlsen, *After-images*, Øksnes   3 Sigurdur Gudmundsson, *Ocean Eye*, Sortland   4 Sarkis, *Days and Nights*, Hadsel   5 Kjell Erik Killi Olsen, *The Man from the Sea*, Bø   6 Dan Graham, *Ohne Titel*, Vågan   7 Markus Raetz, *Head*, Vestvågøy   8 Toshikatsu Endo, *Epitaph*, Flakstad   9 Cristina Iglesias, *Laurel leaves*, Moskenes   10 Luciano Fabro, *The Nest*, Røst   11 Steinar Christensen, *Stella Maris*, Hamarøy   12 Tony Cragg, *Ohne Titel*, Bodø   13 Jan Håfström, *The forgotten Town*, Gildeskål   14 Per Kirkeby, *Beacon*, Meløy   15 Waltercio Caldas, *Around*, Leirfjord   16 Sissel Tolaas, *House of the Winds*, Alstahaug   17 Oddvar I.N., *Opus for Heaven and Earth*, Vevelstad

speziell für einen bestimmten Ort in Auftrag geben zu lassen, indem der optimale Platz für ein Werk gesucht wird.

Artscape Nordland ist eine in vielerlei Hinsicht einzigartige Skulpturensammlung. Sie besteht aus 33 Werken von 35 Künstlern aus 18 Ländern und verteilt sich über 35 Ortschaften der Region, denen Stadtverwaltungen jeweils ihre Besitzer sind. Eingebettet in die Natur, sind sie ständig zugänglich, und ihre Besichtigung wird allein durch die Bedingungen des nordischen Klimas eingeschränkt. Artscape Nordland ist einer ausführlichen Debatte über die Rolle der Kunst in der Gesellschaft und über das Thema „Zentrum und Peripherie" zu verdanken. Die großflächige Provinz Nordland mit 45 Orten und 240 000 Einwohnern hatte kein Kunstmuseum, so dass die Bewohner weite Strecken zurücklegen mussten, um moderne Kunst in Museen oder Galerien zu betrachten. Deshalb kam die Idee auf, eine Sammlung moderner Kunst für diese Region mit einer Skulptur in jeder Gemeinde anzulegen und die Landschaft dabei als „Galerie" einzusetzen. Der künstlerischen Auswahl liegen die ureigenen Charakteristika der jeweiligen Landschaft zugrunde. Die Skulpturen befinden sich an wunderschönen und ganz unterschiedlichen natürlichen Schauplätzen, oftmals an der wilden Atlantikküste, über eine Fläche von 40 000 km^2 verteilt. Damit ist die Sammlung der größte Skulpturen-Park der Welt.

Das Projekt wurde immer wieder in wichtigen Kunstforen diskutiert und gilt weltweit als eine der interessantesten Initiativen des 20. Jh. Die Nachfrage nach Informationen und die Forschungsarbeiten über Artscape Nordland sind sowohl in Norwegen als auch in anderen Ländern beträchtlich.

Artistic Interruptions wurde für rund 20 neue ortsgebundene Werke internationaler Künstler geplant und will eine Herausforderung der konservativen Begriffe kultureller Identität sein. Das Vorhaben legt großen Wert auf einen regen Dialog zwischen den Künstlern und den lokalen Gemeinden. Wichtige Aspekte dieser Begegnungen sind Kommunikation und Auseinandersetzung. Die Zielsetzung des Projekts besteht in der Erforschung von Fragen zum lokalen Kontext, dem kommunikativen Potenzial und der Funktion der Kunst in der zeitgenössischen Gesellschaft. Außerdem möchte sie eine theoretische Diskussion über das Konzept der Ortsgebundenheit in doppelter Hinsicht anstoßen: als künstlerisches Genre und als Strategie.

Antony Gormley,
Havmann, 1995, Rana

18 Kain Tapper, *A new Discussion*, Vega   19 Erik Dietman, *Steinar Breiflabb*, Brønnøy   20 Dorothy Cross, *Shark-Cow-Bathtub*, Sømna   21 Hreinn Fridfinnsson, *Elf's Castle*, Hattfjelldal   22 Hulda Hàkon, *Three Èldar*, Vefsn   23 Antony Gormley, *Havmann*, Rana   24 Kari Cavèn, *Today, Tomorrow, Forever*, Beiarn   25 Gediminas Urbonas, *Four Exposures*, Saltdal   26 Kristjan Gudmundsson, *Protractus*, Skjerstad   27 Per Barclay, *Ohne Titel*, Fauske   28 Bård Breivik, *Ohne Titel*, Narvik   29 Martti Aiha, *Seven Magical Points*, Skånland   30 Bjørn Nørgaard, *The Stone House*, Evenes   31. Olafur Gislason, *Media Thule*, Tjeldsund   32 Inge Mahn, *Heaven on Earth*, Ballangen   33 Anish Kapoor, *Eye in Stone*, Lødingen
Kurator: Maaretta Jaujuri

Oben: Anish Kapoor, *Øye i stein* (Auge im Stein), 1998
Unten: Markus Raetz, *Hode* (Kopf), 1992

Artistic Interruptions: Künstler und Orte
der Projekte
Goksøyr & Martens, Bolga
Markus Renvall, Hemnesberget
Steven Stapleton & Collin Potter,
Svolvær
Cathrine Evelid & Sophie Brown, Vågan
Baktruppen, Stamsund
Lisa Karlson & Charlotte Thiis-Evensen,
Nyksund
Rikrit Tiravanija – Kamin Lertchaiprasert –
Geir Tore Holm – Sossa Jorgensen,
Sørfinnset
Simon Starling, Øksnes
Carsten Höller, Nesna
Winter & Hörbelt, Brønnøysund
Svein Flygari Johansen, Lurøy
Maria Bustnes, Lødingen
Elmgreen & Dragset, Tranøy
Mobile Homes & MiN ensemble, Bodø
Jeppe Hein, Bodø
Alexandra Mir, Narvik
Projektleiter: Per Gunnar Tverbakk

Oben: Per Barclay, *Ohne Titel*, 1993. Unten rechts: Per Kirkeby, *Varde* (Leuchtturm), 1992

Seit 1999
Kistefos Museum
Samsmoveien 41
N-3520 Jevnaker, Norwegen
Tel.: +47 61310383
post@kistefos.museum.no
www.kistefos.museum.no

A/S Kistefos Træsliberi (gegründet 1889) war eine Fabrik für die mechanische Fertigung von Zellstoff. 1955 wurde die Produktion angehalten, und 1999 öffnete sie als Denkmal des norwegischen industriellen Kulturerbes. Die Idee war von Anfang an, auch einen Skulpturen-Park zu eröffnen. Die ersten Jahre zeigte es vor allem norwegische zeitgenössische Bildhauer: Nico Widerberg, Beate Juell Hingst, Kristian Blystad, Lekenede Hest, Bjarne Melgaard, Kjell Nupens, Nils Aas, Edgar Ballo, dann Olafur Eliasson, Anne-Karin Furunes, Siri Bjerke. Eine internationalere Annäherung brachten die Werke des Kolumbianers Botero, des Engländers Cragg, des Italieners Plessi, welcher hier 2005 das erste Site-specific Werk enthüllte, das norwegisch-dänische Duo Elmgreen & Dragset, der japanische Künstler Shintaro Miyake, der Waliser Petroc Sesti sowie der sehr internationale Anish Kapoor. 2009 kommt ein weiteres Site-specific Werk hinzu, *Tumbling Tacks* von Claes Oldenburg und Coosje van Bruggen, sehr inspiriert durch die industrielle Geschichte des Ortes. 2011 war das Marc-Quinn-Jahr: *All of Nature Flows Through Us*, eine Bronze in der Mitte des Flusses. 2013 kam *Pulp Press (Kistefos)* des Iren John Gerrard. 2014 wurde *Slektstrea, Genbanken* von Per Inge Bjørlo enthüllt. Die 30. Skulptur des Parks kam 2015: *Free to Frolic* von Phillip King, einem der bedeutendsten zeitgenössischen Bildhauer Englands.

Michael Elmgreen und Ingar Dragset,
Forgotten Babies #2, 2005
Olafur Eliasson, *Viewing machine*, 2001

Seit 2013
Ekeberg Hill, südöstlich von der Stadt
Kongsveien 23   N-0193 Oslo
Tel.: +47 2142191
http://ekebergparken.com/en

Öffnungszeiten: durchgehend
Eintritt: frei
• Geführte Touren
• Kunst-Konferenzen
• Angebote für Kinder, Jugendliche;
  Schulungen
Ekebergrestauranten:
www.ekebergrestauranten.com

Ekebergs Hügellandschaft inspirierte die Kulisse des berühmten Gemäldes *Der Schrei der Natur*, 1893–1910, des bedeutenden Edvard Munch. Das Gebiet mit Kiefern, Schwarzerlen, Ahorn, Weiden und Tannen wurde in der zweiten Hälfte des 20. Jh. vernachlässigt. Im 21. Jh. hat es seinen früheren Glanz mit einem qualitativ hochwertigen und eleganten Skulpturen-Park wiedererlangt. Dieser ist das Ergebnis der Bemühungen des norwegischen Milliardärs, Unternehmers und Kunstsammlers Ringnes, der eine Stiftung gründete. Mehr als 35 Skulpturen berühmter Meister, moderner und zeitgenössischer Künstler sind über ein 26 ha großes Gelände verteilt, auf dem Werke von Rodin bis Ann-Sofi Sidén stehen. Vier weibliche Figuren sind sehr bedeutsam: *Nue sans draperie* (1921) von Aristide Maillol; *Eva* von Auguste Rodin (1881); Salvador Dalís *Venus de Milo aux tiroirs* (1936) sowie *The Couple* von Louise Bourgeois (2003), das aus zwei Aluminiumfiguren besteht, die zwischen zwei großen Kiefern hängen. Andere Werke sind das große *Open Book* aus Stahl von Diane Maclean, welches seine Leser / Betrachter und deren Hintergrund in einem sich ständig ändernden Farbenfeld reflektiert; James Turrells *Ekeberg Skyspace* bietet ein Wechselspiel zwischen Licht und Farbe. Drei Dutzend Werke von Chadwick, Cragg, Dan Graham, Jenny Holzer, Richard Hudson, Tony Oursle, Auguste Renoir, Chapman, Sarah Lucas, Knut Steen, Sarah Sze, Aase Texmon Rygh, Per Ung, Dyre Vaa, Guy Buseyne, u. a. – Ekebergparken ist in kurzer Zeit zum Stolz und Freude der Stadt geworden: Der Hügel ist an den Wochenenden übervoll von Besuchern.

Sitzgelegenheiten
im Freien (im
Sommer)
Kleine Speisen
und Snacks:
Karlsborg
Spiseforretning
www.karlsborgs-
piseforretning.no

Aristide Maillol, *Nue sans draperie*, 1921
Auguste Rodin, *Eva*, 1881
Louise Bourgeois, *The Couple*, 2003

polska

In diesen sanften Ebenen gab es bis 4200 v. Chr. keine Landwirtschaft, während heute Getreide, Rüben und vor allem Kartoffeln angebaut werden. 28% des Landes sind vornehmlich Buchen- und Kiefernwald. Das Klima ist unter dem Einfluss der kalten Polarmassen kontinental, die eisige Winter mit starken Schneefällen und warme und regenreiche Sommer mit sich bringen.

Die Holz- und Erdfestungen *Grody* stammen aus dem 5. Jh. v. Chr. Die damals hier lebenden slawischen Stämme wurden bis zum 10. Jh. vereint, wobei die Piasten als erste nationale Dynastie hervorgingen und die Kontakte mit dem Westen die erste Architektur aus Stein brachten. Unter den Jagiellonen und durch die Verbindung mit Litauen dehnte Polen mit Beginn des 14. Jh. seinen Herrschaftsbereich aus und wurde zum mächtigsten Staat Osteuropas, bevor es im Zuge der Aufteilungen an Russland, Österreich und Preußen als Nation verschwand. 1918 gewann Polen die Unabhängigkeit wieder, bis es 1939 von den Nazis überfallen und menschenverachtend unterdrückt wurde. 1945 wurde es zur kommunistischen Volksrepublik. Seit 1989 ist Polen eine parlamentarische Demokratie mit freier Marktwirtschaft.

Der Barock erlebte hier eine Blütezeit, und bei der Skulptur reichte der klassizistische Einfluss von Canova und Thorvaldsen bis ins 20. Jh. Ksawery Dunikowski schuf ein an Rodin orientiertes Werk und mit seinen besten Denkmälern eine Mischung aus Kunst und Architektur. Die Schenkung seiner Werke an den Staat, 1948, ist im Krolikarnia-Palast zu besichtigen, in dessen Gärten am Ufer der Vistula ein Skulpturen-Park eingerichtet wurde. Neben dieser gegenständlichen Linie hat Polen eine aktive Rolle in der historischen Avantgarde gespielt. Seit dem Ende des Ersten Weltkriegs wurde die Gruppe der Formisten aus Futuristen, Kubisten und Expressionisten gebildet, und in den 20er Jahren entwickelte sich die Abstraktion. Der sowjetische Konstruktivismus und der Suprematismus inspirierten die Blok-Gruppe. Die Karriere von Katarzyna Kobro, der ersten der drei großen Persönlichkeiten der polnischen Skulptur des 20. Jh. (alles Frauen), gelangte mit Malewitschs Besuch und Ausstellung in Warschau (1 745 000 Einw.) auf ihren Höhepunkt. Fast alle ihre Skulpturen, die sich im Sztuki-Museum von Lodz befinden, sind ohne Volumen, gleichsam architektonisch, minimalistisch *avant-la-lettre*. Zwei wichtige Ereignisse fanden 1965, im Eröffnungsjahr der Krolikarnia statt, das erste davon in Paris: Alina Szapocznikow entwickelte

Magdalena Abakanowicz, *Unrecognized*, 2001–02, Cytadel Park, Posen

Nächste Seite:
Artur Brunsz, *Ohne Titel*, 1965, Biennale Form Przestrzennych 1965, Elblag

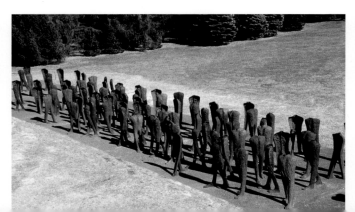

312 685 km², 38,5 Millionen
Einwohner, EU-Mitglied seit 2004

Assemblages, „Skulptur-Objekte" und „Wohnskulpturen", die dem Neuen Realismus nahe stehen, aber über ihn hinausgehen; das zweite in Polen: In Elblag begannen die Biennalen der Räumlichen Formen, die bis zur letzten Biennale 1973 und der Wiederbegegnung der Künstler 1986 bleibende Werke in den Straßen und Parks hinterließen. Eine Teilnehmerin der ersten Biennale sollte später die dritte der Großen und die mit der breitesten internationalen Anerkennung werden: Magdalena Abakanowicz, mit Werken, die von den USA bis Japan gesammelt werden. Sie selbst ist eine Künstlerpersönlichkeit, die natürliche Kraft und künstlerischen Ausdruck auf einzigartige Weise verbindet. Seit 1976 findet die Biennale von Poznan (Posen) statt und es werden neue Skulpturen-Parks wie der Wladyslaw Hasior Park in Zakopane oder in Tuchomie (Groß Tuchen) eröffnet. Jüngere Künstler wie Igor Mitoraj, Miroslaw Balka oder Ryszard Wozniak, Mitglied der Gruppe Gruppa, stellen die kreative Zukunft im Bereich „Objekte" und Installationen sicher.

International Sculpture Biennal, Posen
Centrum Kultury Zamek
ul. Swiety Marcin 80/82
61–809 Posen   Tel.: +48 618536081
www.zamek.poznan.pl

Europejskie Laboratorium Sztuki
ul. Pochy 4   77–133 Tuchomie
Tel.: +48 598215815
www.piwarski.pmk-essen.de

Muzeum Rzeźby im. Xawerego Dunikowskiego
Palacio Królikarnia
ul. Pulawska 113a   02–707 Warszawa
Tel.: +48 228431586   www.mnv.art.pl
królikarnia@mnv.art.pl

Park Rzeźby im. Hasiora
Muzeum Tatrzanski   Zakopane

Seit 1981
Centrum Rzeźby Polskiej
ul. Topolowa
26–505 Oronsko
Tel.: +48 486184516
sekretariat@rzezba-oronsko.pl
www.rzezba-oronsko.pl
www.sculpture.art.pl

Öffnungszeiten:
Apr.–Okt.: 8–16 Uhr
Am Wochenende: 10–18 Uhr
Nov.–Mär.: 7–15 Uhr
Am Wochenende: 8–16 Uhr
Mo.: geschlossen
Eintritt:
Erwachsene: gebührenpflichtig.
Kinder, Schüler, Studenten: reduziert
• Behindertengerecht
• Haustiere erlaubt
• Fotografieren erlaubt
  (gebührenpflichtig)
• Führungen nur nach Voranmeldung:
  gebührenpflichtig (Schüler reduziert)
• Sonderausstellungen
• Bildungsprogramm
• Bibliothek für Künstler,
  Akademiker u. Studenten
• Publikationen: Broschüre, Führer,
  Bücher
• Buchhandlung
• Café und Restaurants:
  Im Park: Café Art und eine Kantine
  In Oronsko: Starowiejska Inn, 500 m
  vom Zentrum
• Picknickbereich
• Parkplatz

Anfahrt:
• Mit dem Auto: Landstraße n. 7
  zwischen Warschau (120 km)
  und Krakau (180 km)
• Mit dem Bus: von Warschau und
  Krakau nach Radom, dann nach
  Oronsko (16 km): Linie K
• Mit der Bahn: von Warschau oder
  Krakau Busbahnhof nach Radom
• Flughafen: Warschau

Unterkunft:
  Zimmer im The Sculptor's House
  In Oronsko: Motel Billy (3 km)

Das Polnische Skulpturenzentrum in Oronsko (1500 Einw.) befindet sich auf einem Gutshof aus dem 19. Jh. mit mehreren Gebäuden und einem historischen Park. Es nahm seinen Ursprung, als Józef Brandt, ein mit der Münchener Akademie in Verbindung stehender Historienmaler, hier in der zweiten Jahrhunderthälfte die Freie Akademie Oronsko gründete, die von Künstlern und Schülern ganz Polens besucht wurde. Aber erst 1965 begann mit der ersten Freiluftskulpturenausstellung das Skulpturenprogramm des Parks, und ein Jahr später wurde das Zentrum für Kreatives Bildhauerwerk gegründet. Seit 1981 untersteht es dem Kultusministerium und das Herrenhaus und die übrigen historischen Gebäude wurden restauriert. Die Einrichtung widmet sich mit ihren 123 800 m² ganz der Schöpfung, Ausstellung und Dokumentation der Skulptur. Jedes Jahr halten sich hier rund 200 vornehmlich polnische Künstler auf, um an Workshops, akademischen Sitzungen, Seminaren, Vorträgen, Symposien, wechselnden Ausstellungen und Open-Air-Veranstaltungen teilzunehmen. In der Villa von Józef Brandt sind Möbel und Dekoration des 19. Jh. zu besichtigen; die ehemalige Kapelle und die Orangerie – damals das Atelier von Brandt – sind heute wechselnden Ausstellungen gewidmet und die einstige Remise (1905) beherbergt heute eine ständige Skulpturengalerie. 1992 wurde ein neuer Bau für das Museum Zeitgenössischer Skulptur eröffnet; der Künstler Prof. Grzegorz Kowalski organisiert Skulpturenausstellungen im malerischen und romantischen

Garten, zu dessen beachtlichen natürlichen Schätzen Ulmen, Pappeln, Eschen, Kastanien, Espen, Erlen und viel Efeu gehören. Die Sammlung besteht (2006) aus insgesamt 900 Stücken mit Skulpturen, Objekten, Installationen, Gemälden und Gobelins. Zu den Künstlern im Museum zählen große Meister wie Abakanowicz, Grenzgänger wie Hasior oder der etablierte Jerzy Jarnuszkiewicz. Im Park sind sechs Figuren unbekannter Künstler aus dem 18. und 19. Jh. zu bewundern, die einen historischen Kontrastpunkt zu der umfassenden zeitgenössischen Sammlung setzen: 93 Werke vornehmlich europäischer, besonders polnischer und deutscher, aber auch japanischer und US-amerikanischer Herkunft von 77 weniger bekannten oder jüngeren Künstlern wie Teresa Murak u. a. Das Zentrum unterstützt die hier vorübergehend wohnenden Künstler mit technischen Einrichtungen wie Gießerei, Töpferofen, Ateliers für Steinmetze und zur Holzbearbeitung. Ferner werden unterschiedliche Weiterbildungsaktivitäten angeboten. Die Dokumentation und Herausgabe von Veröffentlichungen spielen eine wichtige Rolle, wie die große Datenbank polnischer Künstler und die Bibliothek mit Material über neueste polnische und internationale Kunstströmungen belegen. Schließlich werden eigene Bücher und Magazine herausgegeben, u. a. die alle vier Monate erscheinende Zeitschrift Oronsko und das maßgebliche Jahrbuch über polnische Skulptur, Rzeźba ba Polska.

Vorherige Seite:
Tadashi Hashimoto, *Ohne Titel,* 1998

Unten:
Andrzej Bednarczyk, *The Field when Angel Whispers,* 1998

portugal

Ganz im Westen der Iberischen Halbinsel, wo die Flüsse und die
Landschaft von der spanischen Hochebene zur geraden und flachen
Atlantikküste absinken, liegt Portugal. Das milde Mittelmeerklima mit
atlantischen Einflüssen ist im Süden trocken, im Norden wechselnd und
regenreich. Die Vegetation wird von Pinien, Olivenbäumen und Korkei-
chen im flachen Süden und satten Wiesen, Eichen- und Birkenwäldern
sowie Wein im Norden bestimmt. So wird das Duero-Tal „das Land des
Weins" genannt und die lateinische Bezeichnung seiner Hauptstadt
Porto (303 000 Einw.), *Portus Cale*, gab dem Land seinen Namen:
Portugal.

Im April 1974 setzte die „Nelken-Revolution" der Diktatur ein Ende und
leitete eine neue Epoche ein. Die Zweite Republik sozialdemokratischer
Prägung erbte ein armes Agrarland mit hohen Arbeitslosen- und
Auswanderungsraten sowie starker Ungleichheit zwischen den Städten
mit einem großen Kulturangebot (u. a. die Hauptstadt Lissabon, 605 000
Einw., das römische Olisipo) und den rückständigen ländlichen Regionen.
Der Mensch hat in dieser seit Urzeiten bewohnten Erde schon früh
Kunstwerke hinterlassen: Steinzeichnungen im Côa-Tal (18 000 v. Chr.),
Megalithen in der Nähe von Lissabon und zahlreiche Dolmen wie den in
Zambujeiro bei Evora, den größten Menhir Europas, oder Skulpturen
der Bronzezeit in Beira, dem Alentejo und der Algarve. Mit der Jahrtausendwende verlässt Portugal seine Randstellung innerhalb der Kultur-
welt, errichtet moderne Kunstzentren, große Sammler erscheinen auf
der internationalen Bühne, ebenso viele Künstler, angeführt von Julião
Sarmento und Cabrita Reis, Croft, Joana Vasconcelos (die vielleicht am
meisten über ihren eigenen Kontext spricht), Chafes, Tabarra, Vasco
Araújo, und andere junge Talente. Auch Kunstkritiker und Fachleute
schließen sich dem internationalen Diskurs an und veröffentlichen oft
auf Englisch. Insbesondere mit Spanien findet ein reger Austausch statt.
In Porto und dem 30 km entfernten Santo Tirso befinden sich zwei
Skulpturen-Parks, denen ein eigenes Kapitel in diesem Führer gewidmet
ist. In Porto ist die moderne Landschaftsgestaltung mit der Atlantik-
Promenade (2001–04) von Manuel de Solà-Morales und den Werken
von João Gomes da Silva vertreten: seiner Intervention in den Serralves-
Gärten (1996–2000) und – 70 km von Porto entfernt – seiner Gestaltung der Plaza und des Gartens der lichten Kirche in Marco de Cana-
vezes von Alvaro Siza.

Das Belém-Zentrum in Lissabon bietet ein stets aktuelles und attraktives
Programm mit Retrospektiven internationaler Künstler. Die private Gulb-
enkian-Stiftung, in einem Land, in dem der Großteil der Kultureinrich-
tungen staatlich ist, ist mit ihrem Museum Calouste Gulbenkian –
Gobelins und orientalische Kunst – weltweit bekannt. Das Zentrum für
Moderne Kunst hat eine aktuellere Ausrichtung: Das Programm zur
Förderung junger Talente lädt aufstrebende Künstler zu Projekten in sei-
nen Sitz und die Gärten ein. Der Tejo-Park (1998) schließlich zeigt
Landschaftsarchitektur und -kunst von Georges Hargreaves.

92 391 km², 10,6 Millionen Einwohner, EU-Mitglied seit 1986

100 Km

Santo Tirso

Porto

Açores

Lisboa
⊙

Madeira

**Fundaçao Calouste
Gulbenkian**
Centro de Arte Moderna
José de Azeredo Perdigão
Rua Dr. Nicolau de Bettencourt
1050–078 Lisboa
Information / Voranmeldung

Tel.: +351 (0)217823620
www.gulbenkian.org
camjap@gulbenkian.pt
Öfnungszeiten: Di.–So.: 10–18 Uhr.
Mo.: geschlossen.
Eintritt: gebührenpflichtig
Kinder, Studenten, Senioren: gratis

Gabriela Albergaria, *Disguise /
performance in the garden*
Fundaçao Calouste Gulbenkian, 2003
Lissabon

Seit 1989
Fundaçao de Serralves
Rua D. João de Castro, 210
4150–417 Porto
Tel.: +351 226156500
serralves@serralves.pt
www.serralves.pt
Dir. João Almeida

Öffnungszeiten:
Okt.–Mär.: Di.–Fr. 10–18 Uhr; Sa., So.
und Feiertage 10–19 Uhr / Apr.–Jun.:
Di.–Fr. 10–18 Uhr; Sa., So. und
Feiertage 10–20 Uhr / Jul.–Sep.:
Mo.–Fr. 10–19 Uhr; Sa., So. und
Feiertage 10–19 Uhr
Eintritt: gebührenpflichtig
Kinder, Schüler, Senioren: reduziert
• Behindertengerecht
• Fotografieren erlaubt
• Führungen nur nach Voranmeldung
• Ausstellungsraum mit temporären
  Ausstellungen
• Bildungsprogramm
• Bibliothek
• Publikationen: Broschüre, Bücher,
  Landkarten
• Buchhandlung
• Shop
• Café und Restaurant:
  Buffet Service, Terrasse, Sandwiches,
  Tea House, Restaurant am Abend
  (Voranmeldung)
• Parkplatz: gebührenpflichtig

Anfahrt:
• Mit dem Auto
• Mit dem Bus: Linien 201, 203, 502, 504
• Mit dem Taxi
• Mit der Bahn
• Flughafen: Porto

Unterkunft:
  Von 5-Sterne-Hotels bis hin zu
  Studentenzimmern

Die Mission der Stiftung als internationales kulturelles Zentrum ist,
„das Interesse und die Kenntnisse der Öffentlichkeit unterschiedlicher
Herkunft und Alter für zeitgenössische Kunst, Architektur, Landschaft und
kritische Themen der Gesellschaft und ihre Zukunft durch ihren außergewöhnlichen Besitz auf integrative Weise zu fördern". Zu diesem
Zweck erwarb der portugiesische Staat 1986 das 18 ha große Gelände
in der Stadtmitte und gründete 1989 die Stiftung mit einem halben
Dutzend anderer Körperschaften. Der komplexe Besitz der Stiftung,
staatliches Denkmal seit 2012, umfasst das Haus mit dem Serralves-Park,
erbaut von Carlos Alberto Cabral (1895–1958), ein Art-déco-Gebäude
mit Dekorationen der wichtigsten Persönlichkeiten der Epoche wie
Lalique, das Museum für zeitgenössische Kunst – ein Werk von Pritzker
Álvaro Siza, 1999 – sowie andere Einrichtungen.
Das Serralves-Haus bietet Räume für Wanderausstellungen des
Museums. Seine Sammlung mit der starken Berufung, einen Dialog zwi-
schen der portugiesischen und internationalen Kunst von 1960 bis zur
Gegenwart zu bieten, enthält Werke von Künstlern wie Helena Almeida,
Leonor Antunes, Baldessari, Alberto Carneiro, Jimmi Durham, Liam
Gillick, Dan Graham, Cildo Meireles, Gerhard Richter, Ruscha, Julião
Sarmento, Robert Smithson und Monika Sosnowska.
Der Park ist einzigartig im landschaftlichen Erbe Portugals: eine komple-
xe Einheit aus verschiedenen Teilen, das Ergebnis eines Prozesses, der
schon das dritte Jahrhundert andauert, die Spur eines romantischen

Claes Oldenburg, Coosje Van Bruggen,
Plantoir, 2001
Dan Graham, *Double Exposure*,
1995–2003

Gartens des 19. Jh., die Umgebung des Bauernhauses Quinta do Mata-Sete, der Garten der Casa de Serralves und die neuen Gärten des Museums für zeitgenössische Kunst von João Gomes da Silva. Seine Vielzahl an Bereichen und Abschnitten, jeder mit seinen eigenen Eigenschaften, einschließlich eines kleinen, romantischen Sees, wird zu einer Verschmelzung des natürlichen Raums – dichter Naturhain – und der designten, erschaffenen Natur – alle mit großem Kontrast von Farbe, Schatten, Texturen und Vegetation. Bemerkenswert wegen ihrer Vielfalt und Qualität sind der Rosengarten, die Obstbäume und die dichten Waldkerne.

In diesem Umfeld der Wechselbeziehung von Kunst und Natur wurden bedeutende Werke permanent aufgestellt: *Plantoir* von Claes Oldenburg / Coosje Van Bruggen, 2001; *Double Exposure*, von Dan Graham, 1995/2003; *Walking is Measuring*, Richard Serra, 2000; *Um Jardim Catóptrico (Teuseus)*, Ângelo de Sousa, 2002; *Ser Árvore e Arte*, Alberto Carneiro, 2000–02; *Monte Falso*, Francisco Tropa, 1997–2001; *For a New City*, Serralves Museum & A Working Farm, Maria Nordman, 2000–01; *Pour Porto*, Veit Stratmann, 2001; *Pour le Parc*, Veit Stratmann, 2007; *Sem título*, Fernanda Gomes, 2008–09; *La Baigneuse Drapée (La Seine)*, Aristide Maillol, 1921.

Zu den Ausstellungen des Museums gehören die des Parks, welche die Beziehung zwischen Kunst und Natur stärken wollen. In ihnen sind etablierte und aufstrebende, ausländische und portugiesische Künstler vertreten. Besondere Bekanntheit erreichte „Squatters", 2001, in der Künstler aus der ganzen Welt an konkreten Projekten in allen Ecken der natürlichen Umgebung des Serralves arbeiteten.

Seit 1996
Museu Internacional de Escultura
Contemporânea de Santo Tirso
Câmara Municipal de Santo Tirso
Praça 25 de Abril
4780–373 Santo Tirso
Tel.: + 351 252830400
gap@cm-stirso.pt
www.cm-stirso.pt/pages/1862
Dir. Álvaro Moreira

Öffnungszeiten: durchgehend
Eintritt: frei
• Behindertengerecht
• Haustiere erlaubt
• Fotografieren erlaubt
• Führungen nur nach Voranmeldung
• Bildungsprogramm
• Bibliothek: Museu municipal Abade
  Pedrosa
• Buchhandlung
• Parkplatz

Anfahrt:
• Mit Auto, Bahn, Bus, zu Fuß
• Flughafen: Francisco Sá Carneiro,
  Porto, 26 km von Santo Tirso
  Nächste Stadt: Porto, Guimarães

Unterkunft:
  Hotel Cineday, Santo Tirso
  Santo Thyrso Hotel, Santo Tirso

Ursprung des MIEC_ST Museo Internacional de Escultura Contemporânea de Santo Tirso war der Vorschlag des Bildhauers Alberto Carneiro, in der Gemeinde Santo Tirso Symposien zeitgenössischer Skulpturen insbesondere im öffentlichen Raum zu veranstalten. Nach vier Symposien wird 1996 der Kommission des MIEC_ST der Auftrag genehmigt, Skulpturen-Symposien zu organisieren, die Wartung und Erhaltung der Sammlung zu gewährleisten, ihre Verbreitung zu fördern und eine Reihe von anderen Aktivitäten umzusetzen.
Das Museum wurde 1997 durch den Präsidenten der Republik, Jorge Sampaio, eröffnet. 1999 werden zwei Kunstkuratoren, der Bildhauer Alberto Carneiro und der Kunstkritiker, Gérard Xuriguera, eingebunden. Seit 1990 beherbergt die Stadt Santo Tirso das Simpósio Internacional de Escultura, das Künstler aus verschiedenen Ländern zusammenführt. Das MIEC_ST ist ein Raum für Dialog und Konfrontation sowie für die

Alberto Carneiro; Carlos Cruz-Díez; Angelo de Sousa, 1990; Pedro Cabrita Reis, 2001; Mauro Straccioli, 1996; Peter Klassen, 2004; Rafael Canogar, 2015; Miquel Navarro, 2015; Pierre Marie Lejeune, 2015

Verbreitung und Diskussion öffentlicher Bildhauerei. Ein privilegierter Ort zur Reflexion und Pol innovativer Projekte. Es nutzt die Einzigartigkeit der Natur und die privilegierten Beziehungen der Werke, ein pluraler Ort starker Wechselwirkung zwischen Bürgern und Kunst.

Definiert durch den städtischen Reichtum der Stadt Santo Tirso ermöglicht es einen autonomen und freien Besuch. Die in verschiedenen öffentlichen Bereichen angeordneten Werke sind das Ergebnis der Editionen zwischen 1991 und 2015. 2016 gliedert sich das MIEC_ST mit 54 Skulpturen in sechs Hauptzentren: Parque D. Maria II mit Gärten; Praça do Município; Parque dos Carvalhais; Praça Camilo Castelo Branco; Parque Urbano de Rabada; Parque Urbano de Gião. Einige erwähnte portugiesische und internationale Künstler sind in der nebenstehenden Spalte aufgeführt.

Vorherige Seite:
Denis Monfleur, *Le Porteur de vid,* 2015

Oben:
Pino Castagna, Canyon, 2012

Rechts:
Carlos Nogueira, *Casa comprimida com árvores dentro,* 2012

sverige

449 964 km², 9,8 Millionen
Einwohner, EU-Mitglied seit 1995

Obwohl Schweden als Inbegriff von Fortschrittlichkeit und Modernität gilt, ist der Alltag und die Kultur seiner Bewohner durch die Kräfte der Natur geprägt – durch lange Winter, Schnee, Seen und Wälder. Schweden liegt im Osten des skandinavischen Massivs, dessen Gipfel die Grenze zu Norwegen bilden und das in weiten Hochebenen hin zur Ostsee abfällt. Die Landschaft wurde vom Klima und vom Eis geformt, 40 000 km² sind Seen; 50% der Fläche ist mit Wäldern bewachsen (Kiefern, Tannen, Birken) und nur 7% ist kultivierte Fläche. Der gebirgige Norden des Landes ist mit seinem eisigen Polarklima kaum bewohnbar; Mittelschweden, mit einem kontinentalen Klima, großen Seen und städtischen Regionen wie Stockholm (1,5 Mio. Einw., Durchschnittstemperaturen von -3° im Januar und 17°C im Juni, gegründet im 13. Jh.) sind das Herz des Landes. In Südschweden, von Dänemark durch den Öresund getrennt, liegt Schonen, wo intensive Landwirtschaft betrieben wird; das Klima ist hier milder. Die Stadt Malmö (250 000 Einw.) liegt direkt gegenüber von Kopenhagen.

Das Land lag einen Großteil der Steinzeit unter Eis; die Höhlenmalereien im Norden zeigen Menschen und Tiere in starkem Naturalismus, Figuren, die in der Bronzezeit auch weiter südlich in Tanum (Göteborg und Bohus) auftauchen, während die Eisenzeit bemerkenswerten Schmuck hervorbringt. Im Osten von den Svear und im Westen von den Goten bevölkert, wurde Schweden im 1. Jh. von Tacitus in seiner *Germa-nia* zum ersten Mal erwähnt. Die Ausbreitung der Wikinger nach Westen brachte ab dem 9. Jh. die Christianisierung mit sich. Unter Erik IX. wurde 1157 Finnland erobert (das von da an 5 Jahrhunderte lang schwedisch sein sollte) und das Bistum Uppsala (1164) gegründet. Die Kalmarer Union mit Dänemark hielt bis zu ihrer Auflösung 1523 unter Gustav I. Wasa, worauf mehrere nordische Kriege folgten. Der Blütezeit und Vorherrschaft im Baltikum im 17. und 18. Jh. und dem Beginn des „Zeitalters der Freiheit" (Parlament und zwei Parteien, 1720) folgten das Bündnis gegen Napoleon, die Union mit Norwegen, der Neutralismus, die Industrialisierung, die liberale Monarchie mit einem nunmehr anstelle des Adels erstarkten Bürgertum, die Pressefreiheit (1812), die allgemeine Schulpflicht und gemischte Schulen (1842, 1849) sowie religiöse Toleranz (1859). Ab 1905 brachten nach der Abspaltung Norwegens verschiedene aufeinander folgende sozialdemokratische Regierungen eine neue Welle sozialer Reformen und neuer Freiheiten mit sich, die das Land zu einem der fortschrittlichsten machten: allgemeines Wahlrecht (1909/1918), Altersvorsorge (1913), 8-Stunden-Tag und Frauenwahlrecht (1919). Meilensteine der zweiten Hälfte des 20. Jh. sind die Unterstützung der Dritten Welt, die UNO-Weltkonferenz in Stockholm (1972), der eigentliche Beginn der internationalen Umweltpolitik, die Ermordung des Premierministers Olof Palme (1986) und damit das Ende vieler Hoffnungen auf einen dritten Weg zwischen Kapitalismus und Kommunismus, der auf dem „schwedischen Modell" beruhte: gemäßigtem Sozialismus und realen Freiheiten.

Die eigentliche schwedische Skulptur entwickelte sich erst im 19. Jh. Ihr wichtigster Vertreter in der ersten Hälfte des 20. Jh. war Carl Milles, ein Assistent Rodins. Seine monumentalen Werke sind in einem eigenen

Freilichtmuseum ausgestellt, dem Millesgården, der in italienischen Terrassen angeordnet ist, mit Brunnen und Säulen – außerhalb von Stockholm, 5 km hinter Norrtull. Die Abstraktion erhielt erst 1947 mit Arne Jones und seinen Metallstücken Bedeutung. Seitdem verschrieben sich die schwedischen Künstler immer schneller internationalen Bewegungen und Tendenzen: Environments, Minimal, Olle Baertling etc. Einige zeitgenössische Künstler beschäftigen sich mit den Wechselbeziehungen zwischen Kunst und Natur, Mensch und Umgebung. Håkansson, Bandolin, Ann-Sofi Sidén, Pål Svensson, Charlotte Gyllenhammar u. a. arbeiten mit Skulpturen, Installationen, Videokunst, Fotografie bis hin zu Klanginstallationen. Die Architektur von den ersten bekannten Bauten – den Stabkirchen aus dem 11. Jh. – bis zum strengen Werk von Erik Gunnar Asplund, zeugt vom intensiven Dialog mit der Natur: die Kapelle (1918) und das Krematorium (1935–40) des Waldfriedhofs (Skogskyrkogarden) in Stockholm legen eine Subtilität und Verbundenheit mit dem Geist des Ortes an den Tag, die nur wenige spätere Skulpturen und Installationen erreichen sollten und die weit vom banalen Aufstellen von Werken im Grünen bzw. der oft missbräuchlichen Verwendung der Bezeichnung „ortsspezifisches Kunstwerk" entfernt ist. Die Landschaftsarchitektur steht dem in nichts nach: vom Sundbyberg-Park bei Stockholm (1937) vom sozial engagierten Sven Hermelin über die Parks von Erick Glemme – Norr Malstrand, Tegner Grove, Umgestaltung des Wasa-Parks, 1941–47 in der Hauptstadt – bis hin zu Sven-Ingvar Anderssons Gestaltungen von Parks in Malmö – Gustav Adolf Platz, 1997 und in Lund im Bahnhofsbereich, 1997 –, in denen er Gartenkunst, ökologische Belange und die neuesten Tendenzen der visuellen Kunst fusioniert. Sehr beliebt sind schließlich auch der zur Baltischen Ausstellung von 1914 angelegte Pildammsparken in Malmö oder die fünf Themengärten Trädgård i Narr in Umeå (105 000 Einw.).

Roxy Paine, *Impostor*, 1999, Wanås Foundation, Knislinge

Seit 1987
The Wanås Foundation
Box 67
28921 Knislinge
Wanås, S–28990 Knislinge
Tel.: +46 (0)4466071
e-post@wanas.se
www.wanas.se
Dir. Mattias Givell / Elisabeth Millqvist

Öffnungszeiten:
Park: 8–19 Uhr täglich
Ausstellung im Innenbereich: Mai–Nov.,
Di.–So.: 10–17 Uhr
Eintritt:
Erwachsene: gebührenpflichtig
Studenten und Senioren: reduziert
Kinder (0–18): frei
• Behindertengerecht
• Haustiere erlaubt
• Fotografieren erlaubt
• Führungen nur nach Voranmeldung
• Temporäre Ausstellungen
• Bildungsprogramm
• Publikationen: Broschüre, Bücher
• Bücherei, Shop und Deli
• Café
• Restaurant
• Picknickbereich
• Parkplatz

Anfahrt:
• Mit dem Auto: von Malmö E22 nach
  Kristianstad / Kalmar, dann 19/23
  nach Osby, in Knislinge rechts
  Richtung Hässleholm /
  Wanåsutställningar, nächste Kreuzung
  links nach Hässleholm / Wanås. Von
  Hässleholm Richtung Norden auf der
  Straße 23 nach Växjö, rechts Richtung
  Broby, in Norra Sandby rechts Richtung
  Knislinge / Wanås (ca. 25 Min.)
• Mit der Bahn: Hässleholm Central,
  dann weiter mit dem Taxi, oder nach
  Kristianstad und dann mit dem Bus
  545 nach Knislinge.
• Flughafen: Kopenhagen

Unterkunft: Zahlreiche Hotels in Kristian-
  stad (25 km) und Hässleholm (25 km)
Gastronomie: In Knislinge (2 km),
  Broby (10 km) und Kristianstad (25 km)

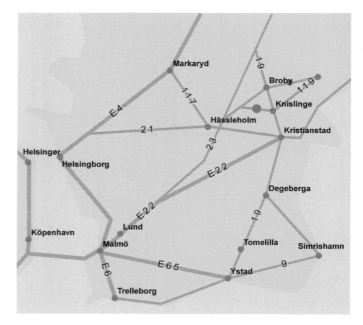

Die gemeinnützige Stiftung Wanås befindet sich 150 km von Malmö auf einem großzügig bemessenen Grundstück im Norden von Schonen, der südlichsten Provinz des Landes. Sie umfasst ein Schloss, einen Landwirtschaftsbetrieb, ausgedehnte Wälder und einen Skulpturen-Park.

Im 15. Jh. wurde eine erste Festung erbaut, die aufgrund der Grenzlage zwischen Schonen und Småland in den schwedisch-dänischen Kriegen des 16.–18. Jh. eine wichtige Rolle spielte. Das Originalbollwerk wurde während des Siebenjährigen Krieges (16. Jh.) von den Schweden zerstört. 1666 wurde darüber das heutige Schloss errichtet, das heute noch weitgehend so aussieht wie damals. Nach dem Snapphane-Krieg (1675–1679) führte Lena Sofia von Putbus umfassende Restaurierungsarbeiten durch, und zwischen 1767 und 1817 wurde im Zuge einer weiteren Erneuerung der See vergrößert, zwei große Kornkammern, die heute als Ausstellungsräume für zeitgenössische Kunst dienen, errichtet und die großzügigen Alleen angelegt. 1901 füllte man die Hälfte des Schlossgrabens auf und baute den unteren Teil des Westteils, wo sich seitdem der Privatsitz der Familie Wachtmeister, die der Stiftung und dem Agrargut vorsteht, befindet.

Seit 1987 birgt der Park eine ständig wachsende Sammlung mit Werken internationaler zeitgenössischer Künstler, deren Ziel es ist, Projekte zu entwickeln, die sich speziell mit dem Thema Kunst in der Natur befassen. In verschiedenen jährlichen Ausstellungen haben hier über 160 Künstler verschiedener Nationalitäten Skulpturen und Installationen im Schlossgarten und im Wald gefertigt und ausgestellt.

An der Ausstellung 1996 nahmen auch acht nordamerikanische Künstler teil. Dabei nutzten die Bildhauer für ihre Werke in der Region vorkommendes Material. Zwischen 1996 und 2001 standen Sammelausstellungen von mehr als zehn Künstlern vor allem aus Skandinavien und den USA auf dem Programm.

Yoko Ono, *Wish trees for Wanås,*
1996/2011

Im 21. Jh. ging man dazu über, weniger aber dafür anspruchsvollere
Projekte von Künstlern wie Jenny Holzer Charlotte Gyllenhammar, Dan
Graham oder Ann Hamilton zu realisieren. So entstanden 2002 drei
große Installationen und 2004 wurde nur ein Teilnehmer eingeladen,
Maya Lin, die hier ihre erste große Installation in Europa mit einer Länge
von 500 m umsetzte – vgl. Foto auf der folgenden Seite.
Wanås arbeitet jedoch auch gerne mit jungen Talenten zusammen.
2006 wurden acht US-Amerikaner für ortsspezifische Installationen
eingeladen.
Parallel zu den Ausstellungen der Werke im Park und denen im alten
Kornspeicher und Stall findet ein Bildungsprogramm statt, das Wissen
und Verständnis vermitteln sowie die Beschäftigung mit den Skulpturenprojekten und den neuesten Tendenzen in der zeitgenössischen Kunst
fördern soll. Zudem werden Führungen und Workshops zu den Werken
des Skulpturen-Parks angeboten, die den Dialog zwischen der Öffentlichkeit, dem Fachpublikum und den Künstlern anregen sollen. Das
Bildungszentrum Wanås arbeitet regelmäßig mit Universitäten der
Region und anderen schwedischen Kultureinrichtungen zusammen. Und
im Rahmen des Programms Junge Projekte schaffen Schüler der
Oberstufe jedes Jahr vergängliche Skulpturen, die im Sommer gezeigt
werden.
Wanås erlebt den größten Publikumsansturm zwischen Mai und August,
wenn die Blumen blühen und der Wald sich mit Spaziergängern und
Picknickdecken füllt. Die harten Winter bringen eine weiße Traumland-
schaft mit gleichsam verzauberten Skulpturen hervor, was das Schlen-
dern zwischen den riesigen schneebedeckten Bäumen zu einer einzigartigen Erfahrung macht.

Rechts:
Dan Graham,
Two anamorphic surfaces, 2000

Unten:
Maya Lin, *11 Minute Line*, 2004

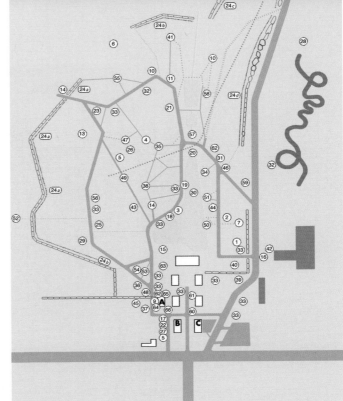

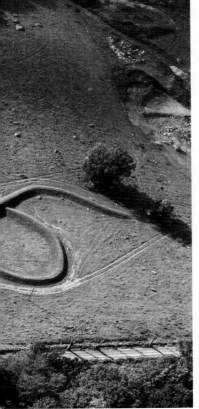

Von oben nach unten:
Per Kirkeby, *Wanås,* 1994
Ann Hamilton, *Lignum,* 2002
Jenny Holzer, *Wanås Wall,* 2002

Antony Gormley, *Together and Apart,* 2001 (1998)
Miroslaw Balka, *Play-pit,* 2000

Seit 1980
Kullaberg Nature Reserve
Skåne
Tel.: +46 42345354
lars.vilks@swipnet.se
www.ladonia.org
Dir. Lars Vilks

Öffnungszeiten: durchgehend
Eintritt: frei
• Behindertengerecht
• Haustiere erlaubt
• Fotografieren erlaubt
• Führungen
• Ausstellungsraum mit temporären
  Ausstellungen
• Bibliothek
• Buchhandlung
• Picknickbereich
• Parkplatz

Anfahrt:
• Mit dem Auto: Ladonia liegt 35 km
  nördlich von Helsingborg in der Nähe
  des Kullaberg-Reservats. Von
  Himmelstorp 20 Minuten zu Fuß
  (1,2 km)
• Mit dem Bus: von Helsinborg
• Flughafen: Kopenhagen
• Nächste Stadt: Helsingborg

Ladonia ist ein Happening oder eine Performance, die seit mehr als 25 Jahren von Justizbeamten, Polizisten, Bürokraten, Behörden, einer kulturellen Stiftung, die sich der Zerstörung von Kunstwerken widmet, und der Öffentlichkeit zelebriert wird, geleitet von einem Professor und Künstler unter Mitwirkung anderer Mitbürger und Kollegen wie Joseph Beuys und Christo.

Aber Ladonia ist noch mehr: „ein 1996 gegründeter 1 km² großer Staat im Naturreservat Kullaberg in Südschweden. Sein Schöpfer: der schwedische Künstler Lars Vilks begann 1980, an einer riesigen Plastik und einem Konzeptkunstprojekt zu arbeiten. Hier finden sich *Nimis* aus Holz, *Arx* aus Stein und Beton und der kleinere *Omfalos* [...] aus 1,60 m Beton, der von den Behörden entfernt wurde. Diese Skulptur steht heute im Moderna Museet in Stockholm An dem Platz, wo *Omfalos* stand, erhebt sich heute zum Gedenken eine 8 cm kleine Betonskulptur. Ladonia liegt fern, ist aber einfach zu erreichen [...]. Es wird jedes Jahr von mehr als 30 000 Besuchern aufgesucht", erklärt sein Gründer.

Im schwer zugänglichen, einsamen Bergland voller Abgründe und Höhlen wurde das 150 m lange und 15 m hohe *Nimis* (Exzess) aus Treibholz und aus an die „Wände" genagelten Büchern geschaffen. Das offene Gelände ist ein Naturreservat der Stiftung Gyllenstiernska Krapperup. Die Behörden wurden 1982 auf *Nimis* aufmerksam, definierten es als Bauwerk und ließen es entfernen. Seitdem ranken sich mehrere Prozesse um den Fall, die von Vilks als Performance inszeniert werden. 1991 errichtete er aus Steinen und Zement die Festung *Arx*. Wie die Runen der Wikinger ist *Arx* ein Buch, das formell vom Verlag Nya Doxa herausgegeben wird, mit 352 Seiten, die man nicht umblättern kann. Der Leser kann sich auf Seite 352 setzen und *Arx* betrachten. Der Richter urteilte, wenn es ein Buch sei, gelte es, die Meinungsfreiheit zu wahren, und lud die Parteien zur öffentlichen Anhörung, die von Vilks theatralisch in der Presse angekündigt wurde. Es gab sogar Leute, die Karten bestellten.

Omfalos wurde 1999 in Anspielung an den Omphalos im griechischen Tempel in Delphi geschaffen, der den Nabel der Welt verkörpert. Die genannte Kulturstiftung zeigte Vilks an, weil er die Skulptur ohne ihre Genehmigung aufgestellt hatte und verlangte außerdem, *Nimis* und *Arx* zu entfernen. Das Gericht urteilte gegen *Omfalos*, sprach aber *Nimis* und *Arx* frei. Die Polizei hielt es für unmöglich, den Urheber von *Omfalos* zu

Oben: *Omfalos*
Unten: *Nimis* und *Arx*

bestimmen, aber der Richter entschied, es sei Vilks. So wurde von Rechts wegen bestimmt, was Kunst und wer ihr Urheber sei (auch wenn er es abstreitet). Es folgten Berufungen bis zum Obersten Gerichtshof. Zwischenzeitlich wurde das Werk von dem bekannten schwedischen Künstler Ernst Billgren aufgekauft. Allen vorherigen Warnungen zum Trotz verursachten die Beamten bei seiner Entfernung schwere Schäden an dem Werk. Vilks ließ sich von den Behörden die Errichtung eines Denkmals genehmigen: eines Monuments, das nicht größer als 8 cm sein durfte. Seit seiner Einweihung 2002 steht die Höhe von nicht genehmigungspflichtigen Skulpturen in Schweden fest. Vilks verklagte die Regierung auf Schadensersatz. Und Billgren schenkte die Skulptur der größten Kunstinstitution des Landes, dem Moderna Museet, das sie annahm – um sie auszustellen oder ins Archiv zu schicken. Das ist noch offen. Im Moment, so Cecilia Widenheim, die Konservatorin des Museums, werde *Omfalos* „institutionalisiert [...], gemessen und gewogen, fotografiert und klassifiziert und in ein Lager gebracht". Ein Beispiel für die Grenzen zwischen Kunst und Architektur; individuelle Urheberschaft und kollektives Werk; Meinungsfreiheit und Recht auf Eigentum; Ästhetik, Ethik und Gesetzesvorgaben; ein Beispiel, in dem die Behörden als Material des Künstlers dienen: ein Ausdruck des postmodernen Blicks auf Kunst und Natur; ein Beitrag zur Debatte über die Rolle der Kunst als Unterhaltung; das Buch als Garant für freie Kunst und Kultur; Kritik an einem System, welches das Eigentum an Land und Kunst definiert; der Sieg der Phantasie über die Bürokratie.

Die Objekte sind an sich interessante Installationen, bewohnbare Skulpturen oder Land-Art, vergänglich wie das Leben selbst, untrennbar mit der natürlichen Umgebung verbunden, die sie inspirierte und schuf. All das und mehr ist Ladonia, das mit seiner ironischen „Unabhängigkeitserklärung" das Konzept der „Staatsbürgerschaft" in einer durch das Internet vernetzten Welt hinterfragt. Sie überzeugte nicht nur 4000 einbürgerungswillige Pakistani, sondern auch einen westlichen Kunsthistoriker, der einen langen und ausführlichen Artikel über diese „Nation" verfasste. Ein wahres Meta-Kunstwerk, das, wenn vielleicht auch nicht genial, so doch mindestens spannend und irritierend ist.

Seit 1958
Moderna Museet
Skeppsholme
Exercisplan 4
Stockholm
Tel.: +46 8 52023500
www.modernamuseet.se
Dir. Daniel Birnbaum
Co-Dir. Ann-Sofi Noring

Öffnungszeiten:
• Mo.: geschlossen
• Di.: 10–20 Uhr
• Mi.–So.: 10–18 Uhr

Das Moderna Museum befindet sich auf der Insel Skeppsholmen im Stadtzentrum und beherbergt die schwedische Landessammlung, welche hervorgegangen ist aus der königlichen Sammlung von 1792 – dem ersten öffentlichen Museum mit moderner Kunst in Europa außerhalb Italiens. Schon bald nach seiner Eröffnung 1958 avancierte es zu einer der weltweit führenden Einrichtungen auf seinem Gebiet So war es 1966 der Schauplatz der riesigen Schöpfung von Niki de Saint Phalle, *Hon*, die als Pionierwerk der Environmental Art und der Kunstinstallationen gilt, und finanzierte 1968 die Nachbildung des Modells von Wladimir Tatlin für das *Monument für die III. Internationale* (1920), ein Schlüsselwerk der modernen Kunst und Architektur.

Seit 1994 verfügt das Museum über einen Neubau nach einem Entwurf des spanischen Architekten Rafael Moneo, der seine Werke stets aus dem Geist des Ortes schafft und sie in eine tiefe Beziehung mit der Umgebung setzt.

Die Außenskulpturen im Garten und der Umgebung bilden eine kleine, aber feine Gruppe. Beispielsweise *The Four Elements*, von 1961, ein riesiges Eisen-Mobile von Alexander Calder. Die Figurengruppe aus sieben Eisen- und neun Glasfaserstücken, *The Fantostic Paradise*, ist ein Gemeinschaftswerk von Tinguely und Saint Phalle (1966). Björn Lövin schuf das *Lenin-Monument*, während auf dem Weg zum Östasiatika Museet die *Pavilion Sculpture II* (1984) von Dan Graham und *Black Swedish Granite* (1981) von Rückriem zu betrachten sind.

Am Kai vor Nybroviken steht eine 2000 geschaffene Plastik von Per Kirkeby. *The Man on the Temple* stammt von de Bjørn Nørgaard (1980)

und *Louisa* von Thomas Woodruff (1987). *Das Denkmol für die letzte Zigarette* (1975) und die *Monumental Figure* (1927) der Schweden Erik Dietman bzw. Christian Berg befinden sich nahe des berühmtesten Werks der Sammlung: der Gruppe *Dejeuner sur l'herbe* (1962) von Pablo Picasso.

Niki de Saint Phalle, *Le Paradis fantastique*, 1966
Yayoi Kusama, *Ascension of Polka Dots on the Trees*, 2016
Pablo Picasso, *Déjeuner sur l'herbe*, Nachbildung der Skulpturengruppe von Carl Nesjar, 1964–66

Seit 1994
Umedalen Skulptur
Aktrisgränd 34   90364 Umeå
Tel.: +46 90144990
galleri@gsa.se
www.gsa.se
Dir. Stefan Andresson
Sara Sandström Nilsson

Öffnungszeiten: durchgehend
Eintritt: frei
• Behindertengerecht
• Haustiere erlaubt
• Fotografieren erlaubt
• Führungen
• Ausstellungsraum
• Publikationen

Stefan Andersson und Sara Sandström sind die Eigentümer der 1980 gegründeten Galerie für zeitgenössische Kunst, die ihre beiden Familiennamen trägt und inzwischen landesweit eine der wichtigsten ihrer Art ist. Sie umfasst zwei Standorte, zum einen den größten Galerieraum Stockholms und zum anderen den Skulpturen-Park in Umeå auf einem ehemaligen Krankenhausgelände im Besitz des lokalen Immobilienentwicklers Balticgruppen. In den 20 Jahren von 1994 bis 2014 hat die Galerie mit Balticgruppen beim Aufbau des Skulpturen-Parks zusammengearbeitet. In diesem Zeitraum wurde in dem ehemaligen Krankenhauspark in den Sommermonaten zwischen 1994 und 2000 jährlich und zwischen 2002 und 2014 jedes zweite Jahr eine Bildhauerausstellung durchgeführt. Balticgruppen erwarb im Laufe der Jahre 45 Skulpturen für den Skulpturen-Park, der zu den größten in Europa zählt, unter anderem von Künstlern wie Louise Bourgeois, Tony Cragg, Antony Gormley und Cristina Iglesias. Der Park ist im Besitz von Balticgruppen, ganzjährig rund um die Uhr geöffnet und frei zugänglich; er wird von der Galleri Andersson Sandström gepflegt.

• Café und Restaurant
• Picknickbereich
• Parkplatz

Anfahrt:
• Mit Auto, Bus und Bahn
• Flughafen: Umeå

Einige Künstler und Werke in der Dauerausstellung:
Bård Breivik, *Ohne Titel*, 2001   Miroslaw Balka, *30x60x10, 250x1958x795, 30x60x10, 250x521x174*, 1996   Kari Cavén, *Skoggsunge*, 2002   Tony Cragg, *Stevenson (Early forms)*, 1999; *Ohne Titel*, 2003   Cristos Gianakos, *Beamwalk*, 1996   Antony Gormley, *Still Running*, 1990–93; *Clearing II*, 2004   Carina Gunnars, *Ohne Titel*, 1994   Claes Hake, *Five stone Bows*, 1995   Anish Kapoor, *Pillar of light*, 1991   Clay Ketter, *Homestead*, 2004   Richard Nonas, *55 meter long double-line of doublebolders*   Roland Persson, *Ohne Titel*, 1998   Anna Renström, *Alliansring*, 2000   Buky Schwartz, *Forest hill*, 1997   Anna Steake, *Larger than life*, 2002

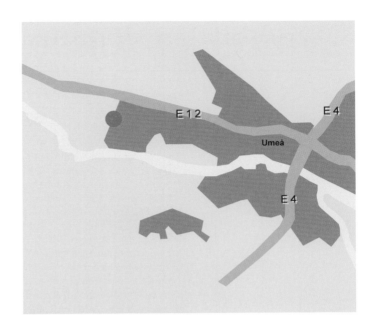

The Art Guys, *Love Song for Umeå:*
Banner Work #7, 2002
Louise Bourgeois, *Eye Benches II*,
1996–97

Hans Castorp verließ seine Heimatstadt Hamburg, um seinen Cousin drei Wochen im Sanatorium Berghof am Fuße des Zauberbergs zu besuchen. Ergriffen sollte Hans schließlich sieben Jahre bleiben. Thomas Mann war von den Alpen ebenso fasziniert wie seine Romanfigur und andere Genies: Turner verewigte Berge, Schneestürme und Sonnenschein; Nietzsche siedelte den übermenschlichen Zarathustra in den Bergen an, der nach dem Abstieg wieder Mensch wurde, und Jung schrieb: „dies ist meine Welt […], das Geheimnis, wo man sein kann, ohne Fragen stellen zu müssen"; Percy Shelley widmete ihnen Verse; und Hesse ließ den reinen Geist hier, inmitten „dieser stillen und kalten Grandesse" zu den Menschen kommen.

Zwei Bergmassive, der Jura im Nordwesten und die Alpen, nehmen 75% des Landes ein. Zwischen beiden liegt die Hochebene des zentralen Mittellands, mit vielen Seen und 70% der Bevölkerung. Große Teile der Alpen sind von ewigem Eis bedeckt; es gibt rund 2000 km² Gletscher und Gebirgskämme, die vielfach 4000 m überschreiten. Bis 1500 m sind Ackerbau und Viehzucht möglich; darüber gibt es Wald, besonders Nadelwald (Fichten, Tannen, Lärchen, Arven), über 2200 m Alpenwiesen mit ausdauernden Pflanzen wie Heidelbeeren, Lilien, Edelweiß, Enzian, und oberhalb von 3000 m das Reich der Gesteine, Flechten und Moose. Das wechselhafte Alpenklima ist kalt in den Höhenlagen (bis -40°C im Jura), kontinental im Rest, mit reichlichen Regen- und Schneefällen und starken Temperaturschwankungen. Die Täler sind besiedelt, idyllische Landschaften mit Holzhäusern, grünen Wiesen und Weiden, überragt von einer überwältigenden Natur. Im 2. Jh. v. Chr. siedelten sich hier die Helvetier an. Nach der Eroberung durch Rom (58 v. Chr.) wurde Augusta Raurica in der Nähe von Basel (180 000 Einw.) gegründet. Im 2.–4. Jh. kamen nordische Burgunder und Alemannen, 530 die Franken, und irische Mönche missionierten das Land und gründeten zahlreiche Klöster wie Sankt Gallen. Seit 1032 unter deutscher Herrschaft, gründeten 1291 drei Kantone die Schweizerische Eidgenossenschaft. Die Reformation spaltete die Bevölkerung im 16. Jh. in Calvinisten und Katholiken. Seit 1674 ist die Schweiz neutral, seit 1848 Bundesstaat, mit heute 26 Kantonen. Die Schweiz ist ein wichtiges Finanzzentrum, Zufluchtstätte vieler Exilierter, Sitz internationaler Organisationen und eine Gesellschaft mit hohem Lebensstandard, einer langen Bildungstradition, einem Kunstmarkt (Kunstmesse Art Basel) und Sammlern, besonders privaten. Sie ist eine direkte Demokratie mit Volksabstimmungen und einer großen Eigenständigkeit der Kantone. 1992 lehnte die Bevölkerung den Beitritt zur EU ab.

Ein Land zwischen Tradition und Innovation. Die mittelalterlichen überdachten Holzbrücken sind besonders bemerkenswert, wie die Kapellbrücke in Luzern, mit einem überraschend leichten und widerstandsfähigen Aufbau der Brüder Grubenmann (1760–70). Im 19. Jh. erlebte die Skulptur eine Blütezeit bei den neuen städtebaulichen Planungen öffentlicher Räume. Der Naturalismus von Vincenzo Vela ist Ausdruck seines Einsatzes für die Unterdrückten; der Jugendstil von Herman Obrist suchte die Einheit von Kunst und Natur in seinen Studien über die Spirale. 1916 eröffnete Hugo Ball das Café Voltaire und damit das

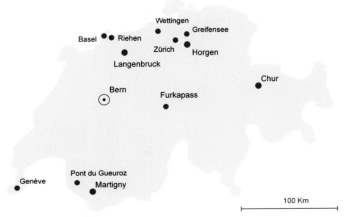

41 290 km², 8,3 Millionen Einwohner

Züricher Kapitel der Dada-Revolte mit Tristan Tzara, Hans Arp, Hülsenbeck, Janco, Hans Richter und Sophie Taeuber-Arp. Die Arps gingen ins Ausland, ebenso wie Paul Klee, Le Corbusier, Johannes Itten (Bauhaus), Giacometti – einer der renommiertesten Bildhauer der Mitte des 20. Jh. – und Meret Oppenheim, ein aktives und beliebtes Mitglied der Pariser Surrealisten der 1920er Jahre. Hier arbeitete der Architekt und Bildhauer Max Bill, der seinen Schwerpunkt auf mathematisch inspirierte, minimalistische Formen legte, die später die konkrete Kunst Lohses beeinflussten. In den 1950–60er Jahren kombinierte der Kosmopolit Jean Tinguely kinetische Kunst mit Performance und Müll- oder Junk-Art-Museen in Freiburg und Basel. Wichtige Namen der 1960–70er Jahre sind Bernhard Luginbühl und die Mitglieder der Gruppe Fluxus, Andre Thomkins und Karl Gestner, in den 1980ern Markus Raetz und John Armleder und in den 1990ern Thomas Hirschhorn.

Eine grandiose und herausfordernde Natur braucht ebenso geniale und mutige Menschen für den Bau von Staudämmen (La Grand Dixence und Mauvoisin, im Wallis), Straßen (die Sustenstrasse, 1938), Eisenbahn-Viadukten (Wiesen, in der Nähe von Davos) und (nochmal) Brücken: Robert Maillart revolutionierte den Stahlbeton und verlieh ihm mit neuen Formen eine neue Ästhetik – die elegante Salginatobel-Brücke, Schiers 1929, die „in ihre herrliche Umgebung zu gehören scheint".

Eine wichtige Rolle spielen nicht nur die traditionellen Parks wie in Genf oder der Parco Civico in Lugano, sondern auch der Erhalt von gewachsenen Strukturen und die Gestaltung neuer Landschaften. Descombes schuf öffentliche Parks in Lancy (Genf, 1986) und Freiburg (1999) sowie den 35 km langen Rundweg „Der Weg der Schweiz" um den Urnersee (1990). Die Meisterschaft Dieter Kienasts kommt in rigorosen, minimalen geometrischen Kompositionen zum Ausdruck, in denen Natur und Kultur miteinander verschmelzen und die Gestaltung auf den Ort Bezug nimmt – Et in Arcadia ego, Uetliberg 1989; zwei Projekte in Chur; Mimesis, Greifensee 1995; weitere in Appenzell, Basel, Riehen, Zürich, in Deutschland (Frankfurt, Erfurt, Karlsruhe, Berlin, Magdeburg) und Frankreich. Sein Schüler Udo Weilacher hat über 450 Gärten und Landschaften in der ganzen Schweiz aus dem 12. bis zum 21. Jh. ausgewählt – vgl. Bibliographie. All dies erklärt die wenigen Skulpturen-Parks: Das Projekt Furka-Art auf dem Furkapass; die Freilichtskulpturen-Triennale von Bex seit 1981; das Viilage Plaza von CS Crédit Suisse in Horgen von Karavan (1994); das Projekt Atelier Amden seit 1999 und das Internationale Land Art Festival in Grindelwald mit seinen vergänglichen Werken aus Naturmaterialien.

Vorherige Seite:
Robert Maillart, Salginatobelbrücke, 1929

Unten:
Kienast / Vogt, Gartenhof der Swiss Re, Zürich, 1995

Seit 2000
Stiftung Sculpture at Schoenthal
Schoenthalstrase 158
CH–4438 Langenbruck
Tel.: +41 (0)617067676
mail@schoenthal.ch
www.schoenthal.ch

Öffnungszeiten:
Fr.: 14–17 Uhr
Sa.–So., Feiertage: 11–18 Uhr
Eintritt:
Erwachsene: gebührenpflichtig
Familien, Studenten und Gruppen:
reduziert
• Ausstellungsraum mit temporären
  Ausstellungen
• Publikationen
• Parkplatz limitiert

Anfahrt:
• Mit dem Auto: 50 Minuten von Basel
• Mit dem Bus: ab Langenbruck

Unterkunft
  Im Gasthaus Schoenthal oder in
  Hotels in Langenbruck

Sculpture at Schoenthal steht im Dialog mit der ruhigen alpinen Landschaft des Jura und der romanischen Kunst eines ehemaligen Klosters. Vor mehr als 800 Jahren wurde die später für ihre Fassade berühmte Kirche des Benediktinerklosters geweiht. Das Konvent wurde im 16. Jh. von der Reformation geschlossen, im 19.Jh. von Basel an einen Privatbesitzer verkauft und 1967 unter Denkmalschutz gestellt. In einer privaten Initiative wurde die Anlage so umgestaltet, dass 2000 das Projekt Sculpture at Schoenthal ins Leben gerufen werden konnte. Es umfasst über 30 dauerhaft ausgestellte Werke, die sich über Rundwege erwandern lassen. Es handelt sich um Arbeiten internationaler Künstler wie Richard Long, Tony Cragg, Nicola Hicks, David Nash, Ian Hamilton Finlay, Ulrich Rückriem, Ilan Averbuch, Nigel Hall, William Pye, Hamish Black sowie von Schweizern wie Roman Signer, Peter Kamm u. a. Neben wechselnden Ausstellungen gibt es auch Räume für Seminare, Vorträge und Klausuren.

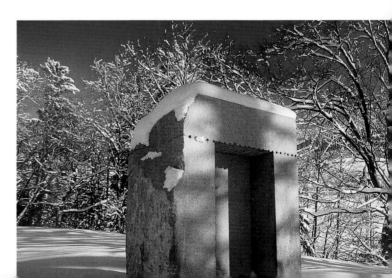

Vorherige Seite:
Nicola Hicks, *Minotauro*, 2003

Oben: Nigel Hall, *Soglio*, 1994

Unten: Ulrich Rückriem, *Tempel*, 1987

Fondation Pierre Gianadda
rue du Forum 59
1920 Martigny
Tel.: +41 (0)277223978
info@gianadda.ch
www.gianadda.ch

Öffnungszeiten: Täglich geöffnet
Eintritt:
Erwachsene: gebührenpflichtig
Senioren, Kinder, Familien,
Gruppen: reduziert
• Behindertengerecht
• Führungen
• Ausstellungsraum mit temporären
  Ausstellungen
• Bildungsprogramm
• Buchhandlung und Boutique
• Café
• Restaurant
• Picknickbereich
• Parkplatz

Anfahrt:
• Mit dem Auto: Autobahn A9 von
  Montreux oder Sion, Straße 21
  von Grand Saint Bernard Tunnel
• Mit dem Bus: Busbahnhof CFF
  (Haltestelle Fondation Pierre
  Gianadda)
• Mit der Bahn: Martigny-Orsières
  (Busbahnhof Martigny-Bourg)
  Panoramazug Chamonix-Mont Blanc-
  Châtelard-Martigny (1 Std. 45 Min).
  Von Paris (Busbahnhof de Lyon) nach
  Lausanne (TGV) Martigny (5 Std.)

Unterkunft:
  Hotel du Rhône,
  Tel.: +41 (0)27722224
  (geschlossen vom 15. Nov.–15. Dez.)

Im Herzen der Alpen, 75 km vom italienischen Aosta und 40 km vom französischen Chamonix entfernt liegt zwischen dichtem Wald und Weinhängen Martigny. In dieser im Winter schneebedeckten und im Frühling in sattem Grün erblühenden Landschaft hat die Stiftung Pierre Gianadda ihren Sitz. Neben öffentlichen Plätzen mit modernen Skulpturen, wie etwa *Tige Martigny* von Bernhard Luginbühl (1957–99), gehört zu der Stiftung ein Kulturkomplex, der einen Skulpturen-Park, temporäre Skulpturen- und andere Ausstellungen bildender Kunst, das gallo-römische Museum, das Automobilmuseum, Konzerte u. a. umfasst. In der vom mittelalterlichen Batiaz-Rundturm beherrschten Stadt sind Spuren aus der Römerzeit – wie das 74 × 61,7 m große Amphitheater für 5000 Zuschauer, die Thermen und das gut erhaltene

Kanalsystem oder ein Mithräum – und des aufkommenden Bürgertums des 17. Jh., wie die hübsche Rue du Bourg, erhalten.
Die moderne Stadt liegt an der Dranse, die kurz darauf in die Rhône mündet, und die Vororte zeigen noch die Spuren des Rationalismus des vergangenen Jahrhunderts. Im Norden, Richtung Salvan, überspannt die Brücke von Gueuroz (1932) den kleinen Bergbach Trient in einer Höhe von 187 m, ein Meisterwerk Alexandre Sarrasins in Stahlbeton, in dem Kunst und Ingenieurwesen eins werden und sich ein subtiler, aber eindrucksvoller Dialog zwischen dem Objekt und der Natur entwickelt der sowohl mit Mathematik als auch mit Schönheit zu tun hat.
Im Frühling 1976 entdeckte der Industrielle Leonard Giannada Reste eines ehemaligen gallo-römischen Tempels, der älteste seiner Art in der

Schweiz. Kurz darauf verstarb sein jüngerer Brüder Pierre, mit dem er eng verbunden war, bei einem Flugunglück. Zu dessen Ehren gründete er eine Stiftung für ein Kulturzentrum, die den Namen des Bruders trägt und der Archäologie, den Künsten, der Musik und der modernen und zeitgenössischen Kultur gewidmet ist. Das um die Trümmer dieses Merkurtempels errichtete Zentrum wurde 1978 eingeweiht. In den schattenreichen Gärten wechseln sich archäologische Überreste von Thermen und die Mauer eines *Temenos* mit Bäumen und Teichen ab. Hier wurden dauerhaft Werke namhafter moderner Künstler aufgestellt, die sich wie ein Almanach der Skulptur des 20. Jh. lesen (vgl. Liste auf S. 205): Werke von Maillol über Vernet bis Chillida, nicht zu vergessen den „Chagall-Hof" mit einem riesigen, 1954 von Ira Kostelitz in

Vorherige Seite:
Terrasse der Stiftung und
archäologische Überreste

Diese Seite:
Alexander Calder, *Ohne Titel*, 1965

Auftrag gegebenen Mosaik, das 2003 hierher, in einen eigens dafür errichteten Pavillon gebracht wurde.

Die Sammlung umfasst außer den auf diesen Seiten abgebildeten Plastiken eine *Reclining figure* in Bronze von Henry Moore aus dem Jahr 1982. Aus dem gleichen Material ist *Le Sein* von Cesar, 1965. Von Hans Arp stammt die Stahlfigur *Roue Oriflamme* (1962). Dubuffet hat das *Element d'architecture contorsionniste V* hinterlassen, Segal die *Woman with Sunglasses on Park Bench*, Rodin die *La Meditation avec bras*.

Die wechselnden Ausstellungen moderner und zeitgenössischer Kunst haben eine lange Tradition mit 3–4 Schauen im Jahr, über 100 seit 1980, und zeigen so berühmte Künstler wie Goya, Picasso, Klee, Gauguin, Schiele, Manet, Degas, Braque, Kandinsky, Dufy, Modigliani,

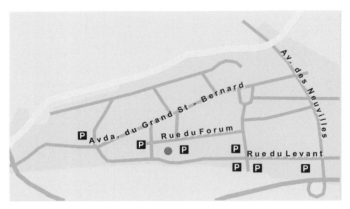

Constantin Brâncuși, *Le grand coq,*
1949
Alicia Peñalba, *Le grand double,* 1979

Renoir, Matisse, Giacometti und Cartier-Bresson. Die klassischen
Konzerte im Auditorium der Stiftung stehen den Ausstellungen in Rang
und Namen in nichts nach; Menuhin, Isaac, Stern, Rostopovitch,
Ashkenazy, Zukerman, Raimondi, Cecilia Bartoli, Barenboim u. a.

Oben:
Ansicht des Skulpturen-Parks,
Stiftungsgebäude in der Mitte, rechts
Reclining figure, von Henry Moore,
1982

Rechts:
Joan Miró, *Tête,* 1974–85

Künstler im dauerhaften Skulpturen-Park

Arman (Armand Fernández)   Jean Arp   Max Bill   Émil-Antoine Bourdelle
Constantin Brâncuși   Pol Bu   Alexander Calder   César (César Baldaccini)
Marc Chagall   Eduardo Chillida   Roland Cognet   Dubach   Jean Dubuffet
Elisheva Engel   Hans Erni   Max Ernst   Robert Indiana   Jean   Epoustéguy
Willem de Kooning   Lalanne   Henri Laurens   Aristide Maillol   Marino Marini
Etienne Martin   Joan Miró   Henry Moore   Alicia Penalba   Antoine Poncet
Jean Pierre Raynaud   Germaine Richier   Auguste Rodin   Rouiller   Stahly
Szafran   Tapies   Niki de Saint Phalle   George Segal   Tommasini   Bernar Venet

Die Themse war einst ein Nebenfluss des Rheins und Großbritannien ein Teil der nordeuropäischen Tiefebene, bis gegen Ende der letzten Eiszeit der Meeresspiegel anstieg und die Ebene zu Inseln machte. Dem Hochland im Norden und Westen – Schottland, Wales – stehen die sanften Tiefebenen und Hügellandschaften im Osten und Südosten gegenüber England. Ulster ist ein Teil Irlands, der mit weiteren Inseln das Gebiet Großbritanniens vervollständigt. Die atlantischen Westwinde sorgen zusammen mit dem Golfstrom für feuchtes Klima mit Wolken, Nebel, wenig Sonne, häufigen Regenfällen und wechselhaftem, kühlem Wetter. Die Landschaft ist vielfältig und kontrastreich: Die Bevölkerung konzentriert sich in den Millionenstädten, und nur 5% leben auf dem Land, das zu 18% landwirtschaftlich unproduktiv ist und zu 46% von Wiesen und Weiden beherrscht wird, während die Landwirtschaft 27% und Wälder 10% der Fläche einnehmen.

Die Megalithen von Avebury (4 Jh. v. Chr.) und Stonehenge (2900–1500 v. Chr.) symbolisieren die Nähe zwischen Mensch und Kosmos. Die keltisch-bretonischen Stämme kamen gegen 700 v. Chr. Mit der Eroberung durch Claudius (44 v. Chr) erhielt Londinium seine erste Brücke, und das Römische Reich übte mit dem 117 km langen Hadrianswall (122) von Küste zu Küste seinen größten Einfluss aus. Ab 407 folgten mit den Invasionen der Angeln, Sachsen, Wikinger und Dänen 500 Jahre Kleinkriege und schließlich die Christianisierung. Mit der normannischen Eroberung von 1066 durch Wilhelm I. entstand zum ersten Mal ein Nationalgefühl. Die Gotik florierte unter den Königshäusern, die auf William I. folgten. Im 16. Jh. wurde unter Elisabeth I. die Kolonialzeit eingeleitet. Cromwell und die politische Revolution von 1649 sowie Newton und die wissenschaftliche Revolution wirkten sich auf Parlament und die Bedeutung von Naturwissenschaft und Technik aus, die die Industrielle Revolution ab 1760 antrieben, mit all ihren Entwicklungen, den Bergwerken, der Ausbeutung der Erde, den Fabriken, Arbeitermassen und der Eisenarchitektur. Als Reaktion darauf verklärte die Romantik die Gefühle des einzelnen und etablierte mit Burke neue ästhetische Kategorien des Schönen und Sublimen in der Natur; als dessen Verkörperung galten der Lake District, Heimat und Lieblingslandschaft der Dichter – Wordsworth, Coleridge, Southey –, Theoretiker, Kritiker – John Ruskin im 19. Jh. – und Erzähler und Künstler – Beatrix Potter, Schwitters, im 20. Jh. – oder die Gemälde Constables und die Natur-, Stadt- und Industrielandschaften Turners.

Der englische Garten entwickelte sich im frühen 18. Jh. Während der französische Garten durch strenge Symmetrie und gerade Linien gekennzeichnet war, versuchte die englische Variante durch Zwanglosigkeit eine wilde, „natürliche" Natur zu schaffen; das Hauptaugenmerk wurde dabei mehr auf Bäume und Pflanzen als auf Strukturen gelegt, sodass Ausblicke wie auf Landschaftsgemälden entstanden.

Gärtner, Landschaftsgestalter, Architekten und Theoretiker brachten unzählige Gärten und Bücher über den neuen Stil hervor, der sofort weltweit Nachahmer fand. Ausgehend von Switzer und Capability Brown tendierte er zum Malerischen unter Price und Knight, entwickelte sich mit Repton und dem Herausgeber Laudon zum viktoriani-

243 305 km², 65,1 Millionen
Einwohner, EU-Mitglied seit 1973

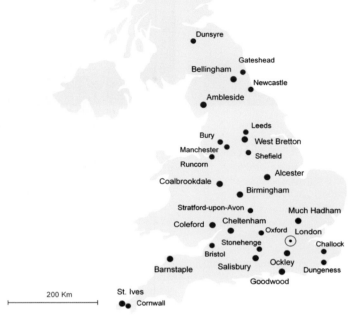

Dunsyre

Gateshead
Bellingham
Newcastle
Ambleside

Leeds
Bury
West Bretton
Manchester
Shefield
Runcorn
Alcester
Coalbrookdale
Birmingham

Stratford-upon-Avon
Much Hadham
Coleford
Cheltenham
Oxford
London
Stonehenge
Challock
Bristol
Barnstaple
Salisbury
Ockley
Dungeness
Goodwood

St. Ives
Cornwall

200 Km

Pitmedden Garden, 23 km nördlich von Aberdeen, A. Seton, 17.–18. Jh.
Stowe Gardens, Chiltern Hills, Buckinghamshire, Bridgeman seit 1714 William Kent; Capability Brown ist Obergärtner seit 1741
Blenheim, Oxfordshire, Bridgeman seit 1709, Capability Brown (verändert)
Kensington Gardens, London, mit Eingreifen von Bridgeman, 18. Jh.
Stourhead, Wiltshire, in der Nähe von Salisbury and Stonhenge, 1743, H. Hoar, der Erste, der auf symmetrische und geometrische Formen verzichtete
Hampton Court Gardens, London: seit 1660, Maze (1690); Great Vine von Capability Brown (1768)
Cornwall Corniche, Truro, in der Nähe von St Ives: Trewithen, 18. Jh.; Trelissick Garden, 1750–1825
Chatsworth, Derbyshire, seit 1696, Capability Brown 18. Jh., Paxton ist Obergärtner seit 1826
Victoria Park, Hackney, London, 1842, von Pennethorne, der erste öffentliche Park
Kew Gardens, London: Royal Botanic Garden, Orangerie, Pagode, Tempelchen 1756–61, von Chambers; Tropenhaus von Burton, 1848

schen Garten und erreichte schließlich mit Paxton seine höchste Blüte: Chatsworth und der Kristallpalast (1850) läuteten eine internationale Epoche ein. Im Viktorianischen Zeitalter (1837–1901) brachte die schwindelerregende Entwicklung des Kapitalismus das Erstarken des Bürgertums und ein neues, städtisches Proletariat hervor. Es wurde begleitet von Marx und *Das Kapital*, den ersten öffentlichen Parks, den Sozialgesetzen von 1871, Howards Gartenstädten (1898) und den Gärten von Gertrude Jekyll am Anfang des 20. Jh.

Damals war das Vereinigte Königreich das mächtigste Land der Welt und herrschte über ein Viertel des Globus. Nach dem Sieg im Ersten Weltkrieg begann der Niedergang. In der Skulptur ragte zu dieser Zeit allenfalls Epstein mit seinen Bronzen hervor. 1933 bildete sich die Gruppe Unit One mit Ben Nicholson und seinen weißen Reliefs, Barbara Hepworth und Henry Moore – beides Vorreiter der britischen Abstraktion – die von der primitiven Kunst der Sumerer und Mexikaner sowie dem Surrealismus inspiriert waren. Nach 1946 wurde der Prozess der Entkolonialisierung weitergeführt. Als sich das Empire seinem Ende neigte, wurden die New Towns gegründet, und Geoffrey Jellicoe war der führende Vertreter der Landschaftsgestaltung. Die anthropomorphen Skulpturen von Butler und Armitage und das schematische Werk Lynn Chadwicks charakterisierten die 1950er Jahre. Die 1960er begannen mit den großformatigen Eisenfiguren und begehbaren Räumen von Anthony Caro, gefolgt vom einzigartigen Werk Finlays und schließlich der neuen und radikalen Land-Art von Richard Lang oder auch Andy Goldsworthy und Hamish Fulton. 1981 wurde im Londoner ICA die neue britische Skulptur vorgestellt: Woodrow, Julian Opie, Tony Cragg, Richard Deacon und Anish Kapoor (zusammen mit den Installationen Antony Gormleys).

Singing, Ringing Tree

2007, Tonkin Liu

In der Nähe von Burnley, Lancashire, 34 km nördlich von Manchester.
Auf einem Hügel mit Blick auf Burnley befindet sich diese „musikalische Skulptur". Der Wind geht durch die unterschiedlich langen Pfeifen und spielt verschiedene Akkorde. Jedes Mal, wenn die Besucher unter dem Baum sitzen und umher blicken, hören sie ein anderes Lied des Windes.
Das Werk wurde von den Lesern des The Independent News und BA's High Life zu einem der 21 Wahrzeichen Großbritanniens des 21. Jahrhunderts gewählt und gewann einen RIBA National Award. Das Tonkin Liu Studio praktiziert Kunst, Architektur, Landschaft, usw. und hat 2016 sieben RIBA Awards gewonnen.

Ian Hamilton Finlay

Schottischer Dichter, Bildhauer, Gärtner und Herausgeber – seine konkrete Poesie, bei der die Typographie und die Anordnung auf der Seite Teile des Ganzen sind, brachte ihn zum Einsatz anderer Mittel wie Stein, Holz, Keramik und auch Neonröhren. 1967 zog er mit seiner Frau Sue nach Stony Path, einem Bauernhof, in der „infernalischen Region Strathclyde", die in keinem Reiseführer auftaucht. Hier schufen sie ihren privaten Garten, in dem sie zwischen verschiedenen Pflanzen über 275 Kunstwerke arrangiert haben: Objekt-Gedichte, Inschriften mit bisweilen rätselhaften, ironischen und eindeutig politischen Aussagen, neoklassische Bauelemente, korinthische Kapitele, Obelisken, Pyramiden, kleine Brücken, Sonnenuhren, Säulen, und Brunnen u. a. Little Sparta bildet ein Gesamtkunstwerk, das mehr ist als die Summe seiner Teile. Einflüsse lassen sich bis zum Renaissance-Garten Bomarzo des Prinzen Orsini zurückverfolgen (vgl. S. 107). Es ist ein poetischer Garten voller Metaphern und von ganzheitlichem Charakter, moralisch und philosophisch in seiner Auffassung der Französischen Revolution und des Naturverständnisses der Vorsokratiker. In ihm untersucht Finlay das komplexe Verhältnis zwischen unberührter Natur und Gesellschaftswandel, zwischen der Welt und der Fähigkeit des geschriebenen Wortes, sie auszudrücken. Er ordnet also nicht nur seine Werke „respektvoll" in einer natürlichen Umgebung. Es handelt sich vielmehr um einen intensiven Diskurs, der aus dem Wort, der Skulptur und der veränderten Naturlandschaft entsteht. Finlay hat über 50 ähnliche Installationen in den USA, auf dem europäischen Festland und in Großbritannien in Perth, Glasgow, Borough of Luton, Dudley, Durham und London umgesetzt.
Little Sparta, Stony Path, Dunsyre bei Lanark ML11 8NG Schottland, 32 km im Südwesten von Edinburgh über die A702, Mitte Jun.–Sep., nur nach Vereinbarung, Sa. und So., Tel.: +44 (0)1556640244 info@littlesparta.co.uk
www.littlesparta.co.uk

Gateshead

Um die Region vor dem Verfall zu bewahren, hat die Kulturpolitik Zentren zeitgenössischer Kunst gegründet und ein öffentliches Kunstprogramm aufgezogen, das seit 1986 in verschiedenen Landschaften und im Skulpturen-Park am Tyne 32 ortsspezfische Werke von internationalen Künstlern wie Gormley (vgl. S. 196), Deacon und Goldsworthy sowie britischen Autoren wie Colin Rose, Richard Harris u. a. geschaffen hat. www.gateshead.gov.uk

Derek Jarman's garden
Prospect Cottage, Dungeness, Kent
lautet der Titel eines sehr persönlichen Buchs, in dem die Vision des unvergleichlichen britischen Künstlers, Cineasten, Gärtners und Schriftstellers über seinen eigenen Garten zum Ausdruck kommt, der in jeder Hinsicht intim und außergewöhnlich ist. Und zwar nicht nur der Ort – ödes Gelände gegenüber einem riesigen Atomkraftwerk am Meer – sondern auch das einfache Fischerhaus von 1900, das im Sommer goldene und den Rest des Jahres gewittergraue Licht, die extrem raffinierte formale Gestaltung, die unscheinbaren Kiesel und das Pflanzen- und Blumengestrüpp, die Steinkreise, Skulpturen aus Zaunpfählen, das am Strand gefundene rostige Eisen und die liegengelassenen Gartenwerkzeuge, Mohn, Lavendel, Rosen, Riesenkohlköpfe, Ginster, Fenchel, Moos, Erbsen und Gemüse. Dieses Gesamtkunstwerk ist wie ein Tagebuch mit dem Leben verwoben – Pflanzen, die gegen den Wind ankämpfen, wie Jarman gegen die Krankheit AIDS –, lebensfroh, melancholisch angesichts des Vergänglichen – *Is*

there nothing but mortality? –, zerbrechlich und jeden Frühling wieder auferstehend, subtil wie ein Gedicht, ein Ort, den man lieber nicht bekannt macht, damit er nicht von den Touristenmassen überrannt wird. Man kann sich in der Beschreibung verlieren (man lese sein Buch). Festgehalten sei nur, dass es keinen Rasen gibt – „es ist widernatürlich", schreibt er, „Manche Gärten sind Paradiese. Meiner ist einer von ihnen", findet er. Die desolate Schönheit dieses radikalen, lebendigen und veränderlichen Werkes, vergänglich, isoliert und nur flüsternd bekannt gemacht, sollte der gemeinsame Aufschrei der Welt sein, dass uns an dieser Jahrtausendwende nur die von Außenseitern geschaffene Kunst bewahren kann vor altem, religiösem Fundamentalismus und neuen Mediendiktaturen, vor grenzenlosem Konsum und zunehmender Armut und vor der nicht enden wollenden Aufeinanderfolge glücklicher Ereignisse, während die Erde verletzt und der Humanismus begraben wird. Bevor er starb, wollte Jarman nur noch einen anderen Garten besuchen: den von Monet in Giverny.

Irwell Sculpture Trail
Den Fluss entlang gibt es einen 45 km langen Weg, der von Salford Quays über Bury nach Rossendale und oberhalb von Bacup die Pennines hinaufführt. Hier finden sich über 20 Skulpturen, die seit 1997 im Rahmen eines Programms aufgestellt wurden, welches die Gegend aufwerten sollte. Einige der Werke sind von internationalen Künstlern geschaffen – Ulrich Rückriem in Outwood Colliery, Ringley Road; Michael Farrell in Bacup; Lawrence Weiner; andere von britischen Künstlern wie Chris Drury. Tel.: +44 (0)1618488601 www.irwellsculpturetrail.co.uk

Norton Priory Runcorn
Norton Priory stammt aus dem 13. Jh. Das ehemalige, 30 Minuten von Manchester im Auto über die M56 entfernte Kloster bietet heute einen archäologischen Bereich, eine Rosenallee in einem ummauerten Garten und einen Rundgang mit über 20 Skulpturen, die auf einem Gelände von 15 ha aufgestellt sind. Die Orte wurden von den meist englischen Künstlern wie Diane Gorvin oder Colin Rose selbst ausgesucht. Norton Priory Museum and Gardens, Tudor Road, Manor Park Runcorn, Chesire WA7 1SX Tel.: +44 (0)1928569895

Seit 1999
Grizedale Forest Park
Grizeedale, Hawkshead, Ambleside,
Cumbria LA 22 0QJ
Tel.: +44 (0)1229860010
grizedale@forestry.gsi.gov.uk
www.forestry.gov.uk/grizedale
www.grizedalesculpture.org
www.grizedale.org
Park-Dir. Dave Lowe
Künstl. Dir. Hayley Skipper

Öffnungszeiten:
Park: täglich 10-17 Uhr
In den ersten beiden Januarwochen
geschlossen
Eintritt: frei
• Behindertengerecht
• Haustiere erlaubt
• Fotografieren erlaubt
• Führungen
• Bildungsprogramm
• Publikationen: Broschüre, Landkarte,
  Bücher
• Shop: Kunstwerke und Bücher
• Café
• Picknickbereich
• Parkplatz (gebührenpflichtig)

Anfahrt:
• Mit dem Auto: Von Hawshead /
  Ambleside: Folgen Sie der
  Beschilderung nach Grizedale.
  Von der Autobahn A590
  M6 nach Barrow
• Mit dem Bus: unregelmäßige
  Busverbindung / Fähre ab
  Windermere
• Mit der Bahn: Windermere Bahnhof
• Flughafen: Manchester

Unterkunft und Gastronomie:
  Zahlreiche Möglichkeiten in Grizedale,
  Ambleside, Hawkshead,
  Satterthwhite, Coniston,
  Windermere, u. a.: Hotels, Pensionen,
  Camping, Wohnwagen
  www.ambleside.u-k.org
  www.cumbria-the-lake-district.co.uk

Grizedale Forest befindet sich im Herzen des Nationalparks Lake District. Die umgebende Landschaft, die durch vulkanische und Gletscheraktivität gebildet wurde, ist für ihre natürliche Schönheit berühmt und spielte eine wichtige Rolle für die Entstehung der britischen Romantik, einer Bewegung des 18. und 19. Jh., die die Natur leidenschaftlich verklärte und das Kunst- und Naturverständnis auch im 21. Jh. noch stark beeinflusst.

Die 2500 ha Wald bieten herrliche Panoramablicke, markierte Wanderwege, vielfältige Outdoor-Aktivitäten und eine ständige Sammlung von rund 40 Skulpturen, die zwischen den Bäumen versteckt in den Wald einbezogen sind. Das Kunstprojekt im Wald hat seine Wurzeln in der Land-Art-Bewegung. 1968 kam Förster Bill Grant aus den USA, inspiriert durch die Kombination von Kunst und Landschaft, die er dort gesehen hatte. Zunächst war die Initiative auf die darstellende Kunst als Theater im Wald beschränkt, bis 1977 das Skulpturenprogramm Grizedale Forest als Großbritanniens erster Skulpturenwald gegründet wurde, wo Künstler direkt mit der Landschaft arbeiten konnten.

Die Künstler wohnten und arbeiteten häufig mehrere Monate vor Ort, um temporäre und permanente Skulpturen zu schaffen. In Übereinstimmung mit dem Gründungsprinzip, das den Wald als Ort der Produktion und Inspiration in den Mittelpunkt stellte, entstanden viele Skulpturen standortspezifisch aus dort vorgefundenen Materialien. Zu den ersten Bildhauern gehörten unter anderem David Nash und Richard Harris, wobei Harris' Steinstruktur von 1977 noch heute besichtigt werden kann. Hergestellt aus handgesägtem Eichenholz von umgestürzten Bäumen und Schieferresten der früheren Mauern, die die Felder begrenzten, wirkt sie wie eine Erweiterung dieser Landschaft, in der Holz und Stein vorherrschen. Die Skulpturen aus Naturmaterialien waren immer so konzipiert, dass sie wie-

Andy Goldsworthy, Keir Smith, David Kemp, Kimio Tsuchiya, Jill Randal, Alannah Robins, Robert Koenig, Keith Wilson, Greyworld, Rupert Ackroyd und Owen Bullet

der vergehen konnten, um Platz für die Waldkunstwerke anderer Bildhauer zu schaffen. Auf Nash und Harris folgten rund 90 britische und internationale Künstler, unter anderem mit Skulpturen zu Umweltthemen, dem Erbe des Landes und der Beziehung der Menschen zur natürlichen Welt. *Taking a Wall for a Walk* (1990) von Goldsworthy schlängelt sich durch eine Reihe von Lärchen und erinnert an die traditionellen Trockenmauern, die die Hügel und Täler von Cumbria durchziehen. Das 2012 aufgestellte Werk *Concrete Country* von Lucy Tomlins bringt ein Wahrzeichen der englischen Landschaft aus einem industriell gefertigten Baumaterial in die natürliche Umwelt. Keir Smith war einer der ersten hier tätigen Bildhauer. Nun bilden nach seinem Tod zwei Werke das Vermächtnis einer langjährigen Zusammenarbeit mit dem Skulpturenwald: *Last Rays of an English Rose* (1986 / 87) von 2009 und *A Flower in Flower* (1999), das 2014 aufgestellt wurde. Grizedale Forest wird von der Forestry Commission England betreut und für Menschen, Tiere und Holzgewinnung nachhaltig verwaltet. Der Mensch soll sich diesen schönen Ort zu eigen machen, in die natürliche Umwelt eintauchen und die bildhauerische Reaktion darauf in Augenschein nehmen. Der Wald beherbergt Andenken, die über die Geschichte bis in das Reich der Legende zurückgehen. Sein Name kommt aus dem Altnordischen und bedeutet „Wildschweintal". Durch Abholzung für Weideland im 11. Jh. und die industrielle Revolution wurden große Teile des Waldes zerstört. Die Wiederaufforstung begann im 19. Jh. mit 70 000 Eichen und 1,5 Millionen europäischer Lärchen und anderer Arten. Die Verwendung des ehemaligen Herrenhauses Grizedale Hall als Gefangenenlager im Zweiten Weltkrieg wurde in dem Film „Einer kam durch" thematisiert. Dieses einzigartige Erbe wird auch die in Zukunft für Grizedale Forest geplanten Auftragsvergaben bestimmen.

Vorherige Seite:
Lucy Tomlins, *Concrete Country,* 2012

Unten, von links nach rechts:
Alannah Robins, *Lady of the Water,* 1995
Richard Harris, *Quarry Structure,* 1977

angel of the north

Seit 1998
Team Valley, Gateshead, zwischen
Autobahn A1 und Straße A167

Hier sieht man, wie die Kunst aus einem typischen Nicht-Ort des 20. Jh.
– eine von rund 100 000 Fahrzeugen pro Tag frequentierte Autobahn –
wieder eine Landschaft mit eigener Identität machen kann. Der *Angel of
the North* ist ein visueller und emotionaler Markstein am Südende der
Region Tyneside, 5 km vor Gateshead und am Rande des großen
Forstgebiets im Norden. Dieses riesige 20 m hohe Werk mit Flügeln, die
eine Spannweite von 54 m haben, besteht aus witterungsbeständigem
Kupferstahl. Sein Urheber, Antony Gormley, hat darüber Folgendes gesagt:
„Die Lage auf der Spitze des Hügels ist wichtig und erinnert an einen
megalithischen Grabhügel. Wenn man an die ehemalige Mine darunter
denkt, spürt man ein poetisches Echo [...]. Das Gesicht soll keine indivi-
duellen Züge tragen. Die Wirkung des Werks liegt in der Wachsamkeit in
der Bewusstheit des Raums und der Geste der Flügel – sie sind nicht
gerade, sondern einer Umarmung gleich um 3,5° nach vorne geneigt".

Seit 1997
Broomhill Art Hotel & Sculpture Gardens
Muddiford, Barnstaple
Devon EX31 4EX
Tel. +44 (0)1271850262
info@broomhillart.co.uk
www.broomhillart.co.uk
Dir. Rinus van de Sande

Öffnungszeiten:
Jan.–Dez.: Mi.–So. 11–16 Uhr
Jul.–Aug.: Mo.–So. 11–16 Uhr
20. Dez.–15. Jan. geschlossen
Eintritt:
Galerie: frei
Skulpturen-Park: Erwachsene:
gebührenpflichtig. Kinder (unter 15)
und Familien: reduziert
• Behindertengerecht
• Haustiere erlaubt
• Fotografieren erlaubt
• Ausstellungsraum
• Bildungsprogramm
• Publikationen
• Buchhandlung
• Café
• Restaurant
• Parkplatz

Anfahrt:
• Mit dem Auto: von Barnstaple B3230
  Richtung Ilfracombe
• Mit dem Bus: N30 von Barnstaple
  nach Lynton
• Mit der Bahn: Barnstaple
• Mit dem Taxi
• Flughafen: Exeter oder Bristol

Unterkunft:
  Broomhill Art Hotel

Broomhill liegt in einem Tal inmitten großer Wälder und besteht aus drei Teilen: einem Skulpturengarten, einer Galerie für zeitgenössische Kunst und einem Hotel-Restaurant.

Auf Initiative der aus Holland stammenden und seit 1997 hier lebenden Galeristenfamilie Van de Sande wurden die einst wunderschönen, aber später vernachlässigten Gärten zu den Broomhill Skulpturengärten: 4 ha mit rund 300 Skulpturen von etwa 60 Bildhauern. Der baumreiche Garten mit seinem Vogelgezwitscher, einem kleinen Bach und Forellenteich kommt besonders im Frühling, wenn die Schneeglöckchen, Narzissen, gelben Rosen, Azaleen und blauen Glockenblumen blühen, zu vollem Glanz.

In dieser Umgebung bilden die Skulpturen ein harmonisches Gleichgewicht zwischen Kunst und Natur. Um sie zu erreichen, läuft der Besucher über geschlängelte Pfade zwischen dichteren, schattigen

Giles Penny, *Flat Man,* 1997

Waldstücken und sonnigen, kleinen Wiesen. Keines der ausgestellten Werke ist dauerhaft, der Skulpturen-Park durchlebt einen steten Erneuerungsprozess, denn alle Werke werden zum Verkauf angeboten. Es handelt sich sowohl um gegenständliche wie abstrakte Plastiken aus Eisen, Bronze, Holz u. a., und ihre Schöpfer sind meist nationale Künstler von noch nicht so hohem Bekanntheitsgrad.

Darüber hinaus gibt es einen Ausstellungssaal mit kleinformatigen Werken sowie Zeichnungen und Gemälden der verschiedenen Künstler, die mit Broomhill in Beziehung stehen. In den sieben Zimmern des viktorianischen Hotels werden Antiquitäten und Kunstwerke aus der Privatsammlung zeitgenössischer Kunst miteinander kombiniert.

Die Broomhill Foundation beherbergt den N.S.P., einen jährlichen nationalen Wettbewerb für Skulpturen von aufstrebenden Künstlern. Seit 2001 ist sie von Juni bis Mai des darauf folgenden Jahres geöffnet und wechselt jährlich.

Seit 1994
Art and Architecture at Kielder
Kielder Water and Forest Park
Bellingham, Northumberland NE 48 28Q
Tel. +44 (0)1434220643
www.kielderartandarchitecture.com
www.visitkielder.com
www.kielderobservatory.org

Öffnungszeiten: durchgehend
Eintritt: frei
Infos: Leapplish Waterside Park,
Tower Knowe, Kielder Castle

- Behindertengerecht
- Haustiere erlaubt
- Fotografieren erlaubt
- Führungen
- Publikationen: Broschüre, Führer
- Café
- Restaurant
- Picknickbereich
- Parkplatz

Anfahrt:

- Mit dem Auto:
  www.visitkielder.com/visit/getting-here
- Mit dem Bus: www.kielder.org
- Mit der Bahn: Bahnhof Hexham
- Flughafen: Newcastle

Unterkunft und Gastronomie:
Hotels, Pensionen, Gasthäuser,
Bed and Breakfast, Wohnwagen /
Camping, www.kielder.org

Der Kielder Water and Forest Park in Northumberland nahe der alten schottischen Grenze und dem Hadrianswall (122 n. Chr.), dem Limes des Römischen Reiches, gehört zu den größten Naturräumen Großbritanniens. Im Park gibt es ein Dutzend kleine Dörfer, Weiler und Bauernhöfe. Bellingham gilt als Hauptort. Kielder, „Wildwasser" auf Altnordisch, ist der Name des Parks und des Schlosses. Das Programm für visuelle Kunst startete 1994; ab 1998 kam die zeitgenössische Architektur unter dem Motto „Auf der Suche nach Schutz" dazu. 1999 wurde das erste Architekturprojekt des nunmehr „Kunst und Architektur" lautenden Programms errichtet. Das Kielder Belvedere ist ein Werk der Architekten Softroom, deren Schwerpunkt auf theoretischen Themen und Fantasie-Architektur liegt. Es basiert auf einer langen, historischen Tradition und wird hier nach den Eigenheiten des Ortes, den Funktionen des Baus und den innovativen Ideen seiner Gestalter neu interpretiert. Die geschwungene Hülle aus poliertem Edelstahl spiegelt die Natur wider: Im runden Inneren aus beschichtetem Stahl wird das Licht durch ein leicht gebogenes, jedoch rechteckiges Oberlicht aus gelbem Glas gefiltert, was ihm eine warme Qualität verleiht, selbst wenn es draußen kalt und windig ist. Ein Aussichtspunkt, der nach innen blickt, ein Unterschlupf in Wechselwirkung mit seiner äußeren Umgebung. James Turrell gilt als einer der ambitioniertesten Land-Art-Künstler. Bei seinen *Skyspaces* geht es um das Verhältnis zwischen Innen- und Außenraum, um Licht und seine Wahrnehmung, um das Verhältnis zwischen Himmel und Erde. Der Standort: eine Felsnase mit atemberaubender Aussicht, Cat Cairn. Die Struktur: ein eingegrabener runder Raum, den man über einen Tunnel erreicht, gekrönt von einem Dach mit einer 3 m großen runden Öffnung; entlang des Sockels der Innenwände verläuft eine durchgängige Sitzbank, hinter der ein Glasfaserring die weißen Wände und die Decke beleuchtet. Der Eindruck: Der innen sitzende Betrachter sieht den kreisrund eingerahmten Himmel gleich einer festen Form und nimmt die Veränderungen des Gleichgewichts wahr, die Beziehung von Ton, Farbe und Helligkeit mit ihren endlosen Möglichkeiten, je nach dem Wechsel der Stunden, Tage, des Wetters und der Jahreszeiten, zwischen dem künstlichen Licht innen und den zarten Lichtnuancen außen – besonders nuancenreich kurz vor dem Morgengrauen und nach Sonnenuntergang. Turrell über sein Werk: „Dies ist der Himmel von Constable und Turner. Und dieser Raum funktioniert auch ein bisschen so. Wir haben einer Menge Menschen zu danken, die vor uns kamen und auch diese Lichtqualitäten betrachtet haben". *Minotaur* ist ein zeitgenössisches Labyrinth der Architekten Nick Coombe und Shona Kitchen.

„Die Struktur spielt mit der Psychologie des Gefühls des Verlorenseins und setzt dabei Disharmonie und Asymmetrie ein, durchsetzt mit einer Reihe exzentrischer Vorrichtungen, die den Besucher herausfordern" und ihm falsche oder paradoxe und zudem stets symbolträchtige Anhaltspunkte geben. Das Labyrinth versetzt den Besucher in einen bis Daedalus zurückreichenden Zustand, und verweist ihn damit auf die Idee des Men-

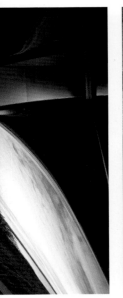

schen als vernunftbegabtes Wesen, das die Kontrolle über seinen Raum hat. Der Einsatz unkonventionellen Materials ermöglicht neue Ausdrucksformen der Beziehung zwischen Objekt und Natur. Wie die Natur verändert auch das Kunstwerk ständig sein Aussehen. Kielder bietet auch ein Atelier mit Unterkunft für Künstler und Architekten oder das Kielder Observatorium, ein 2005 von Charles Barclay gewonnener Wettbewerb.

Seit 1986
Forest of Dean Sculpture Trail
Speech House Road
Coleford, Gloucestershire GL168BA
Tel.: +44 (0) 3000674800
www.forestofdean-sculpture.org.uk

Öffnungszeiten:
Beechenhurst Lodge:
Täglich ab 08:00 Uhr bis: Nov.–Feb.
17 Uhr; Mär. 18:30 Uhr; Apr. 20 Uhr;
Mai–Aug. 21 Uhr; Sep. 19:30 Uhr;
Okt. 18:30 Uhr
Eintritt: frei
• Behindertengerecht
• Haustiere erlaubt
• Fotografieren erlaubt
• Führungen nur nach Voranmeldung
• Publikationen: Broschüre, zwei
  Bücher
• Buchhandlung
• Café
• Restaurant
• Picknickbereich
• Parkplatz (gebührenpflichtig)

Anfahrt:
• Mit dem Auto: Nehmen Sie die Straße
  B4226 Coleford nach Cinderford.
  Beechenhurst befindet sich zwischen
  der Kreuzung B4234 (Parkend /
  Lydbrook) und dem Hotel.
• Mit dem Bus: Nr. 30 von Coleford-
  Cinderford-Gloucester nach
  Beechenhurst; die offizielle Haltestelle
  befindet sich an der Kreuzung
  Cannop.
• Mit der Bahn: Bahnhöfe in der Nähe:
  Lydney, Chepstow, Gloucester
• Mit dem Taxi von Lydney Bahnhof
• Mit dem Fahrrad: National Cycle
  Network
• Info: Sustrans, Bristol
• Flughafen: Bristol

Unterkunft
www.wyedeantourism.co.uk

Zwischen den Tälern des Severn und des Wye, „wo England und Wales Schulter an Schulter liegen", ist als einer der wenigen Wälder der Krone Großbritanniens der Royal Forest of Dean erhalten, nachdem er Jahrhunderte lang als Jagdgebiet und Holzkohlelieferant der Monarchen ausgebeutet worden war. Bereits zu Zeiten des Römischen Reiches wurde sein geologisches Innenleben – Kohle, Eisen, Stein – in Tagewerken und Steinbrüchen gewonnen, bis später die Industrielle Revolution Hochöfen und Schmieden an die Flussufer setzte: 2000 Jahre eines „ausgekundschafteten, ausgebeuteten und ausgeführten" Landes; und doch von einzigartiger Schönheit, die Künstler, Dichter und Musiker inspiriert hat. 1924 ging der Wald in die Obhut der staatlichen Forstbehörde über; 1938 wurde er zum Schutz seiner natürlichen und industriehistorischen Schätze zum Nationalpark erklärt, und 1986 wurde der Skulpturenweg angelegt Bis heute empfängt der Park jedes Jahr 250 000 Besucher. Er erstreckt sich über 10 800 ha sanfte Hügel und gewundene Täler mit Flüssen, Stromschnellen und einheimischen Pflanzenarten wie den teilweise Jahrhunderte alten Eichen und Buchen. In diesem „König der

Wälder'', dessen magisch-mystische Aura J.R.R.Tolkien inspirierte, wurden entlang des 5 km langen Pfades Skulpturen aufgestellt.

Die Aufträge an die Künstler erfolgen mit dem Ziel, den Wald mit Kunstwerken zu feiern, die sein Verständnis und seine Wertschätzung erhöhen. So ist der Weg eine neue Form, sowohl den Wald zu erkunden als auch die etwa 20 Skulpturen zu genießen, deren Aufstellungsorte jeweils von den Künstlern ausgewählt wurden. Neben den hier abgebildeten seien noch *Fire and Water Boots* sowie *Block Dome* von David Nash (1986), *Grove of Silence* von Ian Hamilton Finlay (1986), *Searcher* von Sophy Rider (1988) und *Hanging Fire* von Cornelia Parker (1986) genannt. Temporäre Projekte spielen eine zunehmend wichtige Rolle im Programm der Stiftung. Projekte wie *Lightshift*, ein audiovisuelles Event aus Klang und Licht (2001); *28 days in the Forest*, ein Artist-in-Residence-Programm (2004) oder *Reveal*, als zeitgenössische Kunstwerke nach Einbruch der Dunkelheit gezeigt wurden, bieten zum ständigen Programm jeweils eine besondere, zeitlich begrenzte Attraktion.

Vorherige Seite:
Kevin Atherton, *Cathedral*, 1986
Keir Smith, *Iron Road*, 1986

Diese Seite:
Erika Tan, *In Situ*, 2004
Neville Gabie, *Raw*, 2001

Bonnington House Steadings
Wilkieston, Edinburgh EH27 8BB
Tel.: +44 1506889900
www.jupiterartland.org

Jupiter Artland, Skulpturen-Park und Galerie, ist die Erfindung der Kunstsammler Robert und Nicky Wilson. Sie kauften 1999 das Bonnington House, ein Jakobiner Gutshaus mit 40.5 ha Land. Die Geschichte erzählt, dass Nicky, selbst Bildhauerin und stark beeinflusst durch Ian Hamilton Finlays *Little Sparta* – S. 206 – lange davon geträumt hatte, ihren eigenen Skulpturen-Park zu schaffen. Einige Jahre später öffnete das Jupiter Artland dem Publikum die Tore. Und 2016 ist es einer der fünf Finalisten für die wichtigste britische Auszeichnung auf dem Gebiet. Als ein Beispiel für hervorragende Anlagen hat sich das anspruchsvolle Werk von Nathan Coley in der Landschaft angesiedelt – weniger konfrontierend, dafür heimischer. Die „Cell of Life"-Landschaftsform stammt von Charles Jencks, ein Architekturhistoriker und bekannter Postmodernist, aber weniger bekannt für seine Landschaftsgestaltung und Erforschung von Felsen, Kosmos und Wissenschaft. Es gibt keine feste Route. Ob im oder gegen den Uhrzeigersinn ist dem Besucher überlassen. Die Kunstwerke sind Meilensteine, Veranstaltungen, Konfrontationen auf einer Entdeckungsreise; eine offene Reise... Dies ist das Konzept der Parks. Unter den Künstlern mit ständigen Werken sind: Anish Kapoor, Alec Finlay, Gormley, Goldsworthy, Sara Barker, Tessa Lynch, Henry Castle, Anya Gallaccio – *The Light Pours Out Of Me* ist eine Skulptur und auch ein Teil eines Gartens – Cornelia Parker, Tania Kovats, Peter

Liversidge, Christian Boltanski mit *Animitas*, 2016, hunderte von kleinen japanischen Glocken an langen Stielen befestigt in den Boden gepflanzt ... Es gibt eine Vielzahl von Vorträgen, Führungen,

Vorherige Seite:
Charles Jencks, *Life Mounds*, 2005

Oben:
Ian Hamilton Finlay, *XTH Muse*, 2005
Unten:
Marc Quinn, *Love Bomb*, 2016

Veranstaltungen, Workshops und Kursen. In der Galerie finden temporäre Ausstellungen statt. Das Bildungsministerium bietet während des ganzen Jahres ein Programm für Jung und Alt, kostenlose Besuche für Schulen und Universitäten, kostenlose Bildungsbesuche für Gemeinschaftsgruppen.

Seit 1992
Cass Sculpture Foundation
New Barn Hill Goodwood
West Sussex PO18 0QP
Tel.: +44 (0)1243538449
info@sculpture.org.uk
www.sculpture.org.uk
Dir. Claire Shea

Öffnungszeiten:
Mär.–Nov.: 10:30–16:30 Uhr
Im Winter geschlossen, Besuche nur
nach Vereinbarung
Eintritt:
Erwachsene: gebührenpflichtig
Kinder unter 10: frei
• Behindertengerecht
• Haustiere erlaubt
• Fotografieren erlaubt
• Ausstellungsraum mit temporären
  Ausstellungen
• Publikationen: Jahrbücher, Bücher
  Kataloge und Broschüren
• Buchhandlung
• Parkplatz

Anfahrt:
• Siehe Webseite
• Flughafen: Southhampton, London
  Gatwick

Unterkunft und Gastronomie:
  Touristeninformation:
  Tel.: +44 (0)1243775888

Die Cass Sculpture Foundation ist eine Bildungsorganisation, die als nicht gewinnorientierter Vergeber von Aufträgen Künstlern eine Plattform bietet, um ambitionierte Projekte auszuführen und mit ihrer Arbeit ein breiteres Publikum zu erreichen. Sie wurde 1992 von Wilfred und Jeannette Cass gegründet und umfasst einen 26 ha großen Landschaftspark in West Sussex mit Ausstellungsräumen, einem Archiv und einer Bildungsstätte sowie die Vergabejury. Der Förderung neuer sowie etablierter Talente zutiefst verpflichtet, gibt die Organisation jedes Jahr mehr als 15 Kunstwerke in Auftrag. Es handelt sich deshalb um eine sich ständig weiterentwickelnde Ausstellung, die unter anderem Skulpturen von Anthony Caro, Eduardo Paolozzi, Rachel Whiteread, Tony Cragg, Antony Gormley und Sara Barker gezeigt hat. Alle ausgestellten Werke stehen zum Verkauf. Der Erlös geht zu gleichen Teilen an den Künstler und die Stiftung, die damit neue Vergaben finanziert. Diese Politik fördert einen kreativen Kreislauf in großem Maßstab. Jedes Jahr lädt die Kuratorenjury der Stiftung eine Reihe sorgfältig ausgewählter Künstler dazu ein, ihre Vorschläge in Form von Zeichnungen und Bozzetti (kleine Arbeitsmodelle) zur Prüfung vorzulegen. Diese Vorschläge fließen dann in das Archiv ein, das vor Ort nach Vereinbarung zur Besichtigung geöffnet wird. Cass unterstützt seine beauftragten Künstler bei jedem Schritt des Prozesses, von der Planung über die Herstellung bis hin zur Ausstellung.

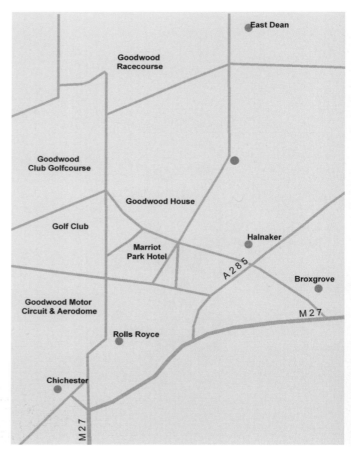

Die Stiftung unterstützt insbesondere Bildhauer in Großbritannien wie auch weltweit in allen Phasen ihrer Laufbahn. Das Vergabesystem von Cass ist inzwischen ein häufig reproduziertes Modell geworden. Für Firmen und öffentliche Institutionen gleichermaßen interessant, hat die Stiftung Projekte in London, Hongkong und Singapur gemanagt und an der Einrichtung von Skulpturen-Parks in China, Indien und Norwegen beratend mitgewirkt. Cass ist bestrebt, neue Möglichkeiten für die Aufstellung von zeitgenössischen Skulpturen im öffentlichen Raum zu unterstützen. Die Stiftung entwarf den Vergabeprozess und führte die Vergabe für die ersten drei Skulpturen des Fourth Plinth Projekts am Trafalgar Square durch. Vor kurzem organisierte und kuratierte sie die erste groß angelegte Einzelausstellung des britischen Bildhauers Tony Cragg für das London 2012 Festival. Die Organisation hat auch mit zahlreichen namhaften Institutionen zusammengearbeitet. Da sie an der Bildungsarbeit und der öffentlichen Ausstellung von Skulpturen im Freien ebenso interessiert ist wie an der Vergabe von Aufträgen, ist die Cass von April bis November für Besucher geöffnet und organisiert vielseitige, ehrgeizige Ausstellungen. Das Ergebnis ist laut Aussagen der Stiftung eine bahnbrechende Non-Profit-Organisation, die das Œuvre einiger der wichtigsten Vertreter der Gegenwartsskulptur inspiriert, ermöglicht und präsentiert.

Tony Cragg, *Tongue in Cheek*, 2002

Anthony Abrahams, Ivor Abrahams, Edward Allington, David Annesley, Kenneth Armitage, Sara Barker, Zadok Ben-David, Ivan Black, Matt Bodimeade, Willard Boepple, Ralph Brown, Jon Buck, Peter Burke, James Capper. Anthony Caro, Lynn Chadwick, Robin Connelly, Terrence Coventry, Stephen Cox, Tony Cragg, Maggie Cullen, George Cutts, Grenville Davey, John Davies, Richard Deacon, Eva Drewett, Iain Edwards, Nigel Ellis, Garth Evans, Abigail Fallis, Ian Hamilton Finlay, Rose Finn-Kelcey, Mark Firth, Laura Ford, Elisabeth Frink, William Furlong, Bruce Gernand, John Gibbons, Andy Goldsworthy, Antony Gormley, Steven Gregory, Charles Hadcock, Nigel Hall, Alex Hartley, Thomas Heatherwick, Sean Henry, Nicola Hicks, Peter Hide, Shirazeh Houshiary, Jon Isherwood, Allen Jones, Michael Kenny, David King, Philip King, Bryan Kneale, Piotr Lakony, Kim Lim, Peter Logan, Richard Long, Michael Lyons, David Mach, John Maine, Charlotte Mayer, Bernard Meadows, Cathy de Monchaux, Tim Morgan, David Nash, Paul Neagu, Eilís O'Connell, Ana María Pacheco, Zora Palova, Eduardo Paolozzi, William Pye, Marc Quinn, Wendy Ramshaw, Victoria Rance, Peter Randall-Page, Colin Rose, Eva Rothchild, Sophie Ryder, Andrew Sabin, Michael Sandle, Sophie Smallhorn, Keir Smith, Wendy Taylor, Almuth Tebbenhoff, William Tucker, Gavin Tuck, William Turnbull, Jim Unsworth, Glynn Williams, Avril Wilson, Bill Woodrow, David Worthington

Stephen Cox,
Catamarans on a Granite Wave, 1994
Zadok Ben-David,
Conversation Piece, 1996

Nächste Seite:
Tim Morgan, *Cypher,* 2004
Andy Goldsworthy, *Arch at Goodwood,* 2001

Seit 1977
Henry Moore Studios & Gardens
The Henry Moore Foundation
Dane Tree House, Perry Green,
Much Hadham, Hertfordshire S910 6EE
Tel.: +44 (0)1279844104
visits@henry-moore.org
www.henry-moore.org
Dir. Godfrey Worsdale

Öffnungszeiten: nur nach Vereinbarung
Saisonal geöffnet, in der Regel von April
bis Oktober. Mi.–So. & Feiertage
11:00–17:00 Uhr
Mo.–Di. geschlossen
Bildungsbesuche können mittwochs bis
freitags vereinbart werden.
Archiv: nur nach Vereinbarung
Eintritt:
Erwachsene: gebührenpflichtig
Studenten und Kinder: reduziert
- Behindertengerecht
- Haustiere nicht erlaubt
- Fotografieren erlaubt
- Führungen, nur nach Voranmeldung
- Ausstellungsraum mit temporären
  Ausstellungen
- Bildungsprogramm
- Bibliothek nur mit Voranmeldung
- Publikationen
- Buchhandlung
- Café
- Picknickbereich
- Parkplatz

Anfahrt:
- Mit dem Auto: M11 Ausfahrt 8, dann
  A120 nach Hertford (Beschilderung
  Much Hadham). A1(M): Ausfahrt 4
  nach Hertford A414. A10: Ausfahrt
  Harlow, Chelmsford, Ware A414,
  dann B181 (Beschilderung
  Stanstead Abbotts) und B181
  (Beschilderung Roydon)
- Mit der Bahn: Liverpool Street
  Bahnhof nach Bishop's Stortford,
  40–60 Minuten (Züge fahren
  regelmäßig)
- Mit dem Taxi: von Bishop's Stortford
  Bahnhof (9 km, 15 Min.)
- Airport: London Stansted

Gastronomie: The Hoops Inn

Henry Moore ist einer der wichtigsten Bildhauer des 20. Jh. und war von den 1940er Jahren bis zu seinem Tod 1986 der berühmteste Künstler des Vereinigten Königreichs. Man hat sogar geschrieben, dass sein Œuvre mit einer enormen Produktion von fast 6000 Werken „weiter in der westlichen Welt verbreitet ist als das jedes anderen lebenden oder toten Bildhauers" – Peter Fuller 1988.

Die 1930er Jahre verbrachte er im Londoner Viertel Hampstead, wo auch Ben Nicholson, Barbara Hepworth und der Kritiker Herbert Read lebten. Nach dem Ausbruch des Zweiten Weltkriegs zog er 1940, nachdem sein Haus von deutschen Fliegern bombardiert worden war, nach

Much Hadham in Hertfordshire, nördlich des späteren Großlondon. Hier, wo er den Rest seines Lebens lebte und arbeitete, befindet sich die Henry Moore Stiftung.

Sie wurde 1977 vom Künstler selbst als gemeinnützige Gesellschaft gegründet, „um die Bildung der Bevölkerung zu fördern, indem ihr Verständnis für die Schönen Künste und insbesondere für das Werk Henry Moores geweckt werden soll". Er überließ der Stiftung den größten Teil des 27 ha umfassenden Geländes und alle bis auf eines der Gebäude von Perry Green, außerdem hunderte von Skulpturen und andere Werke.

Perry Green war ursprünglich ein Gehöft in der Nähe von Much Hadham, wo die Londoner Bischöfe ihren Landsitz hatten. Hier begann

studios & gardens

der Künstler in einem Landhaus, Hoglands – das Besucher während der geführten Touren zu bestimmten Terminen besichtigen können – heute ein Privatbesitz, der nicht der Stiftung angehört. Er kaufte nach und nach weitere Ländereien und Häuser auf und gestaltete gleichzeitig den Ort und die Bauten mit viel Sinn für die Umwelt und die örtliche Tradition um. So verwandelte er die Ställe in einen Raum für seine Skulpturen und machte den kleinen Hofladen zu einem Atelier. Später kaufte er das Bourne Cottage und ein großes Stück Land dazu, das dann der Park für seine Freiluftskulpturen werden sollte. Hier schuf der Künstler seine eigene Welt, und hier entstanden seine wichtigsten Werke.

Double Oval, 1966

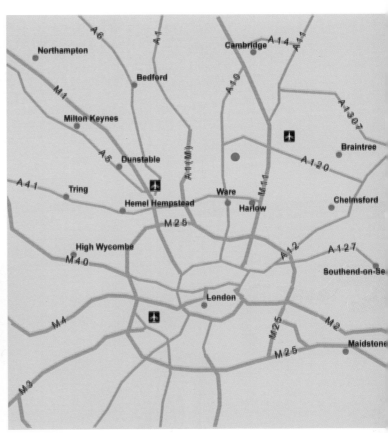

Nach seinem Tod wurde versucht, das Erbe ganz im Sinne Moores zu pflegen und den Originalzustand der Säle und Ateliers, in denen er seine Werke schuf, beizubehalten.

In dem Park sind 21 monumentale Skulpturen ausgestellt. Das aus einem Schweinestall hervorgegangene *Yellow Brick Studio* von 1958 diente ihm zum Anfertigen seiner großformatigen Werke. Im Bourne Maquette Studio arbeitete er vor allem an den Miniaturmodellen seiner monumentalen Plastiken. Die Scheune war den Zeichnungen, Stichen und bereits fertigen Werken für Innenräume vorbehalten. In den Aisled Barn Häusern befinden sich die in Zusammenarbeit mit dem West Dean College geschaffenen Gobelins Henry Moores. In all diesen Räumen ist der Geist des Künstlers noch heute spürbar.

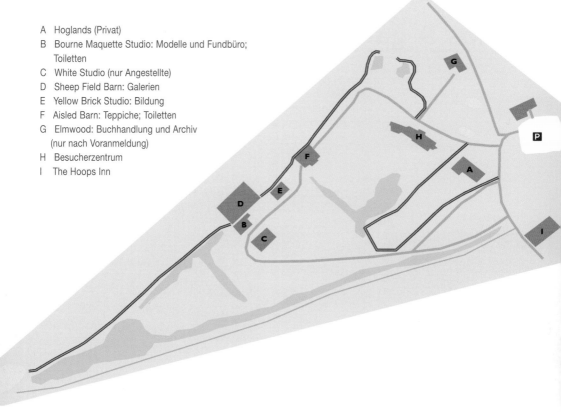

A   Hoglands (Privat)
B   Bourne Maquette Studio: Modelle und Fundbüro;
     Toiletten
C   White Studio (nur Angestellte)
D   Sheep Field Barn: Galerien
E   Yellow Brick Studio: Bildung
F   Aisled Barn: Teppiche; Toiletten
G   Elmwood: Buchhandlung und Archiv
     (nur nach Voranmeldung)
H   Besucherzentrum
I   The Hoops Inn

Vorherige Seite:
The Arch, 1963–69
Three Piece Sculpture: Vertebrae,1968–69
Diese Seite:
Sheep Piece, 1971–72
Large Figure in a Shelter, 1975

hannah peschar sculpture garden

The Hannah Peschar Sculpture Garden
Black and White Cottage
Standon Lane, Ockley
Surrey RH5 5QR
Tel.: +44 (0)1306627269
hannahpescharsculpture@gmail.com
www.hannahpescharsculpture.com

Öffnungszeiten:
Mai–Okt.: Fr.–Sa.: 11–18 Uhr
So. und Feiertage: 14–17 Uhr
Di.–Mi.: nur nach Voranmeldung
Nov.–Apr.: nur nach Voranmeldung
Eintritt:
Erwachsene: gebührenpflichtig
Kinder: reduziert
• Leseführungen: Hannah Peschar
• Schülerbesuche
• Gruppenbesuche mit Einführung in
  den Garten.
• Die meisten der Skulpturen stehen
  zum Verkauf

Anfahrt:
• Mit dem Auto: Autobahn M25
  Ausfahrt 9, dann A24 (Beschilderung
  Dorking). 6.4 km nach Dorking
  nehmen Sie die A29 (Beschilderung
  Bognor Regis und Ockley)
• Flughafen: Heathrow (1 Stunde
  entfernt) und Gatwick (30 Minuten)

Breitblättrige Pflanzen und Bäume stützen und umrahmen in diesem herrlichen Garten eine wechselnde Sammlung zeitgenössischer Skulpturen und werten sie auf. The Hannah Peschar Sculpture Garden geht, als erste Anlage ihrer Art in Großbritannien, auf eine Initiative der Eigentümerin und Kuratorin Hannah Peschar zurück. Die Anzahl der Exponate ist von einer Handvoll auf über 150 Werke angewachsen, die jeden Sommer auf dem Gelände des Cottage aus dem 16. Jh. gezeigt werden, in dem Hannah und ihr Ehemann Anthony Paul wohnen. Ein Großteil der Arbeiten wird jedes Jahr ausgetauscht, sodass jeder Besuch anders ist. Als sie sich im Jahr 2016 zur Ruhe setzte, ernannte Peschar zwei neue Kuratoren, die dem Skulpturengarten neue Impulse geben. Die Werke sind den unterschiedlichsten Stilrichtungen von figurativ bis sehr abstrakt zuzuordnen und aus innovativem zeitgenössischen Metall, Draht, Glas, Keramik und Kunststoff sowie aus den traditionelleren Materialien Stein, Holz und Bronze gefertigt. Sie stehen in wohlüberlegter und sinnvoller Beziehung mit den anderen Arbeiten im Garten, der von dem preisgekrönten Landschaftsarchitekten und Co-Kurator Anthony Paul gestaltet wurde. Das Ergebnis ist eine geniale Kombination beschaulicher Harmonien und überraschender, dramatischer Perspektiven in einer sich ständig verändernden Umgebung.

Ronald Van der Meijs,
Sound Arquitecture 5, 2014

Ben Barrell, *Swin by Stream
and New Water Garden*, 2014

Seit 1980
Barbara Hepworth Museum & Sculpture
Garden
Barnoon Hill, St. Ives
Cornwall TR26 1AD
Tel.: +44 (0)1736796226
visiting.stives@tate.org.uk
www.tate.org.uk/stives
Dir. Mark Osterfield

Öffnungszeiten:
Mär.–Okt.: täglich 10–17 Uhr
Nov.–Feb.: Di.–So. 10–16:30 Uhr
Eintritt:
Erwachsene: gebührenpflichtig
Kinder unter 18 und Senioren: reduziert
• Im Barbara Hepworth Museum and
  Sculpture Garden gibt es Stufen und
  unebene Flächen, was den Zugang
  erschwert: Rollstuhl-Zugang nach
  vorheriger Terminabsprache unter
  +44 (0)1736796226
• Ausstellungsraum mit temporären
  Ausstellungen

Anfahrt:
• Mit dem Auto: A30 nach St. Ives
• Mit der Bahn: von London Paddington
  Bahnhof. Umsteigen in St. Erth,
  dann nach St. Ives
• Flughafen: Newquay, Cornwall

Unterkunft:
  Zehn Hotels in St. Ives
Gastronomie:
  Zwölf Restaurants zwischen 10 und
  100 m vom Museum entfernt

St. Ives hat schon seit dem 19. Jh. Maler wie Turner und Whistler an-
gezogen. 1928 wurde der Ort von Ben Nicholson entdeckt, der sich
beim Ausbruch des Zweiten Weltkriegs hier zusammen mit Barbara
Hepworth zurückzog. Zusammen mit Naum Gabo u. a. machten sie
diesen Ort zu einem Vorposten der abstrakten Avantgarde.
Die Künstlerin, die hier bis zu ihrem Tode 1975 lebte, verfügte in ihrem
Testament, dass Trewyn, ihr Haus und Atelier, zusammen mit dem
Garten, in dem eine Auswahl ihrer Skulpturen nach ihren Wünschen aufgestellt werden sollte, der Öffentlichkeit zugänglich gemacht werden
sollte.
Wer das Barbara Hepworth Museum und den Skulpturengarten besucht,
taucht in das Werk einer der wichtigsten Künstlerinnen Großbritanniens
im 20. Jh. ein. Man kann rund 40 Werke aus Bronze, Holz, Gips, Marmor
und Messing sehen sowie viele Pflanzen, Blumen und Bäume, die bereits
für sich schön sind, aber im Wechselspiel mit den abstrakten Skulpturen
von Hepworth eine besondere Bedeutung erlangen (vgl. dazu das Buch
von Phillips und Stephens in der Bibliographie).
Das Hepworth Museum wird seit 1980 von der Tate Gallery geleitet
und gehört mittlerweile mit dem entsprechenden Begleitprogramm zur
Tate St. Ives.

Blick auf den Skulpturengarten von
Barbara Hepworth im Frühling mit
Torso II (Torcello), 1958

salisbury new art centre sculpture park

Seit 1994
New Art Centre Sculpture Park &
Gallery
Roche Court, East Winterslow
Salisbury, Wiltshire SP5 1BG
Tel.: +44 (0)1980862244
nac@sculpture.uk.com
www.sculpture.uk.com
Dir. Madeleine Bossborough

Öffnungszeiten:
Täglich: 11–16 Uhr
23.–27., 31. Dez. und 1. Jan.:
geschlossen
Eintritt: frei
• Haustiere nicht erlaubt
• Fotografieren nicht erlaubt
• Führungen nur nach
  Voranmeldung
• Sonderausstellungen
• Parkplatz: frei

Anfahrt:
• Mit dem Auto: von London &
  Heathrow: Autobahn M3, Ausfahrt 8
  nach Andover und Stockbridge auf
  der A303. Dann A30 nach
  Stockbridge und Salisbury. Nach
  11 km an der Kreuzung Lopcombe
  Corner links nach Salisbury. Nach
  120 m links Richtung Roche Court.
  Von Salisbury: A30 nach London.
  13 km hinter Salisbury am
  „The Pheasant Pub" (links) vorbei,
  nach 1,5 km nach rechts Richtung
  Roche Court
• Mit der Bahn: Von Waterloo nach
  Salisbury oder Winchester, dann
  weiter mit dem Taxi

Salisbury ist seit alten Zeiten ein Pilgerort. Schon vor 3500 Jahren zog Stonehenge Menschen an, ebenso wie die gotische Kathedrale dies seit acht Jahrhunderten tut. Dazu gesellt sich nur wenige Kilometer von Salisbury entfernt das New Art Centre für an moderner und zeitgenössischer Kunst interessierte Sammler und Besucher.

Das Zentrum umfasst eine kommerzielle Kunstgalerie und einen Skulpturen-Park mit Skulpturen, Gemälden, Keramiken und Fotografien des 20. und 21. Jh. Das wechselnde Ausstellungsprogramm bietet fünf bis sechs Ausstellungen pro Jahr, und alle Kunstwerke sind käuflich zu erwerben. Das Zentrum ist spezialisiert auf Arbeiten ab 1950 in Materialien wie Bronze, Marmor, Cortenstahl, Glasfaserkunststoff und Edelstahl von Künstlern wie Anthony Caro, Antony Gormley, Richard Long und Barbara Hepworth, deren Nachlass es exklusiv vertritt.

Das New Art Centre ist seit 1994 in Roche Court nur wenig mehr als eine Stunde von London entfernt ansässig. Es wurde 1957 von Madeleine Bessborough im städtischen Umfeld von Sloane Street im Westen Londons gegründet, umfasst heute jedoch ca. 40 ha Parklandschaft rund um ein Gebäude aus dem 19. Jh.

Die üppige Parklandschaft ist typisch englisch, mit weiten, offenen Wiesen, unterbrochen von bewaldeten Gebieten. Der Park zeigt in der Regel zu jeder Zeit etwa 60 Kunstwerke von renommierten Künstlern wie den oben genannten sowie von anderen britischen Künstlern wie Kenneth Armitage, David Nash, Michael Craig-Martin, Bill Woodrow und Edmund de Waal.

Das New Art Centre kuratiert häufig konkrete Projekte von ausgewählten Künstlern und stellt jährlich auf der Kunstmesse Art Brussels aus. Vergangene externe Ausstellungen umfassen Caro bei Chatsworth, Edmund de Waal bei Waddesdon und Laura Ford im Strawberry Hill House.

Das bestehende Haus und die Orangerie von Roche Court aus dem Jahr 1804 wurden 1997 durch einen preisgekrönten Galerieraum von Stephen Marshall miteinander verbunden. Der bekannte Architekt hat unter anderem auch die Archivgebäude der Rothschild-Stiftung in Aylesbury, England, entworfen. Das geradlinige Design mit viel natürlichem Licht aus rahmenlosem Glas, Holz und unpoliertem Stein ist gut in seine Umgebung integriert und bietet den idealen Rahmen für die wechselnden Ausstellungsprogramme. Nach dem Erfolg der Galerie beauftragte das New Art Centre Stephen Marshall mit dem Entwurf eines zweiten Gebäudes. Das Artists House ist ein zeitgenössischer, intimer Raum für die Ausstellung von kleineren Kunstwerken.

Das Zentrum bietet durch den Roche Court Educational Trust auch ein Bildungsprogramm. Didaktische Besuche für Schulklassen sollen den Schülern das reiche künstlerische Erbe des Landes anhand der Bildhauerei und anderer Kunstformen nahebringen.

Kim Ling, *Carvings*, 2014

Vorherige Seite oben:
Anthony Caro, *Millbank Steps*, 2004

Rechts:
Anthoney Gormley, *Another Time XII*, 2010

Unten:
Laura Ford, *Days of Judgement, Cats I-VII*, 2012

sefton, crosby beach *another place*

Seit 2005
Mariners Road, Crosby Beach
Borough of Sefton
Liverpool, Merseyside, L23 6SX

Öffnungszeiten: durchgehend
Eintritt: frei

Der britische Künstler sagte: „Die Idee war, Zeit und Gezeiten, Stille und Bewegung zu testen, und irgendwie daran das alltägliche Leben des Strandes zu beteiligen. Das war keine Übung in romantischer Weltflucht. Die Skulpturen entstanden aus 17 Abdrücken meines Körpers (durch eine dünne umhüllende Schicht aus Kunststoff geschützt). Sie stehen alle in ähnlicher Position, mit mehr oder weniger gefüllten Lungen, und einer Haltung mit unterschiedlichem

Anfahrt:
• Mit der Bahn: Waterloo,
  Blundellsands, Crosby
• Mit dem Bus: Merseytravel Traveline
  Tel.: +44 08712002

Spannungs- oder Entspannungsgrad". „Another Place" besteht aus 100 Eisenabdrücken, lebensgroße Figuren, die über 3 km im Vorland verteilt sind, das sich fast 1 km zum Meer dehnt. Die Gemeinde Sefton umfasst einen Küstenstreifen an der See. Crosby Beach liegt ca. 6 Meilen (9,5 km) nördlich vom Zentrum Liverpools. Es ist ein Nicht-Badestrand mit weichem Sand und Schlamm und durch wechselnde Gezeiten gefährdet. Die Besucher sollten laut Tourismus-Büro 50 Meter von der Promenade wegbleiben. Vor seiner permanenten Einrichtung wurde das Projekt (1995–97) in Cuxhaven (Deutschland), Stavanger (Norwegen) und De Panne (Belgien) ausgestellt.

west bretton yorkshire sculpture park

Seit 1977
Yorkshire Sculpture Park
West Bretton   Wakefield WF4 4LG
Tel.: +44 (0)1924832631
info@ysp.co.uk
www.ysp.co.uk
Dir. Peter Murray OBE

Öffnungszeiten:
Park & Centre 10–17 Uhr
Galerie 10–16 Uhr
Longside Gallery 10–16 Uhr
Eintritt: frei
• Besucherzentrum mit Restaurant,
  Café, Shop, usw.
• Behindertengerecht
• Haustiere erlaubt (nicht im Gebäude
  oder Garten; Hunde im Park an der
  Leine)
• Fotografieren erlaubt
• Führungen nur nach Voranmeldung
• Ausstellungsraum mit temporären
  Ausstellungen
• Bildungsprogramm
• Bibliothek: nur nach Voranmeldung
• Archiv und Bildungszentrum,
  umfangreiche Bildersammlung
• Publikationen: 50 Titel
• Picknickbereich
• Parkplatz: gebührenpflichtig

Anfahrt:
• Mit dem Auto: 1,5 km von M1
  Kreuzung 38, dann A637 nach
  Huddersfield
• Mit dem Bus: von Wakefield, Leeds,
  Barnsley, Huddersfield
• Mit der Bahn: Wakefield Westgate,
  2 Std. von London King's Cross
• Flughafen: Leeds, Manchester,
  London

Unterkunft:
  West Bretton: The Old Manor House
  B & B, +44 (0)1924830324
  Wakefield: Midgley Lodge Motel,
  +44 (0)1924830069; Express by
  Holiday Inn, +44 (0)1924830069
  Huddersfield: The Three Acres,
  +44 (0)1484602606

Der 29 km von Leeds, 34 km von Sheffeld und 60 km von Manchester entfernte Yorkshire Sculpture Park, (YSP) ist gleichzeitig Galerie, Museum und unabhängige und gemeinnützige Stiftung für moderne und zeitgenössische Kunst. 1977 gegründet, war er der erste Park mit einer ständigen Skulpturenausstellung in Großbritannien und zog bis 2015 jedes Jahr rund 400 000 Besucher an. Er nimmt über 500 ha des Bretton Estates ein, eines alten Landsitzes aus dem 18. und 19. Jh., in einer abwechslungsreich gestalteten Landschaft mit sanften Hügeln und Tälern, Wasser und Tausenden von importierten exotischen Bäumen.

Die Teilung des Grundstücks in den 1940er Jahren wurde vom YSP teilweise wieder aufgehoben, und das Gut wurde mit einem Budget von 13 Millionen Pfund restauriert. Die Parkleitung versucht, den Geist dieses historischen Landschaftsparks zu bewahren; dies führte zur Zusammenarbeit mit auf nachhaltige Architektur spezialisierten Architekten, mit Landwirten, Gärtnern, Förstern und Künstlern.

YSP ist in verschiedenen Bereichen aktiv: Der wichtigste betrifft die Ausstellungen herausragender und bekannter Künstler; außerdem gibt es: Künstleraufenthalte und Vergabe von Auftragsarbeiten: Ausstellungen in der Longside Gallery, die Organisation von Veranstaltungen und schließlich die Museumspädagogik und Kurse, die sich an verschiedene Bildungsstufen richten – an Schulen und Universitäten, ebenso wie an das allgemeine Publikum und auch an Künstler.

Die riesige Ausdehnung des Parks und seine Aufteilung lassen sich am besten anhand des Plans auf S. 222 erfassen. Der Eingang liegt im Norden mit Zufahrt von West Bretton Village, Wakefield oder Barnsley.

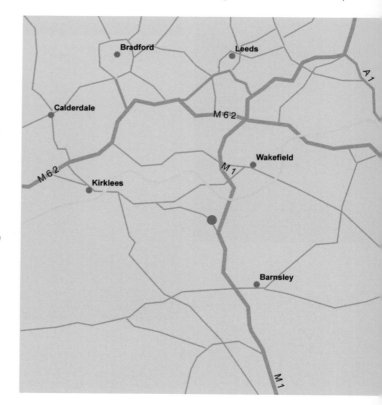

Das in einem 2002 eingeweihten Neubau eingerichtete YSP Centre bildet das Tor zum Park und beherbergt das Geschäft, Informationsbereiche sowie ein Restaurant mit besonders schöner Aussicht über den Landschaftspark.

Im Osten des Zentrums zeigen die Bothy Gallery und die Garden Galleries wechselnde Ausstellungen, z. B. Installationen, Modelle, Filme und Fotos. Bothy Garden ist ein weiterer Freiluft-Ausstellungsbereich.

Im Süden liegt die Formal Terrace & Garden aus dem 18. Jh. Zwischen Bothy Hill und dieser Terrasse liegt die neue Underground Gallery, ein interessantes Beispiel dafür, wie ein Gebäude und die Landschaft unmerklich eins werden können, übergangslos und ohne Unterbrechung. Die Galerie folgt der Linie der Formal Terrace und ist nahtlos in den Abhang des Bothy Gardens eingefügt. Dieser Entwurf lässt den Blick auf den Park von den Bothy-Gebäuden aus frei. Das Dach der Underground Gallery ist mit Gras und Torf bedeckt; innen gibt es drei mit Tageslicht versorgte Räume, was für die Ausstellung von Skulpturen besonders günstig ist. Seit 2005 beherbergte die Galerie Künstler wie William Turnbulls, James Turrell, Jaume Plensa, Joan Miró, Henry Moore und Not Vital (2016–2017).

Gegen Süden erstrecken sich wogende Felder, zwei Seen und das offene Land unter einem melancholischen Himmel.

Die Freiluft-Werke, insgesamt mindestens 80, sind an verschiedenen Stellen platziert – YSP nennt sie „Open-Air-Galerien".

Die stets rund 40 Freiluftwerke sind an verschiedenen Orten aufgestellt – YSP spricht von neun Outdoor-Galerien. Teils stehen sie in Gruppen,

Anthony Caro, *Promenade,* 1996

Künstler und Werke

Normalerweise gibt es 80 Skulpturen im Garten zu besichtigen und auch temporäre Ausstellungen in der Galerie. Wenn Sie ein bestimmtes Werk sehen möchten, wird um telefonische Rücksprache gebeten:
Tel.: +44 (0)1924832631

Magdalena Abakanowicz, Ai Weiwei, Jonathan Borofsky, Antony Caro, Elisabeth Frink, Andy Goldsworthy, Antony Gormley, Barbara Hepworth, Roger Hiorns, Phillip King, Sol LeWitt, Joan Miró, Henry Moore, David Nash, Julian Opies, Dennis Oppenheim, Sophie Ryder, Serge Spitzer, William Turnbull, James Turrell, Ursula von Rydingsvard

wie die von Henry Moore im Landschaftspark. Der Access Sculpture Trail, ein Fußpfad, der 1985 vom Bildhauer Don Rankin umgestaltet wurde, ist jetzt ein Netzwerk aus Wegen, Pflanzen und Skulpturen. Manchmal sind die Projekte besonders innovativ, wie das Werk eines anderen Artist-in-Residence, Simon Whitehead, der *Walks to Illuminate* initiierte, bei denen die Besucher bei Tag oder bei Nacht mit leuchtenden Schuhen durch den Park wandern sollen.

10 Minuten zu Fuß oder per Shuttle vom YSP Centre entfernt liegt die Longside Gallery, eine umfunktionierte Reithalle, die großzügige Aussichten auf den Park bietet. Zusammen mit der Londoner Hayward Gallery werden hier Teile der Skulpturensammlung des Arts Council England gezeigt.

Die Bretton Estate Kapelle aus dem 18. Jh. befindet sich im Landschaftspark und wurde 2013 umfangreich restauriert. Im Mai 2014 wurde das neu restaurierte Gebäude mit der Ai Weiwei-Ausstellung eingeweiht.

Jonathan Borofsky,
Molecule Man 1+1+1, 1990

Helen Escobedo,
Summer Fields, 2008

Henry Moore, *Reclining figure Arch leg, 1969–70*

Von der Ostsee bis zur Adria blieben nach dem Zweiten Weltkrieg eine Reihe von Ländern unter der Hegemonie der UdSSR und des stalinistischen Kommunismus: der Ostblock oder „Stalins Welt". Die glanzvolle, bahnbrechende und aufgeklärtere revolutionäre russische Avantgarde in den Bereichen Architektur, Malerei, Bildhauerei, Design, Grafik und Literatur, Film, Fotografie und anderer Künste wurde 1934 an der Wurzel ausgemerzt. Die Abstraktion, der Futurismus, der Formalismus, der Konstruktivismus, der freie Ausdruck des Künstlers wurden reaktionär, Produkt der Bourgeoisie und des Kapitalismus. Um den kommunistischen „neuen Menschen" zu schmieden, frei und nicht entfremdet, wurde diktatorisch der „Sozialistische Realismus" verhängt, der zu dieser Schmiede beitragen und gleichzeitig auch die Symbole hervorbringen sollte, welche die zu folgenden Modelle vorgaben. Es war ein Rückfall in den alten Modus, die Welt in Realformen zu beschreiben, eine

litauen

Gruto Parkas
In der Nähe von Druskininkai, 130 km südwestlich von Vilnius, Litauen
www.grutoparkas.lt in 5 Sprachen

Eintritt:
Erwachsene: gebührenpflichtig
Kinder bis 6 Jahre: frei
• Audioguide
• Museum
• Bildergalerie
• Leseclub
• Mini-Zoo
• Spielbereich für Kinder
• Lunapark
• Café

Rückkehr zu den Mustern des Eklektizismus, um die Arbeitermassen zu erziehen und Parteiführer zu verherrlichen.

Während mehr als einem halben Jahrhundert brachten die Bildhauerei und die bildende Kunst der UdSSR eine bemerkenswerte Reihe von Statuen und Denkmälern hervor, die meisten grau, eintönig, kitschig, Hagiographien zum Lob ihrer Führer, angefangen bei Lenin und Stalin, und weit entfernt von Ästhetik und Ethik der verschiedenen Bewegungen der Moderne waren. Das diktatorische und zentralistische System zerbröckelte und der Fall der Berliner Mauer 1989 sowie die Wahl Mijail Gorbachovs zum Präsidenten der Sowjetunion brachten den Zerfall der Sowjetunion und das Ende des hegemonialen Sozialistischen Realismus. Während im Westen die retrograde eklektische Postmoderne blühte, wurden in Osteuropa die Statuen der Führer des Kommunismus beseitigt, verstoßen, zerstört und aufgestapelt: ein Paradox oder eine historische Asynchronie auf der globalen Bühne.

Jedoch war nicht alles ein kommunistischer Horror oder einfach schlecht. Schon früh in den 1970er Jahren gab es in der slawischen Welt Schriften, die eine Neubewertung vorschlugen, einige mehr wurden in den 1980er Jahren veröffentlicht. Und in den 1990er Jahren waren es keine einzelnen Artikel mehr, sondern ganze Bücher. Eine Ausstellung im Guggenheim New York (2005), der Stockholmer Kongress im Jahr 2012 und bestimmte Texte bieten eine neue Betrachtung des Sozialistischen Realismus. Und in mehreren Ländern des ehemaligen Ostblocks finden wir Parks, Gärten oder vereinzelte Orte, die eine historische Epoche, Ideologie und Politik einer Kultur gut widerspiegeln. Mit unerwarteten Überraschungen.

Fährt man von Norden nach Süden, nennt man ausgerechnet den Grutas Park „Stalins Welt". Dieser Park ist zusammen mit dem ungarischen Szoborpark oder Memento Park der Inbegriff der stalinistischen Statuen. 2001 gegen starken Widerstand gegründet und bis zum Jahr 2016 noch umstritten, hat der Unternehmer Viliumas Malinauskas fast 90 Skulpturen von 45 Künstlern gesammelt, die nach der neuen Unabhängigkeit Litauens (1990) aus den öffentlichen Räumen des Landes entfernt worden waren. Der 20 ha große Park reproduziert Szenarien der Arbeitslager in Sibirien und stellt die Skulpturen an einer 2 km langen Strecke aus. Die anderen Abschnitte des Parks sind banal und bewegen sich am Rande einer verfälschten Geschichte, was sowohl Sowjetnostalgiker als auch dunklen Tourismus anzieht. Der Skulpturen-Park Wysne Ruzbachy, ein Flecken im Bezirk Stará Ľubovňa im Norden der Slowakei mit Kurbad und Skipisten,

slowakei

ungarn

Szoborpark / Memento Park
Seit 1993
Budapest, am Stadtrand gelegen, Ecke Balatoni Út und Szabadkai Utca, Buda Süd.
Detaillierte Informationen:
http://www.mementopark.hu
– auf Englisch
https://en.wikipedia.org/wiki/Memento_Parks – auf Englisch

Rechts: Die „Stiefel Stalins", Nachbildung von Ákos Eleőd von dem, was von der ursprünglichen, durch die ungarische Revolution von 1956 komplett abgerissenen Statue übrig blieb.
Unten: Eine der Statuen von Lenin

befindet sich in einem ehemaligen Steinbruch: ein Freiluft-Ausstellungsraum, welcher der Tatra Galerie gehörte. Seit 2012 treibt Tatra die Wiederauferstehung des verlassenen und verwüsteten Ortes mit Hilfe der Gründer des Symposiums, dem Österreicher Karl Prantl (1923–2010), dem in Frankreich lebenden Japaner Yasuo Mizui, und den Slowaken Rudolf Uher und Andrej Rudavský an und restauriert seine Werke.

Der Szoborpark (Statuen-Park auf Ungarisch) oder Memento Park, Memorial Park auf Englisch in manchen Karten, Broschüren und auf einigen Verkehrszeichen für die internationale Kommunikation, ist eine weitere großartige Referenz dieser gewissen Neubewertung – oder zumindest teilweisen Verteidigung – der stalinistischen Kulturpolitik. Am Ende der kommunistischen Periode 1949–1989 wurden von den Straßen und Plätzen Budapests Statuen und Denkmäler aus dieser Zeit entfernt; aber sie wurden nicht zerstört. 1991 wurde ein öffentlicher Wettbewerb ausgeschrieben, um Stücke in einem Park zu sammeln. Es gewann der nationale Architekt Ákos Eleőd mit seinem Design und der Park wurde 1993 eröffnet. Eleőd sagte dazu, dass „dieser Park von der Diktatur und gleichzeitig von der Demokratie handelt", weshalb wir darüber sprechen können.

Der Park besteht aus zwei Abschnitten: Dem Statuen-Park, offiziell „ein Urteil über die Tyrannei", gegliedert in sechs ovale Räume. Er beherbergt

42 Statuen, Denkmäler, die „überlebensgroß sind" und zwischen 1947 und 1989 datieren, die meisten davon aus den 1950er und 1960er Jahren. Sie sind aus Bronze, Stein, Granit aus Mauthausen, Kalkstein, Marmor, Stahl, Zement, von bekannten ungarischen Bildhauern, bis auf die sechs anonymen Werke: Kunst als eine kollektive Schöpfung in marxistischer Ästhetik als Gegensatz zur individualistischen Urheberschaft. Der andere Abschnitt ist der Witness Square oder Neverwas Square im Osten des Haupteingangs; der Zugang ist frei.

Fotografien können die Ausdrucks- und kommunikative Kraft sowie die bedeutungsvolle Symbolik der Werke nicht ausreichend erfassen. Hier befinden sich Statuen von Marx und Engels (Kubisten), Lenin, Dimitrov (im Rodin-Stil), Stalins Stiefel auf dem Sockel; hier zeigen sich die dynamischen

Kiss István, Denkmal der Räte-Republik, inspiriert durch ein Plakat der revolutionären Avantgarde, 1919

Diagonalen der revolutionären Ästhetik von 1919, an welcher sich – in Maßstab und Bewegung – das große Denkmal der Räterepublik von Kiss István orientiert; oder Spuren des Andersdenkens im Denkmal der ungarisch-sowjetischen Freundschaft von Zsigmond Kisfaludi Strobl, ein beliebter Bildhauer in Ungarn. Er beendete das Werk 1956, im Jahr der ungarischen Revolution, als der neue erste Parteisekretär Nikita Kruschev bereits seit drei Jahren die Entstalinisierung und damit eine größere formelle Freiheit des künstlerischen Ausdrucks vorantrieb. So wird ersichtlich, dass unter der angeblich grauen und sich wiederholenden Einheitlichkeit der Gesamtheit

Skulpturen: Pátzay Pál, Segesdi György, Zsigmond Kisfaludi Strobl, Kiss István, Búza Barna, Mikus Sándor, Kalló Viktor, Megyeri Barna, Szabó Iván, Jordan Kracsmarov, Olcsai-Kiss Zoltán, Herczeg Klára, Farkas Aladár, Gyenes Tamás, Nagy István János, Kiss András, Kalló Viktor, Baksa Soós György, Marton László, Varga Imre, Szabó György, Makrisz Agamemnon, Ambrózi Sándor / Stöckert Károly, Mészáros Mihály, Kerényi Jenő

rumänien

Parcul Herăstrău
Seit 1936
Bukarest

der stalinistischen Künste und der UdSSR, bei einer ernsthaften Prüfung und mit Distanz, neue Sorten, Widersprüche und versteckte individuelle Widerstände zutage treten.

Weiter im Süden, verflochten mit der antiken mediterranen Kultur, liegt Rumänien, dessen Name auf das römische Reich zurückgeht und das in künstlerischer Hinsicht Abweichungen von der Orthodoxie des Sozialistischen Realismus aufweist. Der heutige Parcul Herăstrău – früher Parcul Carol II (königlicher Personenkult 1930–40), als er 1936 eröffnet wurde, später Parcul National und dann Parcul I.V. Stalin – trägt den Namen des gleichnamigen Sees, der 70 % der 1,1 km^2 des Parks einnimmt. Multifunktional und mit zahlreichen gesellschaftlichen Aktivitäten bietet er mehr als 50 interes-

bulgarien

Sozialistisches Kunstmuseum
Seit 2011
Sofía
uk Lachozar Stanchov 7, Iztok
Der Standort ist nicht leicht zu finden.
U-Bahn Richtung GM Dimitrov Station
und zu Fuß 300 m die Hila entlang

Der große Rote Stern, der über dem
Haus der Bulgarischen
Kommunistischen Partei stand
(siehe nächste Seite)

sante Skulpturen seiner Thematik: in vollem Zeitalter des Stalinismus und der UdSSR sind die Werke nicht gewöhnlich, sondern Architektur, Beethoven, Béla Bartók, Brancusi, Chopin, Darwin, u. a. bis hin zu Twain und Tolstoy, rumänische Mythen und Legenden, in Stil und Form weicher und lieblicher. Bulgarien war einst ein Imperium. Diese Vergangenheit des alten großen Bulgariens, liegt sie auch im 7. Jh., ist noch immer spürbar. Die orthodoxe Doktrin des kommunistischen Regimes nach dem Zweiten Weltkrieg war sehr viel strenger und rauer als diejenige Rumäniens. So wurde der Begriff „bulgarisch abstimmen" geprägt, als Referenz auf die einstimmigen Entscheidungen in den Sitzungen der bulgarischen kommunistischen Partei, manchmal gar mit mehr Stimmen als Wählern. Von der Ära des realen Sozialismus (1944–89) zeugen die Freilicht-Stücke des Museum of Socialist Art in Sofia, wie der große Rote Stern, die Büste von Lenin und diese Dame mit Schwert, die auf Stalin und die Dynamik der italienischen Futuristen

verweist. Ein Museum, das bei einigen Angst und bei anderen zufrieden-
stellende Rehabilitierung verursacht hat. Die plastische Architektur des
Haus-Museums der bulgarischen kommunistischen Partei, eine gigantische
Betonscheibe mit einem 107 m hohen Turm, trägt futuristische Züge. Drei
Jahrzehnte nach dem Ende des kommunistischen Regimes ist es eine Ruine,
ein bedeutungsvolles Symbol mit mehreren möglichen Interpretationen. Was

einst das schöne Interieur des Auditoriums war, ist heute nur noch als Skelett
zu erkennen (Foto). In Varna, ein Urlaubsort an der Küste des Schwarzen
Meeres, 490 km von Sofia, befindet sich der nicht weniger interessante
Denkmal-Park der Bulgarisch-Sowjetischen Freundschaft: nicht so sehr in

Links: Eine der plastischen Gruppen
des Denkmals der Gründerväter

seiner Gesamtheit als in einzelnen
überraschenden Elementen wie
etwa primitiven oder kubistischen
Skulpturengruppen. Weitere
Informationen unter: www.atlasobs-
cura.com/articles/the-communist-
monuments.

Kroatien gehörte zum Dalmatien
des römischen Reiches und im 20.
Jh. zum 1929 entstandenen Jugosla-
wien als Königreich, bzw. als
Vereinigte Volksrepublik von 1945

kroatien

bis zur Auflösung 1991. Von der Ära
der demokratischen Volksrepublik
bestehen noch mehr als zwei Dutzend der verlassenen Denkmäler, deren Anblick eher auf eine Zukunft
des 21. Jh. oder gar darüber hinaus
verweist, jenseits von Blade Runner
und anderen cineastischen Dystopien.
Überraschend ist das Denkmal der

Revolution des Volkes von Moslavina – 1967 während des Mandats des Präsidenten Tito entstanden – vom Bildhauer und Architekten Dusan Dzamonja (1928–2009) in Podgaric, 100 km östlich der Hauptstadt Zagreb. Die Morphologie des Denkmals mit einer formalen Plastizität, die eine symbolische Bedeutung ausdrücken will, entfernt sich bereits von den von Stalin aufgezwungenen klassischen Formen des Sozialistischen Realismus. Dzamonja wird weiterhin Werke mit äußerst aktuellen Konzepten schaffen. Petrova Gora, Tjientiste, Krusevo, Kozara, Jasenovac, Sanski Most, Knin, Nis, Korenica, Makljen, Kolasin, Kadinjaca, Kamenska, Ostra, Sisak, Nicsic, u. a. gehören zu den Orten in Kroatien, an denen sich die aus der Zeit gefallenen Monumente erkunden lassen. Weitere Informationen: http://www.cracktwo.com/2011/04/25-abandoned-soviet-monuments.

Und schließlich Albanien, das unter der sowjetischen Hegemonie vielleicht dunkelste und isolierteste Land Osteuropas. Der größte Führer von 1944 bis 1985 war der widerspruchsvolle Enver Hoxha. Politische Eisenfaust und Leser von außergewöhnlichen Büchern, die er in Frankreich kaufte. Begleitet von einer radikalen und gewaltsamen Vernichtung jeglicher Opposition,

Todesstrafen, langen Inhaftierungen und dem Exil von Verwandten in kleinen, von der Polizei bewachten Dörfern, baute er das von der Besatzung durch die Nazis verwüstete Land wieder auf. Industrialisierung, wirtschaftliches Wachstum, Bildung bis zum höchsten prozentualen Anteil, Ausrottung des Analphabetismus unter Erwachsenen, und gleichzeitig eine durch strenge und orthodoxe marxistisch-leninistische Zensur bedingte Armut

in der Kunst. Die Nationale Kunstgalerie in Tirana beherbergt eine Sammlung bildender Kunst aus dieser Periode. Aber die interessanteste Entdeckung findet man im Hinterhof. Es sind eindeutig antirevisionistische Skulpturen, welche die Führer mystifizieren: „Uncle Joe" Stalin, bereits in der parlamentarischen Demokratie, und ein suggestiver Lenin ohne rechten Arm.

* * *

Eine 360°-Wendung in mehr als 80 Jahren: wir kehren zurück und finden den gleichen Realismus wieder, jetzt nicht sozialistisch sondern kapitalistisch. Die erste Statue weltweit, die in Erinnerung an Steve Jobs errichtet wurde (2011), steht lebensgroß in Bronze in Budapest, Ungarn.

albanien

Nationale Kunstgalerie

Seit 1954

Shëtitorja Murat Toptani, Tiranë 1000, Albanien

Tel.: 355 42226033

Bulevardi Deshmoret e Kombit, gegenüber dem Park Rinia

bibliographie

ALLGEMEIN

AMIDON, J.; GUSTAFSON, K., *Radical Landscape: Reinventing Outdoor Space*, Thames and Hudson, London 2003

ANDREWS, M., *Landscape and Western Art*, Oxford University Press, New York 2000

BEARDSLEY, J., *Earthworks and Beyond: Contemporary Art in the Landscape*, Abbeville Press, New York 1998

— *Probing the Earth*, Hirshorn Museum and Sculpture Garden, Washington D.C., La Jolla Museum of Contemporary Art, Seattle Art Museum, Smithsonian Institution Press 1977

BERRIZBEITIA, A.; POLLAK, L., *Inside Outside: Between Architecture and Landscape*, Rockport, Gloucester, MA 1999

BISHOP, C., *Installation art: a critical history*, TATE Publishing, London 2005

BOETTGER, S., *Earthworks Art and the Landscape of the Sixties*, University of California Press, Berkeley 2002

BONITO OLIVA, A., *Artenatura. 38ª Biennale di Venezia*, Electa, Milano 1978

BROWN, A., *Art & Ecology Now*, Tames and Hudson, London 2014

BROWN, J., *The Modern Garden*, Thames and Hudson, London 2000

COOPER, G.; TAYLOR, G. R., *Gardens for the Future: Gestures Against the Wind*, Monacelli Press, New York 2000

CORNER, J., *Recovering Landscape: Essays in Contemporary Landscape Architecture*, Princeton Architectural Press, New York 1999

CRIMP, D., „Redefining Site Specificity" ein *On the Museum's Ruins*, MIT Press, Cambridge MA 1995

DAVIES, P., *The Artful Species*, Oxford Scholarship, Oxford 2012

DAVIES, P.; KNIPE, T. (Hg.), *A sense of Place. Sculpture in Landscape*, Ceolfrith Press, Sunderland 1984

DEMPSEY, E., *Destination Art: Land Art, Site-Specific Art · Sculpture Parks*, Thames & Hudson, London 2011

DOMINO, C., *Á ciel ouvert. L'art contemporain à l'échelle du paysage*, Scala, Paris 1999

DUTTON, D., *The art instinct*, Bloomsbury Press, London 2010

ELAM, C., "Lorenzo de' Medici's Sculpture Garden", *Mitteilungen des Kunsthistorischen Institutes in Florenz*, Vol. 36 No. 1/2 (1992), Kunsthistorisches Institut in Florenz, Max-Planck-Institut

EYRES, P., RUSSEL, F., *Sculpture and the Garden*, Ashgate, Farnham 2006

FAGONE, V. (cur.), et al., *Art in Nature. Art works and environment*, Mazzotta, Milano 1996

FANG, W., "Anoixism and its idealistic pursuit" in *Cultura. International Journal of Philosophy of Culture and Axiology"*, 12(2):73-80 January 2015

FINLAY, A., HODBY, A., *Avant-garde English Landscape: Some Versions of Landscape*, Yorkshire Sculpture Park 2005

FRANCIS, M.; RANDOLF Jr., T. H., *The Meaning of Gardens: Idea, Place, and Action*, MIT Press, Cambridge MA 1991

FRIED, M., *Art and Objecthood: Essays and Reviews*, University of Chicago Press, Chicago 1998

GARRAUD, C., *L'artiste contemporain et la nature – Parcs et paysages européens*, Hazan, Paris 2007

GIROT, C., *Landschaftsarchitektur gestern und heute: Geschichte und Konzepte zur Gestaltung von Natur*, DETAIL, München 2016

GRAHAM, Dan, „Garden as Theater as museum" in *Rock My Religion*, MIT Press, Cambridge MA 1993

GRANDE, J.K., *Balance: Art and Nature*, Black Rose, Montreal 2004

— *Art Nature Dialogues; Interviews with environmental artists*, SUNY University Press, New York 2004

HAMANN, C., *KunstGartenKunst*, Deutsche Verlags-Anstalt, Stuttgart 2015

HARPER, G.; MOYER, T., *Landscapes for art: contemporary sculpture parks*, International Sculpture Center, NJ 2008

HAUSSER, R.; HONISCH, D., *Kunst Landschaft Architektur. Architekturbezogene Kunst in der Bundesrepublik Deutschland*, Institut für Auslandsbeziehungen Stuttgart-Berlin 1983

HEAPY, T.; GAMBLE, N., *Outdoor Art*, Oxford University Press, Oxford 2014

HEIDEGGER, Martin, *Der Ursprung des Kunstwerkes* [1935-36], Reclam Universal-Bibliothek, Ditzingen 1986

HILL, P., *Contemporary History of Garden Design. European Gardens between Art and Architecture*, Birkhäuser, Basel 2004

HOORMANN, A., *Land Art: Kunstprojekte zwischen Landschaft und öffentlichem Raum*, Reimer, Berlin 1996

HUNT, John Dixon, *The Afterlife of Gardens*, University of Pennsylvania Press, Philadelphia 2004

JENCKS, C., *The Universe in the Landscape: Landforms by Charles Jencks*, Frances Lincoln, London 2011

JOHNSON, J.; FRANKEL, F., *Modern Landscape Architecture: Redefining the Garden*, Abbeville, New York 1991

KASSLER, E.B., *Modern gardens and the Landscape*, The Museum of Modern Art, New York 1964, 1984

KASTNER, J. (Hg.) ; WALLIS, B. (Preface), *Land and Environmental Art*, Phaidon, London 1999

KASTNER, J., *Nature*, Whitechapel Art Gallery, London 2012

KAYE, N., *Site-specific art. Performance, Place and Documentation*, Routledge, Abingdon 2000

KEMAL, S.; GASKEL, I.; *Landscape, Natural Beauty and the Arts*, Cambridge University Press, Cambridge 1995

KEPES, Gyorgy (Hg.), *Arts of the Environment*, Braziller, New York 1972

KRAUSS, Rosalind E., *"A voyage on the North Sea": Art in the Age of the Post-Medium Condition*, Thames and Hudson, London 2000

— „Sculpture in the Expanded Field" in *The originality of the Avantgarde and other Modernity Miths*, Mit Press, MIT Press, Cambridge, MA 1985

KWON, Miwon, *One Place after Another. Site-Specific Art and Locational Identity*, MIT Press, Cambridge, MA 2002

KWON, Miwon, *One Place after Another. Site-Specific Art and Locational Identity*, MIT Press, Cambridge, MA 2002

LANGEN, S., *Die Kunst liegt in der Natur: Spektakuläre Skulpturenparks und Kunstlandschaften*, Prestel, München 2015

LAWRENCE, S.; FOY, G.; *Music in Stone. Great Sculpture Gardens of the World*, Scala Books, New York 1984

LEISMANN, B., *Industrial Land Art im Ruhrland: Die Künstlergruppe B1 und die Folgen*, Klartext, Essen 2009

LIPPARD, Lucy R., *On the beaten track. Tourism, art and place*, The New Press, New York 1999

— *Six years: the desmaterialisation of the art object*, Praeger, New York 1997

MACDOUGALL, E.B.; JASHEMSKI, W.F., (Hg.), *Ancient Roman gardens*, Dumbarton Oaks Trustees for Harvard University, Washington 1981

MADERUELO, J. (Hg.) et al., *Arte público: Naturaleza y Ciudad*, Fundación César

Manrique, Teguise 2001
— vid unterhalb Huesca, Actas del...
1996, 1997, 1998, 2000, 2002
MALPAS, W., Land Art: A Complete Guide
to Landscape, Environmental,
Earthworks, Nature, Sculpture and
Installation Art, Crescent Moon
Publishing, Maidstone UK 2016
— Land Art, Earthworks, Installations,
Environments, Sculpture, Crescent
Moon Publishing, Maidstone, Kent 1998
— Land Art and Land Artists: Pocket
Guide, Crescent Moon Publishing,
Maidstone 2013
MARLAIS, H.; ONORATO, R. J. (Hg.),
Blurring the Boundaries: Installation
Art 1969-1996, La Jolla Museum of
Contemporary Art, San Diego, CA 1997
MATZNER, F. (Hg.), Public Art - A Reader,
Text von Acconci, Buren, Dan Graham,
et al., Hatje Cantz, Ostfildern 2004
MEULEN, M. c. b. , "Cardinal Loggia De'
Lanzi Esi's Antique Sculpture Garden:
Notes on a Painting by Hendrick van
Cleef III", in The Burlington Magazine,
Vol.116, No. 850 (Jan. 1974), Burlington
Magazine Publications, London
MILLES, M., Eco-Aesthetics, Bloomsbury
Academic, London 2014
MITCHELL, W.J.T., Art and the Public
Sphere, University of Chicago Press,
Chicago 1990
MOORE, C.; MITCHELL, W.; TURNBULL Jr.,
W., The Poetics of Gardens, MIT Press,
Cambridge, MA 1993
MORLAND, J., New Milestones.
Sculpture, Community and the Land,
Common Ground, London 1988
MORRIS, Robert, Continuous Project
Altered Daily: The Writings of Robert
Morris, MIT Press, Cambridge MA 1994
— „Earthworks: Land Reclamation as
Sculpture" in Senie and Webster 1979
— „Notes on Sculpture" in Artforum,
February 1966
MOYER, T.; HARPER, G., Landscapes for
Art: Contemporary Sculpture Parks,
University of Washington Press 2008
NOLAN, B., 9+1 Young Dutch Landscape
Architects, NAi Publishers, Rotterdam
1999
OLIVEIRA, N. DE; OXLEY, N.; PETRY, M.,
Installation Art in the New Millenium: The
Empire of the Senses, Thames and
Hudson, London 2004
PETROW, C.A., Kritik zeitgenössischer
Landschaftsarchitektur: Städtische
Freiräume im öffentlichen Diskurs,
Waxmann, Münster 2013
RAQUEJO, T., Land Art, Nerea, Madrid 1998

REISS, J. H., From Margin to Center: The
Spaces of Installation Art, MIT Press,
Cambridge, MA, reprint 2001
RODRIGUES, J., Arte, Natureza e a Cidade,
Cooperativa de Actividades Artísticas,
Porto 1993
ROSENBERG, H., The De-definition of Art.
Action Art to Pop to Earthworks, Univer-
sity of Chicago Press, New York 1983
— The Tradition of the New, Da Capo
Press, New York re-issue 1994
ROSENTHAL, M., Understanding Installa-
tion Art: From Duchamp to Holzer,
Prestel, München 2003
SCHAMA, S., Landscape and Memory,
Alfred P. Knopf, New York 1962, 1996
SCHARDT, H., Europäischer Skulpturen-
park 1979
SCHELLING, F.W., Philosophie der Kunst
[1802], Wissenschftliche
Buchgesellschaft, Darmstadt 1970
SENIE, H.F.; WEBSTER, S., Critical Issues in
Public Art: Content, Context, and
Controversy, Smithsonian Institute
Press, Washington, D.C 1998
SMITHSON, Robert, J. Flam (Hg.), Robert
Smithson: The Collected Writings,
University of California Press Berkeley
reprinted 1996
— El paisaje entrópico: una retrospecti-
va. 1960-1973, IVAM, Valencia 1993
— „A Sedimentation of the Mind: Earth
Projects" in Artforum, September 1968
— „Toward the Development of an Air
Terminal Site" in Artforum, Summer 1967
SONFIST, A. (Hg.), Art in the Land: A
critical anthology of environmental Art,
E.P. Dutton, New York 1972, 1983
STACE, A., Sculpture Parks and Trails of
Britain & Ireland, A&C Black, London
2013
STRELOW, H., Ökologische Ästhetik.
Theorie und Praxis einer künstlerischen
Umweltgestaltung, Birkhäuser, Basel
2004
STEENBERGEN, C.; REH, W., Architecture
and Landscape. The Design Experiment
of the Great European Gardens and
Landscapes, Prestel, München 1996
SUDERBURG, E., Space, Site, Interven-
tion: Situating Installation Art, University
of Minnesota, Duluth MN 2000
TATARKIEWICZ, W., A history of Six Ideas
(1976), 1980, Springer 2013
TAYLOR, Marc C., Double Negative,
Sculpture in the Land, Rizzoli - The
Museum of Contemporary Art, New York
- Los Angeles CA 1991
TIBERGHIEN, Gilles A., La Nature dans
l'art, Actes Sud, Arles 2005

— Nature, art, paysage, Actes Sud, Arles
2001
— Land Art, Éditions Carré, Paris 1995;
— Sculptures inorganiques. Land Art et
Architecture, Centre Pompidou, Paris
1992
TURNER, T., Garden History: Philosophy
and Design 2000 BC – 2000 AD, Spon
Press, London 2005
VIDLER, A., Warped Space. Art, Archi-
tecture and Anxiety in Modern Culture,
MIT Press, Cambridge, MA 2000
VERSCH. AUTOREN, Art in the landscape,
The Chinati Foundation, Marfa TX 2000
VERSCH. AUTOREN, Artificial natural net-
works, Vintage Books, New York 2001
VERSCH. AUTOREN, Dalla natura all'arte,
dall'arte alla natura. 38ª Biennale di
Venezia, Electa, Milano 1978
WARNKE, M., Political landscape, The Art
history of Nature, Reaktion Books,
London 1994
WAYMARK, J., Modern Garden Design
Since 1900, Thames and Hudson,
London 2003
WEILACHER, U., In Gardens: Profiles of
Contemporary European Landscape
Architecture, Birkhäuser, Basel 2005
— Zwischen Landschaftsarchitektur und
Land Art / Between Landscape
Architecture and Land Art, Birkhäuser,
Basel 1996
WEILACHER, U.; WULLSCHLEGER, P., Guide
suisse de l'architecture du paysage,
Lausanne 2005
WEINTRAUB, L., To Life!: Eco Art in
Pursuit of a Sustainable Planet, Univer-
sity of California Press Berkeley 2012
WELLS, R., Scale in Contemporary
Sculpture: Enlargement, Miniaturisation
and the Life-Size, Routledge 2013
WILLIAMS, Richard J., After modern
sculpture: Art in the United States and
Europe 1965–70, Manchester University
Press, Manchester 2000
WREDE, S.; ADAMS, W.H. (Hg.) Denatured
Visions: Landscape and Culture in the
Twentieth Century, Museum of Modern
Art, New York 1991

PARKS, KUNSTWERKE UND KÜNSTLER

REECE, Colleen L., Angel of the North,
Thorndike, Farmington Hills, MI 2005
SIMPSON, David, Aal Aboot: The Angel
of the North, My World, Houghton-le-
Spring 2013 Thorndike, Farmington
Hills, MI 2005
GORMLEY, A., Making an Angel, Booth-
Clibborn Editors, London 2002

TOREVELL, DAVID, *Liturgy and the Beauty of the Unknown: Another Place*, Routledge, Oxford 2007

VERSCH. AUTOREN,, *Guida ad Arte all´arte. 10.*, Associazione Arte Continua, Prato 2005

BONITO OLIVA, A. (cur.); PUTNAM, J., (cur.), et al., *Arte all´arte. 9. La forme delle nuvole*, Associazione Arte Continua, Gli Ori, Pistoia 2004

CRISTIANI, M; GRAZIOLI, E.; HANRU, H., *Arte all´arte. Arte, architettura, paesaggio*, Associazione Arte Continua, Gli Ori, Pistoia 2003

DE CECCO, E. (cur.); TODOLÍ, V., (cur.) et al., *Arte all´arte. 7. Arte, architettura, paesaggio, Miroslaw Balka, Lothar Baumgarten, Tacita Dean, Cildo Meireles, Marisa Merz, Damian Ortega*, Associazione Arte Continua, Gli Ori, San Gimignano 2003

SANS, J. (cur.); TAZZI, P.L., (cur.) et al., *Arte all´arte. 6. Arte, architettura, paesaggio, Marina Abramovic, Cai Guo-Quiang, Jannis Kounellis, Surasi Kusolwong, Pascale Marthine Tayou, Nari Ward, Loris Cecchini, Gianni Motti, Daniel Buren, José A. Hernández Díez, Ottonella Mocellin*, Associazione Arte Continua, Gli Ori, San Gimignano 2002

PINTO, R. (cur.); WILLIAMS, G. (cur.) et al., *Arte all´arte. 5. Arte, architettura, paesaggio, Tania Bruguera, Martin Creed, Wim Delvoye, Alberto garutti, Kendell Geers, Sislej Xhafa, A Constructed World*, Associazione Arte Continua, Gli Ori, San Gimignano 2000

MATZNER, F. (cur.); VETTESSE, A. (cur.) et al., *Arte all´arte. 4. Arte, architettura, paesaggio, Daniel Buren, Olafur Eliasson, Joseph Kossuth, Atelier Van Lieshout, Giulio Paolini, Tobias Rehberger*, Associazione Arte Continua, Gli Ori, San Gimignano 1999

MATZNER, F. (cur.); VETTESSE, A. (cur.) et al., *Arte all´arte. 3. Arte, architettura, paesaggio*, Associazione Arte Continua, Gli Ori, San Gimignano 1998

SEVCIK, J.; SANUWAERT, D.; WEIBEL, P., *Art Garden: Austria's Sculpture Park*, Hatje Cantz, Ostfildern 2006

TUIJN, M.; ZEELAND, N. van; BROEKHUIZEN, D., *Museum Beelden aan Zee*, Wbooks, Zwolle 2012

VERSCH. AUTOREN, *Parade, a choice of the Beelden aan Zee museum*, Museum Beelden aan Zee, 2002

SCHROEDER, S., *Skulpturenpark Berlin Zentrum*, Walther König, Köln 2010

STIFTUNG BLICKACHSEN, *Blickachsen 9:*

Skulpturen in Bad Homburg und Frankfurt RheinMain, Wienand 2015

VITALI. C., et al, *Blickachsen 5. Skulpturen im Kurpark Bad Homburg v. d. Höhe*, Scheffel, Bad Homburg 2005

LAUTER. R., et al, *Blickachsen 4. Skulpturen im Kurpark Bad Homburg v. d. Höhe*, Scheffel, Bad Homburg 2003

LEINZ. G., et al, *Blickachsen 3. Skulpturen im Kurpark Bad Homburg v. d. Höhe*, Scheffel, Bad Homburg 2001

RÜTH. U., et al. *Blickachsen 2. Skulpturen im Kurpark Bad Homburg v. d. Höhe*, Scheffel, Bad Homburg 1999

ASSMANN, W.R.; WIESLER, H., *Blickachsen. Skulpturen im Kurpark Bad Homburg v. d. Höhe*, Scheffel, Bad Homburg 1997

VERSCH. AUTOREN, *Broomhill Sculpture Gardens*, Broomhill Art Hotel Barnstaple 2003

Cass Sculpture Foundation, *Cass Sculpture Foundation: 20 Years of Commissioning Large Scale Sculpture*, Hatje Cantz 2012

SHEA, C.; PRATT, K., *Cass Sculpture Foundation: The International Resource for Commissioning, Exhibiting and Selling Monumental Sculpture*, Cass Sculpture Foundation 2012

CASS, W., *The Man Behind the Sculpture: The Autobiography of Wilfred Cass*, Unicorn Press 2015

VERSCH. AUTOREN, *Cass Sculpture Foundation: The International Resource for Commissioning, Exhibiting an Selling Monumental Sculpture*, Cass Sculpture Foundation 2012

VERSCH. AUTOREN, *Cass Sculpture Foundation: 20 Years of Commissioning Large Scale Sculpture*, Hatje Cantz, Berlin 2012

FIZ, A., *Parco internazionale della scultura. Catanzaro*, Silvana, Cinisello Balsamo 2014

MARCHANT, S.; FLETCHER, J., *Lynn Chadwick the Sculptures at Lypiatt Park*, Blain Southern 2014

VERSCH. AUTOREN, *The Chianti Sculptpure Park*, Parco Sculture del Chianti, 2004

VERSCH. AUTOREN, *Tuscia electa. Arte contemporanea nel Chianti 2002–2003*, Maschietto Editore, Firenze 2003

CAVALLUCCI, F. (cur.), *Tuscia electa 1999.* Hopefulmonster, Torino 1999

— *Tuscia electa 1997. Percosi d'arte contemporanea nel Chianti*, Hopefulmonster, Torino 1997

EZQUIAGA, M., *Museo Chillida Leku*, Chillida Leku, Hernani 2004

García Marcos, Juan A., *Eduardo Chillida*, Txertoa, San Sebastián 2005

HOPPE, W.; KRONSBEIN, S., *Landschaftspark Duisburg-Nord*, Wohlfarth, Duisburg 1999

GORMLEY, A., *Antony Gormley. Exposure*, Gemeente Lelystad, 2011

VERSCH. AUTOREN, *Skulpturen i Naturen, International Skulpturpark Farum*, Farum Municipality Kulturhuset, Farum

ABRIOUX, Y., *Ian Hamilton Finlay. A visual primer*, Reaktion Books, London 1985, 1992

FINLAY, A. (Hg.), *Wood Notes Wild: Essays on the Poetry and Art of Ian Hamilton Finlay*, Polygon, Edinburgh 1995

ZDENEK, F.; SIMIG, P., *Ian Hamilton Finlay: Works in Europe 1972–1995*, Hatje Cantz, Ostfildern 1995

CORDONE, D., *La favola dell'arte e della bellezza. Itinerario a Fiumara d'arte*, Pietro Vittorietti Edizioni, 2010

PETTINEO, A., *Tusa dall'Universitas Civium alla Fiumara d'Arte*, Armando Siciliano Editore 2012

ELMO, R., GIOVANNA, *Fiumara d'arte. La rifondazione di un territorio*, Archeoclub d'Italia, Tusa 2008

VERSCH. AUTOREN, *La barca dell'invisibile - Nagasawa e la Fiumara d'arte*, Ariete 1997

MARTIN, R., *The Sculpted Forest. Sculptures in the Forest of Dean,* Redcliffe Press, Bristol 1990

FULTON, Hamish, *Walking Passed. Time in the Presence of Nature*, IVAM, Valencia 1992

VERSCH. AUTOREN, *La Fondation Pierre Gianadda*, Fondation Pierre Gianadda, Martigny 1983

MARCHESSEAU, D.; BLANC, Anne-Laure, *Leonard Gianadda: La Sculpture et la Fondation*, Gallery Guy Pieters 2008

HENTSCHEL, L., et al., *Skulpturenmuseum Glaskasten Marl*, Skulpturenmuseum Glaskasten, Stadt Marl 1992

VERSCH. AUTOREN, *Skulpturenmuseum Glaskasten Marl: Skulpturen aus dem Kunstbesitz*, Stadt Marl 2007

EZIKA, U., *Ready-made und Landschaft: Zur künstlerischen Verwendung der Natur bei Andy Goldsworthy*, VDM, Saarbrücken 2010

GOLDSWORTHY, A., *Andy Goldsworthy: A Collaboration with Nature*, Harry N. Abrams, New York 1990

MALPAS, W., *Art of Andy Goldsworthy*, Crescent Moon, Maidstone,Kent 2013

ELLIOT, A., *Sculpture at Goodwood*, Goodwood 2000

MARLOW, T.; KRENS, T.; Mengham, R. *Thinking Big: Concepts for 21st Century British Sculpture*, Sculpture at Goodwood 2002

WARNER, M.; ELLIOT, A., HAT HILL SCULPTURE FOUNDATION, *Sculpture at Goodwood: British Contemporary Sculpture*, Goodwood 2001

VERSCH. AUTOREN, *Sculpture at Goodwood. A vision for twenty-first century British sculpture*, Goodwood 2002

VERSCH. AUTOREN, *Sculpture at Goodwood. British Contemporary Sculpture, series (1995–2003)*, Goodwood 1995–2003

BARILLI, R.; et al., *Arte Ambientale. La collezione Gori nella Fattoria di Celle*, Umberto Allemandi, Torino 1994

— *Art in Arcadia. The Gori Collection at Celle*, Umberto Allemandi, Torino 1994

CEI, M., *Il parco di Celle a Pistoia. Araba fenice del giardino*, EDIFIR, Firenze 1994

GORI, G., *Collezione Gori. 30 anni di arte ambientale condivisa. Fattoria di Celle*, Gli Ori, Pistoia 2012

VERSCH. AUTOREN, *Arte ambientale. Fattoria di Celle. Collezione Gori*, Pistoia 2009

VERSCH. AUTOREN, *Fattoria di Celle collezione Gori. Un percorso nell'arte ambientale*, Gli Ori, Pistoia 2007, 2012

GORMLEY, A.; HOLBORN, M., *Antony Gormley on Sculpture*, Thames and Hudson, London 2015

— *Land: An exploration of what it means to be human in remote places across the British Isles*, The Landmark Trust, London 2016

— *Horizon Field*, Walther König, Cologne 2010

— *One and Another*, Jonathan Cape, London 2010

GORMLEY, A., *Antony Gormley über Skulptur*, Sieveking, München 2015

GRANT, B.; HARRIS, P. (Hg) *Natural Order. Visual Arts & Crafts in Grizedale Forest Park*, The Grizedale Society, Ambleside 1996

— *The Grizedale Experience. Sculpture, Arts and Theatre in Lakeland Forest*, Canongate Books, Edinburgh 1991

STEPHENS, C.; PHILIPS, M., *The Barbara Hepworth Garden*, Tate Publishing, London 2002

PALLASMAA, J.; REENBERG, H.; HOLL, S., *Steven Holl: Heart – Herning Museum of Contemporary Art*, Hatje Cantz, Berlin 2009

BLÖMEKE, C., *Museum Insel Hombroich. Die begehbaren Skulpturen Erwin Heerichs*, Hatje Cantz, Berlin 2009

MADERUELO, J. (dir.) et al., *Huesca: Arte y naturaleza. Actas del V Curso: Arte público*, Diputación de Huesca, 2000

— *Huesca: Arte y naturaleza. Actas del IV Curso: Desde la ciudad*, Diputación de Huesca, Huesca 2000

— *Huesca: Arte y naturaleza. Actas del III Curso: El Jardín como arte*, Diputación de Huesca, Huesca 1998

— *Huesca: Arte y naturaleza. Actas del II Curso: El Paisaje*, Diputación de Huesca, Huesca 1997

— *Huesca: Arte y naturaleza. Actas del I Curso*, Diputación de Huesca, 1996

MOURE, G., *Richard Long. Spanish Stones*, Diputación de Huesca – Polígrafa, Huesca – Barcelona 1999

MADERUELO, J., *Fernando Casas, Naturgeist*, Diputación de Huesca 1997

CHILLIDA, A.; LEBRERO, J., *Ulrich Rückriem*, Diputación de Huesca 1995

VERSCH. AUTOREN, „National Identity After Communism: Hungary's Statue Park", in *Advances in the History of Rhetoric*, Vol.18, Supp.1, 2015

VERSCH. AUTOREN, *El bosque de Agustín Ibarrola*, Diputación de Bizkaia, Bilbao 1987

CASTRO, X.A, *Isla de las Esculturas*, Illa da Xunqueira do Lérez – Pontevedra Diputación de Pontevedra 1999

PEAKE, Tony, *Derek Jarman*, Overlook Press, New York 2002

JARMAN, D.; SOOLEY H., *Derek Jarman's Garden*, Thames and Hudson, London 1995

On Jupiter Artland:

JENCKS, C., *The Garden of Cosmic Speculation*, Frances Lincon, London 2005

JACOBI, F., *Dani Karavan: Retrospektive*, Wasmuth Ernst Verlag, 2008

KARAVAN, D., *Dani Karavan, mit CD ROM*, Benteli Verlag, Bern 2003

— *Dani Karavan*, Maschietto, Siena 1999

VERSCH. AUTOREN, *Domaine 1994*, Domaine de Kerguéhennec, Bignan 1995

VERSCH. AUTOREN, *Le Domaine de Kerguehennec*, Inventaire général, Parcours du Patrimoine, Rennes 1988

KIENAST, D., *Dieter Kienast. Die Poetik des Gartens*, Birkhäuser, Basel 2000

— *Kienast Gardens*, Birkhäuser, Basel 1997

KIENAST, D.; VOGT, G., *Kienast Vogt. Friedhöfe und Parks / Parks and Cemeteries*, Birkhäuser, Basel 2001

— *Kienast Vogt. Außenräume / Open Spaces*, Birkhäuser, Basel 2000

DAHL, C., J., *Kistefos-museet*, Labyrinth Press, Oslo 2000

TRUMMER, Th.D., *KölnSkulptur #8*, Waltherkönig 2015

TRUMMER, Th.D., *KölnSkulptur #6*, Waltherkönig 2011

GRAHAM, Dan, *Skulpturenpark Köln. Köln Skulptur 4. 10 Jahre: 10 Years Skulpturenpark Köln 1997–2007*, Walther König, Köln 2007

VERSCH. AUTOREN, *KölnSkulptur 1. Zeitgenössische Bildhauer im Skulpturen-Park Köln*, Wienand Verlag, Köln 1997

ANDELA, G., *Sculpture Garden Kröller-Müller Museum*, Nai 010 Publishers, Rotterdam 2009

— *Beeldentuin Kröller-Müller*, NAI Uitgevers, Rotterdam 2007

BLOEMHEUVEL, M., *Kröller-Müller Museum: The History of a Sculpture Garden*, NAI Publishers, Rotterdam 2007

VERSCH. AUTOREN, *Sculpture in the Rijksmuseum Kröller-Müller*, Enschede, Haarlem 1992

VERSCH. AUTOREN, *Kröller-Müller. The First 100 Years*, Enschede, Haarlem 1989

VERSCH. AUTOREN, *Kröller-Müller Museum*, J. Enschede, Haarlem 1978

VERSCH. AUTOREN, *Kunstwegen. Das Reisebuch*, Vechtetalroute mit Kunstwegen, 2005

VILKS, Lars, *Myndigheterna som konstnärligt material. Den långa historien om Nimis, Arx, Omfalos och Ladonien*, Ladonia 2003

— *Nimis och Arx*, Ladonia 1994

KARNELL, G. W.G., Prof. Em., Stockholm School of Economics, "Artistic eccentricity - a societal dilemma for rights bureaucracy", a contribution to the discussion about law and the arts

BROCKHAUS, C., *Wilhem Lehmbruck Museum Duisburg*, Prestel, München 2001

LEHMBRUCK, W,; SCHUBERT, D., *Wilhelm Lehmbruck Catalogue Raisonné der Skulpturen*, Wernersche Verlagsgesellschaft, Worms 2001

WILHELM-LEHMBRUCK-MUSEUM DUISBURG, *Europäische Skulptur der Zweiten Moderne, Programm and Perspektive: Kurzführer*, 1990

SHEELER, J.; GILLANDERS, R., *Little Sparta: A Guide to the Garden of Ian Hamilton Finlay*, Birlinn 2015

SHEELER, J.; LAWSON, A. (Photographer), *Little Sparta: The Garden of Ian Hamilton Finlay*, Frances Lincoln, London 2003

GILLANDERS, R., *Little Sparta. A Portrait of*

a Garden, National Galleries of Scotland, Edinburgh 1998

VERSCH. AUTOREN, Parque de Esculturas Tierras Altas Lomas de Oro, Ayuntamiento de Villoslada de Cameros 2000

MALPAS, W., The Art of Richard Long, Crescent Moon Publishing, Maidstone 2011

LONG, R., MOORHOUSE, P., HOOKER, D., Walking the Line, Thames and Hudson, London 2005

CRENZIEN, H., The Louisiana Sculpture Park, Louisiana Museum of Modern Art, Humlebæk 2010

VERSCH. AUTOREN, Louisiana, the collection and buildings, Louisiana Museum of Modern Art, Humlebæk 1995

MARCHANT, S.; FLETCHER, J., Lynn Chadwick: the Sculptures at Lypiatt Park, Blain Southern, London/Berlin 2014

VERSCH. AUTOREN, La Fondation Marguerite et Aimé Maeght, Adrien Maeght, 2000

MARCHÁN, S., Fundación César Manrique, Lanzarote, Axel Menges, Stuttgart 1996

BORSICH, W., Lanzarote & César Manrique, Mariar, Madrid 1994

BENTEIN-STOELEN, M.R., Collection Catalogue of Middelheim Open-Air Sculpture Museum, Middelheim Museum, Antwerpen 1993

CASSIMAN, B., Catalogue New Sculptures, Middelheim Museum, Antwerpen 1993

VERSCH. AUTOREN, New Sculptures, Open Air Museum of Sculpture Middelheim, Antwerpen 1993

VERSCH. AUTOREN, Acquisitions 1994-1997, Middelheim Museum, Antwerpen 1997

OHMAN, N., Moderna Museet, Stockholm, Scala 1998

MITCHINSON, D., Celebrating Moore: Works from the Collection of The Henry Moore Foundation, Lund Humphries, Aldershot 2006

KOSINKI, Dorothy M. (Hg.), Henry Moore: Sculpting the Twentieth Century, Yale University Press, London and New Haven, CT 2001

PHEBY, H., Henry Moore: Back to a Land, Yorkshire Sculpture Park 2015

VERSCH. AUTOREN, Henry Moore at Perry Green, Scala Publishers 2011

BUSSMANN, K.; KÖNIG, K. (dir.); MATZNER, F. (Hg.), Skulptur Projekte in Münster 1987, Westfälisches Landesmuseum für Kunst und Kulturgeschichte à Münster, DuMont Verlag, Köln 1987

— Sculpture. Projects in Münster 1997, Gerd Hatje, Stuttgart 1997

VERSCH. AUTOREN, Skulptur Projekte in Münster 1987, Du Mont, Köln 1987

VENET, B., L'experience du Muy, Somogy, Paris 2009

WILKINSON, A., Within the landscape, New Art Centre, Salisbury 2003

RÜTH, U., Nils-Udo: Wanderer in Natur und Kunst, Wienand, Köln 2013

VERSCH. AUTOREN, Fundación NMAC 2002 / 2003. Montenmedio Arte Contemporáneo, Fundación NMAC, Vejer de la Frontera 2003

NOGUCHI, A., Sculptor's World, Harper & Row, New York 1968

VERSCH. AUTOREN, Skulpturlandskap Nordland = Artscape Nordland, Geelmuyden Kiese 1999

VERSCH. AUTOREN, Artscape Nordland 1994, Report from Seminarium in Bødo and Henning-svaer, Artscape Nordland, Bødo 1994

VERSCH. AUTOREN, Centre of Polish Sculpure in Oronsko, Oronsko 2002

SEVCIK, J., SNAUWAERT, D., WEIBEL, P., et al., Art Garden - Austria's Sculpture Park [Österreichischer Skulpturen-Park] Hatje Cantz, Ostfildern 2006

VERSCH. AUTOREN, The Panza Collection, Skira, Milano 2002

VERSCH. AUTOREN, Villa Menafoglio Litta Panza and the Panza di Biumo Collection, Skira, 2001

ELÓSEGUI ITXASO, M., El Peine del Viento de Chillida: ingeniería de su colocación, Colegio de Ingenieros de Caminos, Canales y Puertos, Madrid 2008

GIANELLI, I., Il giardino delle sculture fluide di Penone, Allemandi, Torino 2008

GOLDSWORTHY, A., Refuges d'art, Fage Editions, Lyon 2008

LANDESBETRIEB WALD c. b. HOLZ NRW, Rheinelbe - Art in Nature: Der Skulpturenpark von Herman Prigann, Klartext, Essen 2010

FUCHS, R. H. (Hg.), Ulrich Rückriem. Estela & Granero, Ministerio de Cultura, Madrid 1989

GÜNTER, J., Industrie-Wald und Landschafts-Kunst im Ruhrgebiet, Klartext, Essen 2007

VERSCH. AUTOREN, Guía del Parque Municipal García Sanabria, Excelentísimo Ayuntamiento de Santa Cruz de Tenerife 1994

VERSCH. AUTOREN, Santa Cruz de Tenerife. Esculturas en la calle, Gobierno de Canarias. Consejería de Cultura y Deportes, Santa Cruz de Tenerife 1985

VERSCH. AUTOREN, 2° Simposio Internacional de escultura de Santo Tirso '93, Santo Tirso 1993

MORLIN, Diego, Sentiero del Silenzio, Editori Vari 2014

GERMEN, S., La Mormaire, Richard Serra, Richter, Düsseldorf 1997

VERSCH. AUTOREN, Serralves: the Foundation, the House and the Park, the Museum, the Architect, the Collection, the Landscape, Serralves Fundaçao, Porto 2002

PARMIGGIANI, S. (cur.), Daniel Spoerri. La messa in scena degli oggetti, Skira, Milano 2004

MAZZANTI, A. (cur.), Il Giardino di Daniel Spoerri, Gli Ori, Pistoia 2004

VERSCH. AUTOREN, Il Giardino di Daniel Spoerri, Piccolo gabinetto delle curiositá degli artista del Giardino di Daniel Spoerri, Kunsthaus, Crenchen 2004

BUSCH, C., et al., Many Happy Returns. Kunstverein Springhornhof, Neuenkirchen 2003, Cristoph Keller 2003

VERSCH. AUTOREN, Project Kunst-Landschaft 1967–2000, Stiftung Springhornhof, Falazik 2001

SAINT PHALLE, N. de, mit JILL JOHNSTON, und G. PIETROMARCHI (Fotografien), Niki de Saint Phalle Mythos Tarot-Garten, Benteli Verlag, Bern 2005

AGOSTINI, L., Il giardino dei Tarocchi, Lulu.com, Morrisville NC 2007

MAZZANTI, A. (Hg.), RESTANY, P., CRISPOLTI, E., Niki de Saint Phalle. Il Giardino dei tarocchi, Charta, Milano 1998

VERSCH. AUTOREN, Trilogy. Kunst – Natur – Videnskab, Tickon, Danmark 1996

VERSCH. AUTOREN, Umedalen Skulptur 1994–2004, Galerie Stefan Andersson, Sweden 2004

ARNOUX, R. et al., La Fondation Bernar Venet, Bernard Chauveau éditeur, Suresnes 2014

VERSCH. AUTOREN, Vent des Forêts. Catalogue ouvres 1997–2003, Vent des Forêts, Fresnes-au-Mont 2003

VERSCH. AUTOREN, Le vent des Forêts, Catalogue thématique des ouvres 2004, Le Vent des Forêts, Fresnes-au-Mont 2004

LAUBE, M., Lucy, Vigeland Sculpture Park Oslo: Definitely One of Oslo's Highlights and a Unique Experience, Calvendo Verlag 2014

WIKBORG, T., Gustav Vigeland: his art and sculpture park, s/c 1990

PERALTO, F.; PERALTO MORENO, R., Typical Spanish: performance en los alrededores del Museo Vostell Malpartida, Corona del Sur, Málaga 2011

— Visita de riguroso incógnito al Museo Vostell Malpartida, Corona del Sur,

Malpartida 2011
VERSCH. AUTOREN, *Museo Vostell Malpartida*, Editora Regional de Extremadura, Mérida 2003
VERSCH. AUTOREN, *Vostell en las Colecciones Malpartideñas*, Editora Regional de Extremadura y Ayuntamiento de Malpartida, Mérida 2001
KLEMENT, C., *Der Skulpturenpark Waldfrieden*, Skulpturenpark Waldfrieden, Wuppertal 2012
MAHLBERG, J., Hermann, *Vom Haus Waldfrieden zum Skulpturenpark*, Verlag Muller und Busmann 2011
LIN, MAYA, *Wanås 2004-Maya Lin*, Wanas Foundation, Knislinge 2004
VERSCH. AUTOREN, *Wanås 2005 – Contemporary Nordic Sculpture 1980–2005*, Wanås Foundation, Knislinge 2005
VERSCH. AUTOREN, *The History of Wanås*, Wanås Foundation, Knislinge 2004
VERSCH. AUTOREN, *Risk of Maturing-Vision and choices*, Wanås Seminar, Wanås Foundation, Knislinge 2003
VERSCH. AUTOREN, *Wanås 2003–04 Swedes*, Wanås Foundation, Knislinge 2003
VERSCH. AUTOREN, *Wanås catalogues 1989–2002*, Wanås Foundation, Knislinge 1989–2002
VERSCH. AUTOREN, *Art at Wanås*, Byggförlaget, Wanås Foundation, Knislinge 2000
VERSCH. AUTOREN, *Wanås 2000*, Wanås Foundation, Knislinge 2000
VERSCH. AUTOREN, *Wanås the art, the park, the castle*, Wanås Foundation, Knislinge 1994
VERSCH. AUTOREN, *Malmö Artmuseum at Wanås*, Wanås Foundation, Knislinge 1999
VERSCH. AUTOREN, *Wanås 1998*, Wanås Foundation, Knislinge 1998
VERSCH. AUTOREN, *Wanås Exhibitions 1987–1997*, Wanås Foundation, Knislinge 1997
CORTS, Udo (Vorwort), et al., *Skulpturenpark. Wiesbadener Kunstsommer 2004*, Galerie Winter 2004
MAGNER, D., *Devil´s Glen. Sculpture in Woodland*, Sculpture in Woodland 2004
MOTTO, A.; MOTTO, J.L., *The Woodlands Outdoor Sculptures: Installations from 1974–2009*, ATM Productions 2009
VERSCH. AUTOREN, *Devil´s Glen. Sculpture in Woodland*, Donald Magner, Wicklow 2004
COULSON, Sarah, *KAWS Catalogue at Yorkshire Sculpture Park*, Yorkshire

Sculpture Park, West Bretton 2016
VERSCH. AUTOREN, *Yorkshire Sculpture Park: A Guide To Works in the Open Air*, York-shire Sculpture Park, West Bretton 2015
COULSON, S., *Miró: Sculptor: Yorkshire Sculpture Park*, Yorkshire Sculpture Park, West Bretton 2012
GOLDSWORTHY, A., *Andy Goldsworthy at Yorkshire Sculpture Park*, Yorkshire Sculpture Park, West Bretton 2007
GREEN, L.; MURRAY, P.; ARMITAGE, S., *Yorkshire Sculpture Park: Landscape for Art*, Yorkshire Sculpture Park, West Bretton 2008
HODBY, A., *The essential sculpture guide*, Yorkshire Sculpture Park, West Bretton 2004
LILLEY, C.; PHEBY, H., *Miró: Sculptor: Yorkshire Sculpture Park 17 March 2012 to 6 January 2013*, Yorkshire Sculpture Park, West Bretton 2012
— *Peter Randall-Page at Yorkshire Sculpture Park: Exhibition Guide*, York-shire Sculpture Park, West Bretton 2009
LILLEY, C.; HODBY, A., *Yorkshire Sculpture Park: Essential Sculpture Guide*, Yorkshire Sculpture Park, West Bretton 2009
MURRAY, P.; LILLEY, C.; PLENSA, J., *Jaume Plensa*, Yorkshire Sculpture Park, West Bretton 2011
NASH, D.; PROULX, A.; MURRAY, P., *David Nash at Yorkshire Sculpture Park*, York-shire Sculpture Park, West Bretton 2010
PHEBY, H.; NASH, D.; LILLEY, C.; COULSON, S., *David Nash at Yorkshire Sculpture Park*, Yorkshire Sculpture Park, West Bretton 2010
VERSCH. AUTOREN, *Henry Moore in Bretton Country Park*, Yorkshire Sculpture Park, West Bretton 1994

SOCIALIST REALISM

AUCOUTURIER, M. und DEPRETTO, C., Le „Realisme Socialiste", dans la litterature et l'art des Pays Slaves, *Cahiers Slaves* n. 8, Université de Paris-Sorbonne 2004
BANKS, M., Hg., *The Aesthetic Arsenal: Socialist Realism Under Stalin*. The Institute for Contemporary Art, P.S. 1 Museum, New York 1993
BAUDIN, A., *Le Realisme Socialiste Sovietique de la periode Jdanovienne (1947-1953)*, Peter Lang 1997
Bown, M. Cullerne; TAYLOR, B., Hg., *Art of the Soviets: Painting, Sculpture and Architecture in a One-Party State, 1917–1992*. Manchester University 1993
DOBRENKO, E., *The Landscape of Stalin-ism. The Art and Ideology of Soviet Space*, University of Washington 2003
DOBRENKO, E,; SAVAGE, Jesse M., *Politic-al Economy of Socialist Realism*, Yale University Press, New Haven 2007
EAGLES, Department of; GERVEN, Vincent van, *Workers Leaving the Studio: Look-ing Away from Socialist Realism*, Punctum Books, Poole, Dorset 2015
GROYS, Boris, *The Total Art of Stalinism: Avant-garde, Aesthetic Dictatorship and Beyond*. Princeton University, 1992
— *The Total Art of Stalinism*, Verso, London, 2011
GUTKIN, Irina, *The Cultural Origins of the Socialist Realist Aesthetic*, Northwestern University Press, Evanston IL 1999
ICOMOS DEUTSCHLAND, *Sozialistischer Realismus und Sozialistische Moderne. Welterbevorschlage aus Mittel- und Ost-europa. Hefte des Deutschen National-komitees*, Hendrik Bäßler, Freiburg 2014
LAHUSEN, T.; et al., *Socialist Realism without Shores*, Duke University, Durham NC, 1997
PETROV, M., *Automatic for the masses: the death of the author and the birth of socialist realism*, University of Toronto Press, Toronto 2015
ROBIN, R., *Socialist Realism: An Impos-sible Aesthetics*, Stanford University Press, 1992
SCHMULÉVITH, E., *Réalisme socialiste*, Champs visueles, L'Harmattan 2000
VERSCH. AUTOREN, *Socialist Realist Art: Production, Compsumption, Aesthetics*, Center for Baltic and East European Studies, Södertörn University, Moderna Museet, Stockholm 2012

quellen, bildnachweis und dank

Dani Karavan, *Passagen*. Hommage an
Walter Benjamin, 1990–1994, Port Bou,
Girona, Spanien
Der Titel des Werks ist direkter Hinweis
auf das Buch in zwei Bänden, das das
unvollendete Projekt der Arkaden oder
Das Passagen-Werk, 1927–1940,
beinhaltet